高职高专旅游类专业精品教材

旅行社经营与管理

主编 朱智 杨红霞 / 副主编 胡晓晶 张颖 雷林子

清华大学出版社
北京

内容简介

本书根据高职高专旅游管理专业的人才培养目标，通过对当前旅行社岗位设置和经营过程的实地考察与分析，采用任务驱动的编写思路，以旅行社典型工作任务为项目载体，帮助学生在完成具体业务操作的过程中，学习必要的知识，掌握旅行社业务的操作技能。本书主要内容包括设立旅行社、招聘与培训旅行社员工、制订旅行社年度计划、旅游线路的设计、旅游采购、旅游产品的市场推广、接待旅游团队、旅行社信息化建设与管理。

本书可作为高职院校、高等院校旅游管理专业及其他相关专业学生的教材用书，也可供五年制高职院校、中等职业学校的学生及其他有关人员使用。

图书在版编目(CIP)数据

旅行社经营与管理/朱智，杨红霞主编. —北京：清华大学出版社，2019(2020.1重印)
(高职高专旅游类专业精品教材)
ISBN 978-7-302-49248-1

Ⅰ. ①旅…　Ⅱ. ①朱…　②杨…　Ⅲ. ①旅行社－企业经营管理－高等职业教育－教材
Ⅳ. ①F590.63

中国版本图书馆 CIP 数据核字(2018)第 002565 号

责任编辑：吴梦佳
封面设计：傅瑞学
责任校对：李　梅
责任印制：刘海龙

出版发行：清华大学出版社
　　网　　址：http://www.tup.com.cn，http://www.wqbook.com
　　地　　址：北京清华大学学研大厦A座　　**邮　　编**：100084
　　社 总 机：010-62770175　　**邮　　购**：010-62786544
　　投稿与读者服务：010-62776969，c-service@tup.tsinghua.edu.cn
　　质量反馈：010-62772015，zhiliang@tup.tsinghua.edu.cn
　　课件下载：http://www.tup.com.cn，010-62770175-4278
印 装 者：北京国马印刷厂
经　　销：全国新华书店
开　　本：185mm×260mm　　**印　　张**：11.75　　**字　　数**：266千字
版　　次：2019年1月第1版　　**印　　次**：2020年1月第3次印刷
定　　价：34.00元

产品编号：076244-01

前言

FOREWORD

旅行社经营与管理是高职旅游管理专业的核心课程之一。本书根据当前旅行社的岗位设置和经营过程提炼出旅行社经理、计调、人力资源主管、导游部主管、市场营销主管等旅行社工作岗位的能力目标、知识目标和素质目标，以旅行社的实际工作任务组织教学内容的编写，帮助学生掌握同业操作、企业谈判、人员招聘与培训、年度计划制订、线路设计、导游选派、计调等旅行社经营与管理工作的操作流程和技能，从而能较快地适应旅行社各岗位的工作。

本书在采用“任务驱动”“项目教学”的同时，综合应用教学效果较好的案例教学法，真正体现“工学结合”“融做、学、教为一体”“以学生为主体”的高职教育理念。本书以旅行社经营与管理工作为载体设计工作任务，项目和任务包含岗位所需技能及相关的管理知识与方法。学生在任务驱动下进行学习，教师的主要任务是指导学生完成具体任务，讲解与任务有关的管理理论与方法。

本书由湖州职业技术学院、河源职业技术学院、广东科学技术职业学院、东莞市经济贸易学校的五位老师共同编写，朱智、杨红霞任主编，胡晓晶、张颖、雷林子任副主编。具体编写分工如下：朱智编写项目一～项目三；杨红霞编写项目四和项目七；胡晓晶编写项目五；雷林子编写项目六；张颖编写项目八。朱智负责本书框架的构建与统稿工作。

在本书的编写过程中，我们参考了大量专家学者的专著、教材，在此向他们表示衷心的感谢！由于编者能力有限，加上时间较为仓促，本书尚有不足之处，敬请读者批评指正。

编　者

2018 年 8 月

旅行社经营与管理

目录

CONTENTS

项目一
设立旅行社

开篇案例

上海春秋国际旅行社(集团)有限公司(以下简称春秋国旅)是春秋航空的母公司，成立于1981年，目前已拥有4000余名员工和导游，年营业收入60亿元，业务涉及旅游、航空、酒店预订、机票、会议、展览、商务、因私出入境、体育赛事等，是国际会议协会(ICCA)在中国旅行社中最早的会员，是第53～55届世界小姐大赛组委会指定接待单位，是世界顶级赛事F1赛车中国站的境内外门票代理单位，被授予上海市旅行社唯一著名商标企业，是中国第一家全资创办航空公司的旅行社。

春秋国旅拥有“贵族之旅”纯玩团、春之旅(中外宾客同车游)、自游人、爸妈之旅等多种特色旅游产品。

春秋国旅在北京、广州、西安、沈阳和三亚等34个国内大中城市设有全资公司，在美国、加拿大、泰国等国设有7个境外全资公司。

春秋国旅拥有一百余个全资门店，每个全资公司大都有2～10个连锁店，在上海有50个连锁店。

春秋国旅拥有4000余家旅游代理，在江浙地区有400余个、全国有4000余个网络成员，使用春秋国旅自行研制开发的计算机系统销售春秋旅游产品，提供“散客天天发，一个人也能游天下”的便利散客即时预订服务。

知识目标

- 熟悉设立旅行社的工作流程。
- 了解旅行社的基本业务。
- 掌握旅行社的组织设计方法。

能力目标

- 能办理设立旅行社的相关手续。
- 能编制旅行社组织结构图。

任务一 组建旅行社

【任务引入】

中国国际旅行社总社(China International Travel Service Limited, Head Office,简称国旅总社)成立于1954年,成立之初,隶属国务院的外事接待单位。当时,全国还没有专门管理旅游业的行政机构,国旅总社实际上代行了政府管理职能,并在上海、天津、广州等12个城市成立了分支社。1964年7月,中国旅行游览事业管理局(国家旅游局的前身)成立,中国旅游业的管理体制进入一个新的时期。这个时期实行的是政企合一的体制,国家旅游局和国旅总社是"两块牌子,一套人马"。对外招徕用国旅总社的牌子,对内行业管理行使国家旅游局的职能。至1966年,国旅系统发展到46个分支社。1984年,国家旅游局批准国旅总社为企业单位。从此,国旅总社从原来归口外事工作转为独立经营、自负盈亏的大型旅游企业。2000年,国旅总社成功地通过ISO 9001国际质量体系认证,并加入世界旅游组织(UNWTO)。2001年,国旅总社被国家统计局列入"中国企业500强"第219名,旅游业第1名,并分别进入营业收入增长率、利润增长率、人均营收、人均利润前100名。2004年,世界品牌实验室(WBL)和世界经济论坛(WEF)举办的《2004年世界品牌大会》中,"国旅"品牌名列第53名,旅游服务类第1名,品牌价值达88.81亿元。2008年3月,国旅总社更名为中国国际旅行社总社有限公司(以下简称中国国旅)。2010年,中国国旅在全国百强旅行社中排名第二。

中国国旅目前主要提供出境游、国内游、邮轮、签证、机票、酒店、门票和定制产品等专业旅游服务,经过几代人的努力目前已发展为国内规模较大、实力较强的旅行社企业集团,累计招揽、接待海外来华旅游者1000多万人次。中国国旅已成为国内顶级、亚洲一流、世界知名的中国驰名商标,在世界60多个国家和地区通过注册。

【任务分析】

旅行社的设立需要经过比较全面的市场调研,设立旅行社需要经过严格的审批和认证,需要准备详尽的文件。请各小组以某旅行社要设立营业部分支机构为例,进行市场调研,并拟定设立旅行社的相关程序和文件。

【知识储备】

一、旅行社的产生与发展

（一）旅行社产生的历史背景

旅行社的产生是商品经济、科学技术及社会分工发展的直接结果，同时也是旅游业长期发展的必然产物。旅行社产生于19世纪40年代，它对人类的旅游活动产生了深远的影响。旅行社现已发展成为旅游业的支柱产业之一，然而旅行社并不是与人们的旅游活动共生的，它是一定经济和社会背景下的产物。旅行社的产生和旅行社行业的发展经历了一个比较长的过程。

1. 旅行社的产生

1841年，英国人托马斯·库克成功地组织500人在莱斯特乘坐火车前往拉夫伯勒参加禁酒大会。这次旅行被公认为世界上第一次包价旅游活动，库克的专职旅行代理生涯也从此开始。随后，1845年，库克组织第一批前往英国利物浦的观光旅游团，他亲自安排和组织旅游线路，并担任旅游团的全程陪同。他还雇用了地方导游。这是一次包含旅游线路考察、旅游产品组织、旅游广告宣传、旅游团队组织和陪同及导游等多项内容的旅行社业务活动，体现了当今旅行社的基本业务，从而确立了旅行社业务的基本模式。1871年，在原有旅行社的基础上，库克父子创办了托马斯·库克父子公司（Thomas Cook & Son），其儿子约翰·梅森·库克成为旅行社的正式合伙人。到了19世纪末，托马斯·库克父子成为当时世界旅游市场上的领袖。

托马斯·库克对旅游业发展的贡献，不仅在于他开创了旅行社经营模式的先河，诸如规模化组团出行、随团陪同照顾、提供导游服务、设立各地分社等，而且还表现在他面向大众，薄利多销，推动了旅游的社会化，促进了旅游业的迅速发展。因此，他被称为近代旅游业的鼻祖和旅行社的创始人。

2. 旅行社行业的发展

继英国的托马斯·库克父子公司之后，欧美各国不断涌现出类似的旅行社组织。在欧洲，英国相继出现了登山俱乐部（1857年）和帐篷俱乐部（1885年），德国和法国则成立了观光俱乐部（1890年）。在北美，美国运通公司于1850年从事旅行代理业务，并在1891年发售了第一张旅行支票。1915年，该公司正式设立旅行部，此后旅行部组织了许多旅游团。1922年，美国运通公司开始经营通过巴拿马运河的环球客轮旅游业务。美国运通公司、英国托马斯·库克父子公司和以比利时为主的铁路卧车公司三巨头的出现显示了国外旅行社行业的发展。

第二次世界大战结束后，各国经济相继恢复和发展，人们收入增加，科学技术的飞速发展和交通工具的逐步改善极大地方便了人们的外出旅行。同时，旅行社的业务经营范围不断扩大，管理水平和服务质量明显提高，产业规模和营业额大幅度增长。1987年，世界旅行社协会联合会拥有83个国家的全国旅行社协会成员，代表30000多家旅行社和旅游企业。20世纪80年代后期以来,以欧美地区经济发达国家的旅行社行业为代表的国外旅行社行业开始从成长阶段向成熟阶段过渡,其显著标志是旅行社产业的集中化趋势不断加强。欧美旅行社行业正在从过去以私人企业为主体、以国家为界限的分散市场,逐步向以少数大企业集团为主体的国际化大市场发展,并通过价值链进行纵向整合。同时,以美国、德国、英国等国家的大型旅行社为主导的企业兼并、收购与战略联盟,使得发达国家旅行社的所有权发生极大的变化,形成一批能够对整个市场产生重要影响的旅行社行业巨头。

(二)我国旅行社行业的发展情况

我国旅行社与西方旅行社产生的历史背景截然不同,它是在受到外来经济和文化的影响下产生的。1923年,上海商业储蓄银行总经理陈光浦与同人商议,决心创办旅行部,办理国人旅游业务。1923年8月,北洋政府正式批准设立旅行部。1927年,旅行部从上海商业储蓄银行独立出来,创立中国旅行社(现为香港中国旅行社股份有限公司),这是我国历史上最早的一家由国人开设的旅行社。创立初期,其营业范围仅以代售铁路、轮船客票为主,目标顾客是旅行游览活动的民众、富有阶层和留学生。

此后,中国又相继出现了一些旅行社及相似的旅游组织,如铁路游历经理处、公路旅游服务社、浙江名胜导游团、中国汽车旅行社、国际旅游协会、友声旅行团、精武体育会旅行部、萍踪旅行团、现代旅行社等。它们是中国旅行社行业处于萌芽期的旅行社,承担了近代中国人旅游活动的组织工作。

1978年以前,中国只有两家旅行社:中国国际旅行社(国旅)和中国旅(中旅)行社。这两家旅行社以政治接待为主要目的,没有真正意义上的经济功能。作为旅游业发展的最初阶段,这一阶段的中国旅行社业是高度集中的。1978年,中国开始实行对外开放政策,旅游业随之发展起来。1980年,中国青年旅行社总社(青旅)在北京成立,旅行社业形成了寡头垄断经营的局面。同年,这3家旅行社接待的来华旅游者占全国有组织接待人数的80%,其余由其他政府机构组织接待。这一历史阶段旅行社承担外事接待的单一功能,这一时期的中国旅行社业控制权基本掌握在国旅、中旅、青旅三大旅行社手中,处于高度集中的发展阶段。20世纪90年代中期以来,我国国民经济进入快速发展的阶段,城镇和乡村居民的收入明显提高,并且人们产生了强烈的外出旅游动机。

随着中国旅游业的高速发展,我国旅行社行业发生了巨大的变化,特别是近10年来,行业规模不断扩大,从业人员不断增加,经营体制不断创新,经营环境不断改善,旅行社行业已经成为拉动我国经济增长、扩大就业渠道的重要服务行业之一。

1. 旅行社业拉动了经济增长

2017年共有50.01亿人次国内游,比去年同期增长12.8%,旅游收入超过5万亿元人民币,出境旅游1.3亿人次。中国国内旅游、出境旅游人次和国内旅游消费、境外旅游消费均列世界第一。世界旅游业理事会测算数据显示,中国旅游产业对GDP的综合贡献达到了11.04%,超过了教育、银行、汽车产业。国家旅游数据中心测算数据则显示,我国旅游就业人数占总就业人数的10.28%。

2. 旅行社业为就业提供了巨大空间

我国的旅游业是一个劳动密集型产业，旅行社作为旅游业的龙头，10 年间得到了飞速发展，也为就业提供了广阔的空间。旅游业是经济发展进程中劳动力的“吸纳器”，发展旅游业将为社会就业提供更多的岗位。旅游产业涉及众多行业，就业容量大，关联带动性强。据世界旅游组织统计，旅游行业的直接收入每增加 1 元，相关行业的收入就能增加 4.3 元；旅游行业每增加 1 个直接就业机会，社会就能增加 5～7 个就业机会。旅游就业还具有方式灵活多样、门槛相对较低、适合不同人群的特点。旅行社对知识程度的要求相对较高，比较适合具有较高文化程度及具有一定知识深度的人员就业。截至 2017 年年末，全国共有高等院校开设旅游系（专业）的普通高等院校 1694 所，招生 17.2 万人；全国旅游类中等职业学校 947 所，共招生 10.2 万人。全国旅游系统职工教育培训总量为 586.5 万人次，分为岗位培训和成人学历教育两大类，其中岗位培训 562 万人次，成人学历教育 24.5 万人次。旅游直接就业 2825 万人，旅游间接就业 7990 万人。

3. 旅行社业不断开发新产品以满足旅游者的需求

近年来，为适应旅游者需求日趋个性化和差异化的发展趋势，我国旅行社加大了市场开发力度，在产品设计、营销手段、客户关系、品牌塑造等方面引入了新理念，实现了新发展。产品由过去单一的文化观光产品为主逐步发展到观光旅游、度假旅游、特种旅游等种类齐全、结构完整的格局，满足了不同层次旅游者的需求，促进了旅行社行业的发展。

在观光旅游产品方面，一些旅游产品参团人员踊跃、经久不衰，形成了品牌，如九寨沟之旅、长江三峡游、西部之旅，云南周末团、海南周末团等。在度假旅游产品方面，1992 年，国务院正式批准在中国开办 12 个国家旅游度假区，由此拉开了发展度假旅游产品的序幕。之后，又有一批省市级旅游度假区开始兴办，加上城市周边的度假地，初步形成比较适应国际国内多层次需求的度假产品体系，家庭度假、乡间度假、海滨度假、周末度假、节日度假已形成广泛的市场。特种旅游产品近年来发展也很快，形成品种多样、规模较大的特点，如修学旅游产品、滑雪旅游产品、商务会议旅游产品、自驾车旅游、文化体育交流等。广州广之旅国际旅行社股份有限公司根据旅游的特点，推出了高文化含量的特种团，如修学团、滑雪团、烹饪团、自驾车团、球迷团、音乐欣赏团、科普旅游团等。

随着我国改革开放的不断深入以及旅游事业的发展，中国公民出国旅游的目的地国家不断增加，出境旅游产品也得到较大的发展，到目前为止，主要出国旅游产品有新加坡、马来西亚、泰国等 22 个国家和地区的数十条线路，主要分布在东南亚地区，还包括欧洲、大洋洲、非洲的部分国家。中国旅行社开发的边境旅游产品主要有中俄边境、中朝边境、中越边境、中老边境、中缅边境等旅游产品。

4. 旅行社业更加注重企业形象和服务质量

随着我国旅行社行业的对外和对内开放，以及旅行社市场竞争的加剧，大多数旅行社着眼于企业自身的发展，加强内部管理，努力提高服务水平和服务意识，一批服务水平高的企业逐步脱颖而出，成为市场竞争中的佼佼者。很多旅行社加强了内部科学管理，重视品牌的树立，引入并完善了质量管理、质量保证体系，还有一些旅行社以提高游客满意度为目标，以强化员工服务意识为重点，向社会作出了更高层次、更为全面的文明服务承诺。如广之旅在公司内部推行“五心服务”，即热心的态度、贴心的服务、精心的安排、称心的导游、开心的旅程,使游客的满意率达到98.6%。

二、旅行社的性质与职能

旅行社是指依法设立并具有法人资格,从事招徕、接待旅游者,组织旅游活动,实行独立核算的企业。招徕、组织、接待旅游者提供的相关旅游服务,主要包括安排交通服务;安排住宿服务;安排餐饮服务;安排观光游览、休闲度假等服务;导游、领队服务;旅游咨询、旅游活动设计服务。旅行社还可以接受委托,提供下列旅游服务:接受旅游者的委托,代订交通客票、代订住宿和代办出境、入境、签证手续等;接受机关、事业单位和社会团体的委托,为其差旅、考察、会议、展览等公务活动代办交通、住宿、餐饮、会务等事务;接受企业委托,为其各类商务活动、奖励旅游等代办交通、住宿、餐饮、会务、观光游览、休闲度假等事务。

(一) 旅行社的性质

从旅行社的定义及从事的相关业务来看,它有两个重要的特征:提供与旅行有关的服务,是旅行社的主要职能;以营利为目的,决定了旅行社的企业性质。

通过对旅行社概念的进一步了解与深化,可以得到一些有关旅行社的基本特性。

1. 服务性

从行业性质来讲,旅行社属于服务业,其主要业务是为旅游者提供服务,包括吃、住、行、游、购、娱6个方面,全方位地为旅游者服务。旅行社可以为旅游者提供单项服务,也可以将各项服务组合成包价旅游产品提供给旅游者。旅行社的服务性是经济效益和社会效益的双重体现,是一个国家、一个地区形象的代表之一,因而旅行社行业被称为“窗口行业”。

2. 营利性

这一点是所有企业的共性,也是旅行社的根本性质。从旅行社的定义中我们可以看出:旅行社是以营利为目的,从事旅游业务的企业。旅行社的最终目的是追求利润最大化,它是一个独立自主、自负盈亏的企业,具有营利性的特点。

3. 中介性

旅行社作为一个企业,本身并没有更多的生产资料,要完成其生产经营过程,主要依托各类旅游目的地的吸引物和各个旅游企业及相关服务企业提供的各种接待服务设施。所以,旅行社作为一个中介性的服务企业,主要依附于客源市场、供应商和其他协作单位完成其生产销售职能。也就是说,旅行社是旅游消费者与旅游服务供应商之间的桥梁与纽带,所以它具有中介性。

(二) 旅行社的职能

1. 生产和组合职能

旅行社的生产职能是指旅行社设计、开发和组合旅游产品的功能。旅行社根据其对旅游市场需求的判断或者根据旅游者及希望购买旅游产品的企业的要求,设计和开发出各种包价旅游产品和组合旅游产品，并向相关的企业或部门购买各种服务，再将这些服务按照产品设计要求组合成具有不同特色和功能的旅游产品。旅行社出售的是一件完整的旅游产品，其他相关部门提供的服务只是旅行社产品中的“生产原料”，而非产品本身。因此，旅行社具有生产和组合职能。

2. 销售职能

旅行社不但是其自身产品的主要销售渠道，而且是许多其他旅游企业及相关企业的重要销售渠道。旅行社在满足旅游者需求，拓宽各种旅游产品销售渠道和增加旅行社及其他旅游企业的产品销售量方面发挥着重要作用：它一方面能够满足旅游者的需求；另一方面能够使旅游产品更顺利地进入消费领域。所以，旅行社具有销售职能。

3. 协调职能

旅游活动涉及吃、住、行、游、购、娱 6 个方面，旅行社产品的质量对其他旅游企业及相关企业、部门产品质量的依赖程度很高。所以，旅行社必须协调同有关企业和部门的关系，在确保各方利益的前提下，打通整个旅游活动过程中的各个环节。旅行社的产品质量和旅游者对旅行社及其产品是否满意，在很大程度上取决于旅行社的协调能力。

4. 分配职能

目前，许多地方的旅游服务企业、部门及相关的企业、部门所提供的旅游设施和服务的质量及价格差别较小，特别是同档次的旅游设施之间的差别更是微乎其微，从而给出行经验较少的旅游者造成一定的困难。旅行社应根据对旅游服务设施的了解及旅游者的旅游需求，合理地配置旅游资源，给旅游者充分的选择余地。同时，在为旅游者提供服务时，帮助旅游者合理地分配支出。实际上，旅行社对旅游资源的配置在很大程度上会影响旅游者的选择。所以，旅行社对资源的配置非常重要，既要考虑旅游者的需求，也要兼顾旅行社、相关旅游企业和部门，以及其他企业和部门各方面的利益。

5. 提供信息职能

旅行社提供信息职能主要体现在两个方面：一方面，旅行社作为旅游产品最重要的销售渠道，始终处于旅游市场的最前沿，熟知旅游者的需求变化与市场动态，所以，旅行社可以及时地向各相关部门反馈市场信息；另一方面，旅行社可以将各相关协作部门的最新信息及时、准确、全面地反映到旅游消费中，以促进旅游产品的销售。

三、旅行社的类别与业务

（一）旅行社的分类

由于不同国家和地区旅行社行业的发展水平与经营环境不同，世界各国和各地区在旅行社的分类上有很大的区别。

1. 欧美国家旅行社的分类

常见的划分法有三分法和二分法。三分法是按业务范围将旅行社划分为旅游批发商、旅游经营商和旅游零售商。二分法则是将旅行社划分为旅游批发商和旅游零售商，忽略旅游经营商和旅游批发商的差别。下面我们主要介绍三分法。

(1) 旅游批发商。旅游批发商是一种从事旅游产品的生产、组织、宣传和推销旅行团业务的旅行社组织。根据旅游者的需求和相关部门的实际情况设计旅游产品，交给零售商推销，一般不直接向公众出售旅游产品。

(2) 旅游经营商。旅游经营商是指以编排、组合旅游产品为主，也兼营一部分零售业务的旅行社。它们的旅游产品大部分由零售商出售，有时也代售其他旅游经营商的产品。

(3) 旅游零售商。旅游零售商(或旅游代理商)是指直接向个人或社会团体宣传和推销旅游产品，具体招徕旅游者，有的也负责当地接待的旅行社。旅游零售商是联系旅游经营商、旅游批发商与旅游者之间的桥梁和纽带，其收入全部来自销售佣金。

旅游批发商一般不从事零售，而旅游经营商则经常通过其零售机构销售旅游产品；旅游批发商通常通过购买并组合现成的服务形成新的包价，而旅游经营商通常设计新产品并提供自己的服务；旅游批发商一般不从事实地接待业务，而旅游经营商则相反。

2. 日本旅行社的分类

日本 1996 年 4 月 1 日起实施新的《旅行业法》，以旅行社是否从事主推旅行业务为主要标准，将旅行社重新划分为第Ⅰ种旅行社、第Ⅱ种旅行社和第Ⅲ种旅行社 3 种。

(1) 第Ⅰ种旅行社。这类旅行社可从事国际旅行、国内旅行和出国旅行 3 种业务，主要是开展对外旅行业务。这类旅行社的规模比较大。

(2) 第Ⅱ种旅行社。这类旅行社可从事国内旅行(包括接待部分到日本国内旅行的外国人)业务。

(3) 第Ⅲ种旅行社。这类旅行社可作为一般旅行社的代理店，从事与其相同的业务。

3. 我国旅行社的分类

我国旅行社结合 2009 年国务院颁布的《旅行社管理条例》，取消了旅行社的分类，对旅行社经营的业务范围进行了界定。《旅游法》第二十九条规定：依法设立的旅行社可以经营下列业务：境内旅游；出境旅游；边境旅游；入境旅游；其他旅游业务。

旅行社经营出境、边境业务，应当取得相应的业务经营许可。申请经营国内旅游业务和入境旅游业务的，应当向所在地省、自治区、直辖市旅游行政管理部门或者其委托的设区的市级旅游行政管理部门提出申请。同时旅行社取得经营许可满两年，且未因侵害旅游者合法权益受到行政机关罚款以上处罚的，可以申请经营出境旅游业务。

外商投资旅行社，包括外国经营者同中国投资者依法共同投资设立的中外合资经营旅行社和中外合作经营旅行社。我国政府规定：外商投资旅行社的经营范围包括入境旅游业务和国内旅游业务；外商投资旅行社不得经营中国公民出国旅游业务以及中国其他地区居民赴香港特别行政区、澳门特别行政区和台湾地区旅游的业务。

我国台湾地区的旅行社主要分为 3 类：①综合旅行社，可经营一切旅游业务；②甲种旅行社，主要经营出境游业务；③乙种旅行社，不准经营出境游，主要经营台湾本地旅游业务。

(二) 旅行社的基本业务

从旅行社市场运作流程来看，旅行社的基本业务可以分为产品开发、产品促销、产品销售、旅游服务采购、服务接待等。

1. 产品开发业务

旅行社的产品就是旅行社出售的能满足旅游者一次旅游活动所需的各项服务或服务组合。产品是旅行社赖以生存的基础，没有产品，旅行社的经营就无从谈起。在旅行社的产品开发中，旅游线路的设计是最关键的。旅行社通过对旅游者消费需求的了解，在结合旅游资源与旅游设施配置的基础上，合理地对资源进行配置与整合，这就是旅游产品的开发过程。

2. 产品促销业务

在旅行社对旅游产品进行开发以后，基于旅游产品的无形性所导致的不可转移性和不可储存性的特点，旅游产品不可能以实物的方式进入市场，也决定了消费者不可能预先知道旅游产品的质量，所以对于旅行社来说，旅游产品的促销活动非常重要。要使旅游消费者知晓、熟悉、认同、购买本企业的产品，旅行社需要开展各种形式的宣传促销活动，从而影响旅游者的购买行为。同时，在日益激烈的旅游市场竞争中，旅行社也需要通过促销活动提高产品的知名度，在市场中获得商机。

3. 产品销售业务

产品只有在销售后才能实现其价值并为企业带来利润，所以，产品的销售对于企业来说是至关重要的。没有销售，企业的存在就等于零。旅行社在选择目标市场以后，要根据目标市场的特点和自身的经营实力选择适当的销售渠道，并采取灵活的价格策略把产品推向市场，促使旅游者购买。特别是由于旅游产品本身的特点，其销售环节就显得更为重要，所以旅行社对销售渠道的依赖性是非常明显的。

4. 旅游服务采购业务

在旅行社把旅游产品销售出去以后，旅行社就需要向各相关部门购买各种旅游服务。旅行社的采购业务是旅行社为组合旅游产品而以一定的价格向其他旅游企业及相关部门购买旅游服务项目的行为。采购业务会直接影响旅游产品的成本与质量，旅行社如何协调好与有关各方的关系是非常重要的。

5. 服务接待业务

旅行社的服务接待过程是最终使产品销售得以完成的过程，也就是旅行社的直接生产过程。由于旅行社产品的特殊性，即生产与消费的同步性，旅行社提供服务的过程，也就是旅游者消费旅游产品的过程。在这一过程中，导游所提供的服务直接影响到旅游者对旅游产品的认识与评价，因此，服务接待过程是非常重要的。这一过程不但贯穿于旅游者参与旅游活动的整个过程，而且会一直持续到旅游活动结束后，所以，旅行社还应该做好售后服务工作，解决遗留问题，消除不良影响，保持与旅游者的联系。旅行社接待业务的水平决定着旅游者对旅游产品的整体印象，也决定了旅行社的总体水平，是旅行社最有代表性的基本业务。

四、旅行社的设立

（一）旅行社的设立条件

在我国，《旅游法》《旅行社条例》《旅行社条例实施细则》等对我国设立旅行社应当具备的条件作出了具体的要求,详情如表 1-1 所示。

表 1-1 设立旅行社的必要条件

序号	必要条件	具体要求
1	取得法人资格	依法向工商行政管理部门登记注册,领取企业法人营业执照
2	有固定的经营场所	固定的经营场所是指申请者拥有产权的营业用房,或者申请者租用的、租期不少于 1 年的营业用房;同时营业用房应当满足申请者业务经营的需要
3	有必要的营业设施	营业设施应当至少有两部以上的直线固定电话;传真机、复印机;具备与旅游行政管理部门及其他旅游经营者联网条件的计算机
4	注册资本不少于 30 万元	经营国内旅游业务和入境旅游业务的旅行社注册资本不得少于 30 万元;经营国内旅游业务和入境旅游业务的旅行社,应当存入质量保证金 20 万元;经营出境旅游业务的旅行社,应当增存质量保证金 120 万元。质量保证金的利息属于旅行社所有。旅行社每设立一个经营国内旅游业务和入境旅游业务的分社,应当向其质量保证金账户增存 5 万元;每设立一个经营出境旅游业务的分社,应当向其质量保证金账户增存 30 万元
5	有必要的经营管理人员和导游	有 3 年以上旅行社从业经历或者相关专业经历的经营和管理人员;有不低于在职员工总数 10%且不少于 3 名,已与旅行社订立固定期限或者无固定期限劳动合同的导游

(二) 旅行社的设立程序

在我国,申请设立旅行社,应当向省、自治区、直辖市旅游行政管理部门(以下简称省级旅游行政管理部门)提交下列资料与文件。

(1) 设立申请书。内容包括申请设立的旅行社的中英文名称及英文缩写,设立地址,企业形式、出资人、出资额和出资方式,申请人、受理申请部门的全称、申请书名称和申请的时间。

(2) 旅行社可行性研究报告。

(3) 旅行社章程。该章程应当符合法律、法规的规定。其内容包括旅行社的名称、地址和联系方式;经济性质;宗旨和目的;业务经营范围;注册资本及资金来源;组织机构;财务管理制度;对旅游者承担的责任;其他应说明的问题。

(4) 依法设立的验资机构出具的验资证明。注册会计师及其会计师事务所或者审计师事务所出具的验资报告,也可以将货币资金汇入有关银行的账户上,由银行出具书面的验资证明及资本金入账凭证的复印件。

(5) 经营场所的证明。

(6) 营业设施、设备的证明或者说明。

(7) 拟办旅行社企业法定代表人、企业负责人、财会人员(助理会计师以上)、计调、导游的身份证、职称证(会计证至少 1 个、导游证至少 3 个)、学历证的原件、复印件及个人履历表。

(8) 各种安全、管理制度(包括岗位工作规范、人员管理制度、安全应急预案等)。

(9) 缴纳旅行社质量保证金协议(取得营业执照之日起 3 个工作日内存入质量保证金)。

(10) 旅行社责任险保险单(取得营业执照之后,7 个工作日投保责任险)。

(三) 旅行社营业场所的选择

旅行社必须拥有固定的营业场所。所谓“固定的营业场所”,是指在较长的一段时间内能够为旅行社所拥有或使用,而不是频繁变动的营业场所。旅行社的营业场所必须符合旅行社业务发展与经营的需求。旅行社的营业场所是设立旅行社时可以自行控制的一个因素,它是影响旅行社设立的内部因素。旅行社营业场所的选择对其今后的发展及经营管理有着至关重要的作用。

1. 旅行社营业部选址注意事项

(1) 效益最大化。衡量营业部选址优劣最重要的标准是营业部经营能否取得好的经济效益。因此,营业部选址一定要有利于经营,才能保证取得最佳经济效益。要实现效益最大化,一方面取决于营业部的营业额;另一方面取决于营业部的经营成本,具体包括营业部租金、劳动力成本、管理成本及固定资产折旧等。

(2) 便利性。营业部选址要根据旅行社市场定位的需要,为目标顾客咨询、预订、购买提供最大的便利。基于这一原则,营业部选址需要考虑人口密度、人流量、出入交通的便利性、店面的醒目程度、基础设施状况、网店与目标客户的距离、周边商业氛围等因素。因此,营业部应尽量选址在符合客流规律和流向的人群集散地段,以具备良好的微观区位条件。

2. 旅行社营业部选址的影响因素

(1) 行人流量。行人流量是指营业部所临道路在特定时间内的行人数量。为保证得到最新的数据,应尽可能多方面收集有关资料进行综合分析,同时要在备选选址附近路段做行人流量统计。

(2) 目标市场。旅行社营业部顾客的来源有两个方面:一方面是流动客户,指那些偶尔经过的人群,这部分人群不在营业部的服务辐射范围之内;另一方面是固定客户,指来自营业部周围的住宅区、商业区或工业区的顾客。这些顾客在出行或者返回时大多会经过该营业部,并且习惯在此消费。

(3) 顾客进出便利程度。营业部选址需要在交通方便及符合客流规律和流向的人群集散地段。此外,标准的营业部形状应该是矩形,有一定的纵深,并且有较长的边与道路平行,这样可以方便顾客进出。同时,营业部面积也要适中。

(4) 竞争环境。竞争环境因素对旅行社营业部具有两面性的作用。如果营业部相对集中,那么营业部之间的竞争激烈程度将会增大,这对于营业部而言将会产生不良的影响;但是旅行社营业部相对集中,可以借鉴同行经验,变压力为动力,促使营业部在改善产品质量、降低经营成本、提高服务水平等方面下大力气,以吸引更多的旅游者。

(5) 可识别度。行人在路上行走,或者驾车从店前经过,或者乘坐公共交通工具从店前经过,通常从看见或发现营业部到决定进入需要考虑一段时间。特别在密集的商业区内,消费者要从众多的营业部中作出判断这个就是他中意的旅行社。这些就决定了旅行社营业部的位置必须醒目。

(6) 投资成本。旅行社应该建立在繁华的商业区或交通枢纽处,但是这样的地方寸土寸金,地价高,费用大,竞争性强。因此,无论是何种类型的旅行社,在进行选址时都需要综合考虑投资成本的投入是否能够得到预期中的收益。投资成本除营业部的地价与租金外,还应该考虑硬件设施的投资与工作人员的投资,其中以营业部地价投资为主。

(7) 主营业务。旅行社营业部选址还要分析自己是出团社还是接团社,如果是出团社,就要选商务区或者居民区,这样可以方便游客外出报名,同时要有很好的促销方法。如果是接团社就要尽量选在人流多的地方,尤其是外来客流多的地方,方便外来旅客。

(8) 营业地点。旅行社应设在繁华的商业区、高档写字楼、星级酒店附近以便吸引商务客流,且片区内应该拥有便捷的交通环境和足够的停车场。旅行社进入同行林立的商业区有利于形成规模市场效应,但旅行社应注意提升自己的服务质量。旅行社应选择中高层收入家庭集中的社区,以便直接接触终端客户,为顾客提供方便,招徕更多游客。旅行社营业处应有足够的停车场,便于公众停留。旅行社营业场所以底楼为好,以方便顾客。

(9) 通信设施。要了解是否能接通网线,因为有些地方可能没有预先铺设好网络,能上网是做旅行产品销售的基本条件。

(10) 安全问题。在选址时要了解该地的治安状况是否良好,因为店内有计算机设备和每天所收票款。

(11) 广告空间。有的店面没有独立门面,店门前自然就失去独立的广告空间,也就使你失去了在店前“发挥”营销、促销的空间。

美国空中交通协会(ATC)就旅行社的选址做了以下规定:旅行社不能设在家中,必须设在公众出入方便的商业区并保证正常的营业时间;旅行社不能与其他业务部门合用办公室,而且必须有独立的出口;如果没有直接通向街道的通道,那么旅行社就不能设在饭店内。美国旅游学者帕梅拉·弗里蒙特(Pamela Fremont)根据自己的实践经验,就旅行社的选址问题提出以下见解:旅行社应该设在繁华的商业区,以便吸引过往行人;旅行社营业场所应该有足够的停车场地,便于公众停留;尽量避免选择旅行社林立的地区,以减少竞争压力。

【思考与讨论】

1. 旅行社的性质是什么?它具有哪些职能?
2. 旅行社营业部的选址原则和要求有哪些?

【训练任务】

请根据旅行社的设立条件和程序,分组模拟设立一个旅行社,并编写相关注册文件。

【案例分析】

众信旅游直客营销中心副总监王振玥表示，对于传统的旅行社门店来说，其所承载的功能仅仅是提供柜台式的咨询服务及旅游产品售卖功能。然而在众信旅游体验店中，除围绕目的地特色鲜明的装潢布置外，体验店与传统零售店最大的不同就在于为顾客提供的全方位一站式体验服务。在众信旅游南非体验店中，顾客能通过独具匠心的店面装饰感受浓郁的南非风情，亲身体验南非旅游纪念品的新奇。众信旅游Club Med体验店为游客搭建了具有浓郁海岛风情的门店环境，在此氛围中可更加详尽地了解Club Med特色旅游线路，深刻地体会Club Med一价全包的服务理念。近期，众信旅游将光华路店重装打造为“黄金海岸体验店”。位于北京CBD中心区光华路的“黄金海岸体验店”将被装点成蓝色的海洋。众信旅游还将依据黄金海岸的目的地特点，在体验店周边举办具有浓郁澳洲风格的亲子互动性活动，使人们在轻松愉快的氛围中了解这个假日游乐胜地的魅力。

问题：请结合现代旅行社的发展，谈谈未来旅行社门店应该具备哪些功能。

任务二　设计制定旅行社的组织形式

【任务引入】

昆明康辉旅行社现在的名气越来越大，业务量也越来越多。昆明康辉旅行社原本是一个名不见经传的小旅行社，能发展到今天的实力和规模，与其良好的组织与管理密切相关。昆明康辉旅行社拥有5栋大楼，主楼位于永丰路六号，其他4栋分别位于永平路、永安路、永胜路、永康路，离火车站和昆明机场很近，地理位置极佳。同时，公司拥有自己的旅游车队，还有西双版纳康辉旅行社、瑞丽康辉旅行社、怒江康辉旅行社、大理康辉旅行社4家分支机构。大家各司其职，干劲十足。

集团公司的组织机构：总裁室—管理公司—各分公司（或各市场部）—各部门—各位员工。每一个分公司都有自己的分公司总经理和副总经理（市场部的总经理则相当于分公司的部门经理）。所以，康辉有近20个总经理，100多个部门经理，当然了，法人代表则只有一个。

昆明的南边历来是商家必争之地，公司的位置极好，离火车站只有500米，离昆明国际机场只有2800米，非常方便。

【任务分析】

旅行社的设立首先要进行可行性调查和分析，研究目前旅行社的发展情况与组建模式，根据自身的实际情况准备公司设立的相关文件和资金，同时准备以何种形式组建公司。请分析该旅行社的组织机构属于哪一种管理模式。

【知识储备】

一、旅行社组织机构设计

组织是人们为达到共同目的而使全体参加者通力协作的一种有效形式。它规定各组成人员的职务及其相互关系，以职务与职务之间的分工与联系为主要内容。而组织机构的设计是执行组织职能的基础。哈德罗·孔茨认为，为使人们能实现目标而有效率地工作，就必须设计和维持一种职务结构，这就是组织管理的目的。

组织设计是指围绕组织的目标，通过设计任务结构和权力关系协调各方面人员的行动，以确保组织目标的实现。

组织设计的步骤：①确定组织的目标；②明确为实现上述目标所必须完成的任务并加以分类；③根据现有的人力、物力和财力，并考虑环境因素，把上述任务分成若干组；④授予各组负责人完成任务所必需的权力；⑤借助职权关系和纵向横向沟通，把各组联系在一起。

影响组织设计的因素：组织所处的外部环境、组织客源市场的特征、组织的战略目标、组织所需完成的任务、企业家和管理者的管理理念、所采用的技术、组织成员的工作能力及个性、组织规模与地域分布。

1961 年，斯科特提出了古典组织理论所赖以存在的四大支柱，即分工、指挥系统（等级与职能结构）、控制范围和结构。

(1) 分工。分工是对组织经营目标的恰当分解与定位，包括在产品和服务流程设计的基础上，对服务岗位和管理岗位进行最优化配置，并明确工作标准、职责、内容和程序设计。

(2) 指挥系统。指挥系统是指管理指令的传输通道、方式及服从、反馈机制。如层级管理制、授权和分权、沟通与协调、质量管理制度、管理作风优化制度和员工合理化建议制度。

(3) 控制范围。控制范围是指管理层级与管理跨(幅)度。如组织管理层次与管理跨度之间的反向替换、窄的与宽的管理跨度之间的选择、助理与总监的设置等。

(4) 结构。组织结构是指组织内部各个有机组成要素发生相互作用的联系方式或相互联结的框架和形式，是实现组织目标的手段。功能决定结构，结构是实现功能的保障。

（一）旅行社组织机构设计要点

旅行社组织机构(organization of travel agents)是指旅行社各管理层级与部门之间有序结合的状态，是机构设置、机构职权划分，各个机构在企业中的地位和作用及其相互关系的总体体现。组织机构主要反映组织的3个问题，即机构的设置、各机构的职责和权力、各机构之间的相互关系。在组织设计中，可供选择的组织机构是多种多样的，各种组织机构都有优点和缺点，不存在适合一切组织的某一最优机构。组织机构是否合理的总的标准是能否有效和高效地实现组织的既定目标。组织机构设计的实质是通过对旅行社管理活动的分工，将不同的管理人员安排在不同的管理岗位或部门，通过他们的工作使整个旅行社管理系统有机地、高效地运转起来。

1. 目标任务原则

根据旅行社的经营目标确定旅行社的组织机构。部门的设置必须是为能够完成旅行社的销售功能、接待服务功能及内部管理职能服务。旅行社的主要任务是向旅游者销售其产品，招徕客源，并在旅游者来到后提供旅游服务和组织旅游活动。为实现上述任务与目标，旅行社进行组织设计时应以事建机构，以事设职务，以事配人员，而不是因人设职，因职找事。

2. 按岗定人原则

选择合适的人员，分派他们到相应的部门与岗位上去。要坚持"任人唯贤、择优录用"的原则，选择知识、技能和个性特征适合岗位需要的人员。绝不能任人唯亲、盲目追求高学历。

3. 责、权、利统一原则

明确各岗位的责任、权力和相应的利益。合理授权，避免授权不当。避免有责无权、有权无责、有责无利。

4. 精干高效的原则

严格控制员工的整体规模，尤其要注意一、二线员工的数量配比，尽量避免"一线紧、二线松、三线肿"的现象，减少职能部门的闲散人员。实行满负荷工作法，制定科学、合理、详细的岗位细则，培养一支勤奋高效的员工队伍。

（二）旅行社组织机构的基本模式

为保证旅行社业务经营的顺利运转，旅行社各部门保持协调配合，也为保障旅行社计划目标的胜利实现，就必须把旅行社内部机构，上下左右关系以一定的形式固定下来而形成完整的管理体系。下面介绍被广泛采用的组织机构模式。

1. 直线型

旅行社经理直接领导（或设置一个中间管理环节，但仍由经理直接领导）业务人员、导游，领导关系上下垂直，故称直线型（见图1-1）。经理室虽可设立人事部、外联部、财务部、导游部等业务机构，但这些机构均只起协助（在该项业务方面参谋、咨询）经理的作用。所有业务人员、导游均由经理直接管辖指挥。可以看出直线型责权统一、权力集中，上下传递迅速，工作见效快。缺点：①经理事必躬亲，负担太重。仅适用于小型旅行社。如用于中型旅行社，则要求经理体力、精力都很旺盛，并且经验很丰富；②中层干部得不到应有的锻炼，发挥不了应有的作用。人数已发展得较多的中型旅行社如不改变此局面，必难以发展壮大。

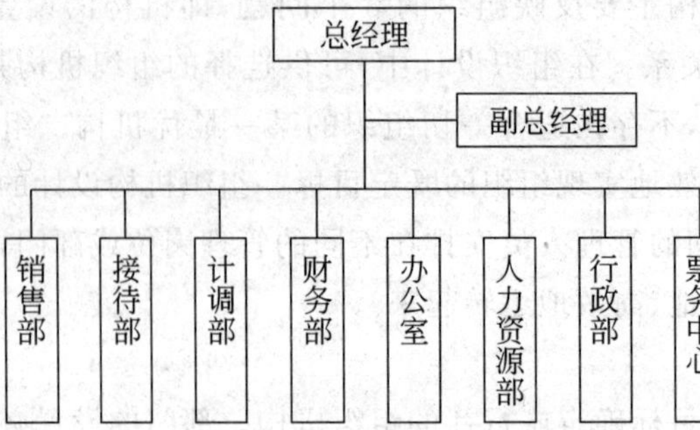

图 1-1　国内常见的直线型组织机构

2. 直线职能型

旅行社经理以直线领导为主体,同时发挥职能部门对一线业务人员相应指导作用的组织形式。它较能结合直线型和职能型的长处,故称直线职能型(见图 1-2)。

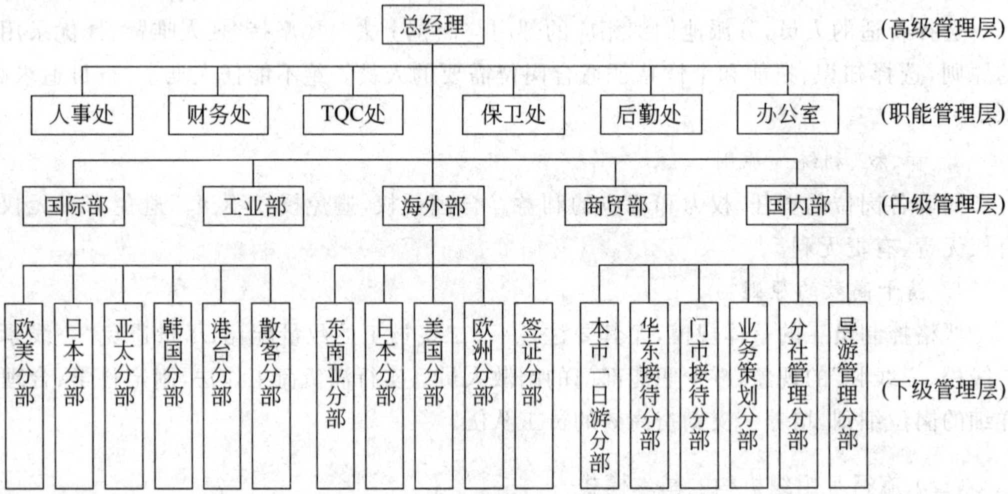

图 1-2　旅行社直线职能型组织机构

从图 1-2 可以看出,直线职能型责权分配,一级管一级,高、中、下级和职能各等级管理者职责清楚,指挥明确;同时业务管理者对业务范围负全部责任,对下属有指挥权,职能管理者对业务范围负有指导责任,对下属没有指挥权;经理人员对具体业务不必直接过问,可以腾出精力规划未来,设计发展中的大事。缺点是层次多,办事速度慢,容易滋生官僚及扯皮现象。适用于大型旅行社,中型旅行社也可采用,但不适用于小型旅行社。

3. 事业部制

事业部制有按产品种类划分的,也有按地区划分的。这种机构的特点是"集中决策,分散经营"。这种机构的优点:管理高层可集中精力研究公司的战略方针;事业部可发挥主动性;灵活经营、内部协调有力;有利于业务专业化发展;有利于培训全面管理人才。这种机构的缺点:各层次重复;管理人员多;各事业部之间形成竞争,忽视整个公司的利益。

二、旅行社企业文化建设

（一）旅游企业文化的内涵

企业文化可分为精神文化、行为文化和物质文化 3 个层次。这 3 个层次由里及表构成企业文化的整体系统。其中，企业精神文化是企业文化的核心和灵魂，可分为 5 个方面：企业价值观、企业道德、企业精神、企业目标、企业风气。企业行为文化是企业精神文化在企业行为活动层面上的体现，它主要规定企业员工在企业中应遵循的行动准则，包括工作制度、责任制度、特殊制度等。企业物质文化是企业通过可视的客观实体（企业外观、产品、设施设备等）所表达和折射出来的文化特点与内涵，它是企业文化的最外层，是形成企业精神文化和行为文化的条件，同时也受两者的规范和制约。企业物质文化是企业文化结构中最活跃、最生动的层面。下面着重分析企业精神文化的几个构成要素的含义。

1. 企业价值观

企业价值观是企业精神文化的核心、基石，决定企业文化的所有方面。它是企业在生产经营过程中，企业员工上下所信奉的共同的基本信念和理想追求。企业价值观使全体员工有了共同的价值评判标准，决定了企业的一切行为活动，能最大限度地调动全体员工的积极性，以情感文化手段和一种相容性心理暗示激发每个员工将其最大潜能释放出来。它一方面充分肯定企业员工的奉献；另一方面使员工明白企业整体利益是个人价值目标实现的前提。

2. 企业道德

企业道德是调节企业与社会、企业与员工、员工与员工之间相互关系的基本准则。企业道德包含职业道德和经营道德两方面。前者要求每个员工树立正确的幸福观和苦乐观；后者要求企业一心为顾客着想，信守合同、信誉第一，搞好产品的售前、售中、售后服务，企业道德有赖于社会的舆论和员工的信念维持。企业管理者要不断对员工进行企业道德规范的灌输，使员工自觉提高对国家、社会、企业的责任感和义务感，进而调节企业生产经营中各种关系和矛盾。

3. 企业精神

企业精神是企业为谋求生存与发展、为实现自己的价值体系和社会责任，在从事经营的过程中所形成的一种团体精神和群体意识。它通常是高度概括的几个字或几句话，以口号、标语等形式表达出来。这些口号和标语有的是总结本企业的优良传统，有的是针对目前存在的不足而倡导树立的新风尚。

4. 企业目标

企业目标是企业为适应形势的发展和需要而提出的奋斗方向，企业可以制定一定时期内能够达到的、明确具体的、对企业发展有重大意义的某种目标，以此提高员工的信心，进而激发员工的积极性。

5. 企业风气

企业风气是企业精神文明建设的重要内容。它特别体现在企业的民主作风上,包括员工的民主意识、民主权利、民主义务。企业民主的核心是"人本"的价值观和行为规范。以人为本,尊重人的法律地位、尊重人的才能、尊重人的兴趣爱好。在活泼清新的民主平等的文化氛围中,员工的进取心、责任感、荣誉感能被最大限度地激发起来,从而自觉履行自己的职责。

(二) 旅游企业文化的特性

(1) 旅游企业文化是一种服务经营型文化,服务意识是旅游企业文化的基本特点。旅游企业与工业企业不同,它没有一般意义上的生产活动;旅游企业与普通商业企业不同,它提供的是无形的以服务为主的产品而不是有形的物质产品。旅游企业的生产经营活动是以服务为中心的,因此服务理念、服务方式成为旅游企业文化的基本特点。由于旅游产品具有无形性、不可转移性、生产与消费的同步性、易损性、不可储存性等特点,因此保证服务产品质量显得非常重要。

(2) 旅游是一种高层次的文化享受,文化是旅游业的重要内涵,是旅游生产力要素的重要组成部分。旅游文化是旅游产品生命力的关键要素,没有文化内涵的旅游产品就不会有强大的市场生命力。一方面,旅游企业的宾客来自世界各地,旅游企业的员工需要了解不同国家和地区的文化传统与价值观,尊重宾客的风俗习惯;另一方面,旅游企业为适应市场需求须开发文化品位较高的旅游产品,求新、求奇、求特、求美。

(3) 以员工为中心的原则对旅游企业有着特别重要的意义。旅游企业要想充分调动员工的积极性,激发他们的劳动创造性,发挥他们的主观能动性,就应尊重他们,把他们放在主人翁的地位上。唯有如此,旅游企业才能提高服务质量,提高劳动生产率。因此,旅游企业在倡导"顾客至上"的同时,必须在内部提倡和贯彻"员工第一"的思想。要增强员工对企业的归属感和荣誉感,必须强调企业的民主化管理、人性化管理。

(4) 旅游产品特别是旅行社产品具有高度综合性,它涉及旅游者旅游过程中行、住、食、游、购、娱诸多方面。其中,许多服务是旅行社自身所不能提供的,旅行社需要通过对旅游服务的采购和组合一次性地满足旅游者的需求。其中任何一个环节的服务质量,都会直接影响企业最终产品的质量和企业的形象,这就要求以旅行社为"龙头"的旅游企业中的员工具有强烈的协作意识、协调全局的观念和强烈的集体主义精神,同心同德、尽职尽责,以确保旅游产品各个环节的服务质量和整个旅游过程的顺利完成。旅行社产品经营的这一特殊理念成为旅游企业文化的一个重要特征。

(三) 旅游企业文化建设的策略

1. 树立"以人为本"的核心管理观念

21 世纪的管理核心是发挥人的积极性和主动性。随着知识经济的到来,组织形式日益朝着扁平式的灵活方向发展,企业也将成为学习型组织,人的作用越来越重要。旅游企业在创建企业文化时要十分关注人的志趣、注重人的文化背景、尊重人的价值和尊严,满足员工的物质需要和精神需要。必须以人为中心,想尽一切办法使人能够轻松、自如、愉快地工作，充分发挥员工的积极性。同时，要注重培养团队精神，最大限度地激发员工的积极性和创造性。

2. 提炼富有个性、特色鲜明的企业文化精神

培育与打造创新性企业精神是企业文化建设的核心和基石。企业创新精神是员工群体心理状态的外化，是企业基于自身的性质、任务、宗旨、时代要求和发展方向，通过长期精心培育而逐步形成和确立的思想成果和精神力量，是旅游企业赖以生存的精神支柱，是企业内部凝聚力和向心力的有机结合体。企业精神的发扬光大是企业文化建设的重要内容。同时，还要注意培养和提炼具有时代特色又符合旅游企业实际的社会主义企业精神，体现共性和个性的统一，培育艰苦奋斗的创业精神、共事合作的团队精神、务求实效的开拓精神和强化约束的自觉精神，等等。

3. 构建完善的创新文化制度

创新文化制度是指企业在生产经营管理活动中形成的与企业创新精神、价值观等意识形态相适应的企业制度、规章、条例及组织机构等。良好的制度创新是企业创新的基本保证，避免因缺乏必要的制度安排和落实，使旅游企业文化的创新只停留于观念上。当前，我国旅游企业创新文化制度应该做到创新组织体系的设置、行业规范、管理制度、激励制度、考评制度和约束制度等。

4. 创建形神俱佳的企业品牌

旅游企业品牌的形成，是产品、服务、环境、文化等多种因素的整合与营造，基础是产品，要以产品的品牌为支撑。品牌能否确立和保持，关键要依靠其产品质量的稳定。为此，旅游企业应建立一套完整的产品质量保证体系，为高品质的服务提供保障。同时，企业品牌是企业整体素质的表现，是企业的无形资产，它通过各种方式将企业宗旨、职工素质、产品质量、经营规模、服务特色及企业标志传递给客户和社会公众，从而形成企业核心竞争力和特有的企业文化支撑企业品牌。旅游企业应树立品牌意识、实施企业品牌战略，让其成为企业面向市场、适应市场、开拓市场的优势。

【思考与讨论】

1. 旅行社企业组织机构的设置原则是什么？
2. 旅行社的组织机构有哪几种类型？它们各自的优缺点是什么？
3. 请选择某一百强旅行社为例，简要阐述其企业文化建设的概况。

【训练任务】

请各小组对康辉旅行社的组织机构进行调查，并对该公司的组织机构的模式进行分析，最后请各小组为学校即将设立的校内旅行社设计合适的组织机构，并说明原因。

【案例分析】

西宁中国青年旅行社的组织机构

西宁中国青年旅行社直属部门包括外联部、计调部、散客部、导游翻译部、接待部、财务部和办公室7个部门，下设美宁宾馆，共有职工50人。

西宁中国青年旅行社设董事会，是旅行社乃至集团的最高权力机构和决策机构。实行总经理分管负责制，两位总经理分别负责旅行社和美宁宾馆的日常工作，财务相对独立，分开核算。

西宁中国青年旅行社各部门分工协作，协调一致。职工队伍具有很高的专业素质，青春气息浓郁，朝气蓬勃，思想敏锐活跃，观念新，感情丰富，热情大方，诚实可信，是一个团结向上、积极进取、具有开拓精神的集体。旅行社追求星级服务，向同行业先进水平看齐，创造优质特色，敢于向自我挑战，能给予旅行者以导游、翻译和后勤等全方位服务，让旅客满意、舒心、放心、省心。

为提高管理水平，西宁中国青年旅行社的信息系统建立健全客户和旅行团队档案，长期保存。为进一步提高人员素质，方便旅客和各方面人士监督，旅行社专设意见反馈系统（含旅客意见反馈表和网友意见反馈留言），分配专人处理客人反馈的意见，有问必答，有问题必处理。目前调查数据显示，旅客与客户满意率达95.6%。

西宁中国青年旅行社的组织机构如图1-3所示。

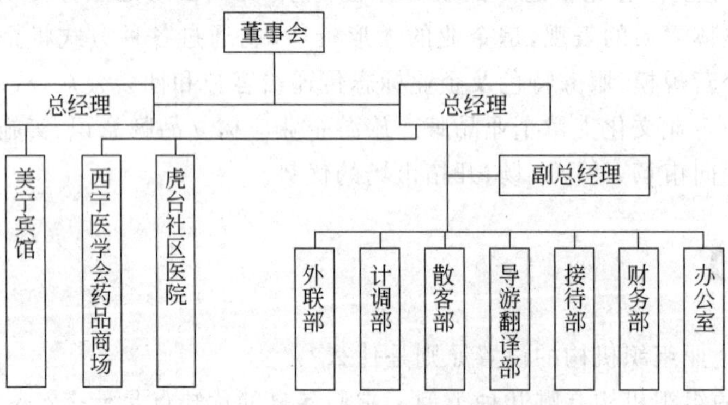

图1-3　西宁中国青年旅行社的组织机构

（1）总经理。总经理作为投资经营者和企业法定代表人，对公司的经营管理工作实行统一领导，全面负责。有决策权、最终决定权和行政指挥权，有对人员的调动、任免、聘用、奖罚权和对资金、物资的调度处置权，有对公司运行情况的监督协调权。有法律法规规定的其他权力。

（2）副总经理。副总经理是总经理的工作助手，在总经理的授权下，协助总经理主持、处理公司的日常工作。受总经理领导，对总经理负责。具体负责市场研究、经营管理、成本预算、效益核算，参与公司发展规划和工作计划的制订，协调各部门和有关方面的工作。

(3) 外联部。外联部是公司对外联络、收集信息的部门，担负着建立对外协作网络的重任。与宾馆、交通、餐饮、商店、娱乐、兄弟旅行社、旅游景点及保险部门保持良好的合作关系，为打通旅游渠道、销售旅游产品做好前期准备和善后工作。

(4) 计调部。计调部是公司负责计划调控的核心部门，制订旅行计划，提供旅游产品，并对旅游产品实行统一定价、统一调控、统一经营、统一研究。

(5) 散客部。散客部是公司对外的又一个重要形象部门和窗口，负责散客的接待、组织、线路推荐、旅行安排等工作，制订和实施散客旅行计划。

(6) 导游翻译部。导游翻译部是公司直接为旅客服务的部门，是公司对外的重要窗口，负责导游、翻译业务和对导游翻译人员的管理，并规范导游翻译服务。

(7) 接待部。接待部是公司的窗口之一，负责公司业务受理、团体旅客接待、具体执行线路、实施旅游计划、听取旅客意见并处理突发事件，系统培训与接待工作有关的员工，考察和监督公司的接待工作，会同导游翻译部等部门，全面树立和保持公司良好的企业形象。

(8) 财务部。财务部负责公司财务的全面工作，健全会计制度，管理公司器材设备和资产，执行国家经济法规，编制公司资金计划和年度预决算，进行经济分析，受总经理领导并向总经理负责。

(9) 办公室。办公室负责公司日常行政、人事、档案、法律、后勤、秘书业务和福利、劳动保险等工作，协调和监督各部门职能的履行，开展公司工作总结，与政府主管机构和有关部门建立和保持良好的工作关系，接受有关部门的检查监督。

问题：请对西宁中国青年旅行社的组织机构进行分析。

项目二

招聘与培训旅行社员工

开篇案例

广州市裕民国际旅行社有限公司 2017 年招聘启事

一、企业介绍

广州市裕民国际旅行社有限公司成立于 2007 年，旗下有两个品牌：“淮旅假期”“裕旅”。公司主要业务范围：国内旅游、入境旅游；代订国内外酒店、机票、景点门票、委托代办服务；招徕出境旅游、签证咨询办理、旅游咨询、商务旅游、会议考察、度假疗养、租车业务、散客拼团旅游、网络订房、自助旅游等。

二、企业文化

服务宗旨：诚信为本、裕民服务。

经营理念：做好旅行、裕国裕民。

经营目标：让客户满意、让社会满意。

发展方向：专业化、品牌化、国际化。

三、招聘职位及要求

（一）省内计调

1. 基本要求

职位月薪：2000～4000 元/月。工作地点：广州市天河区。工作性质：全职。工作经验：3～5 年。最低学历：大专。招聘人数：2。职位类别：旅游产品/线路策划。

2. 岗位职责

完成销售签单后的省内团队确认工作；收集不断变化的旅游市场信息并了解相关行情；负责完成省内线路的设计、行程的编写，并负责团组的报价、跟踪等后期流程；负责与地接社、供应商接洽并进行谈判等相关事宜；发布旅游团的接待计划和变更通知；负责与客户及相关旅行社之间的沟通联系。

3. 任职资格

两年以上与计调相关的工作经验，能独立操作省内团队；熟悉机票黑屏操作；做事认真细心，责任心强；有较强的协调与沟通能力，开朗活泼，能吃苦耐劳；熟悉省内线路及有省内操团经验；有省内和国内供应商者优先。

（二）销售经理/主管

1. 基本要求

职位月薪：4000～6000元/月。工作地点：广州。工作性质：全职。工作经验：1～3年。最低学历：大专。招聘人数：5。职位类别：销售经理。

2. 岗位职责

负责市场调研和需求分析；负责年度销售额的预测，目标的制定及分解；确定销售部门的目标体系和销售配额；制订销售计划和销售预算；负责销售渠道和客户的管理；组建销售队伍，培训销售人员；评估销售业绩，建设销售团队。

3. 任职资格

专科及以上学历，市场营销等相关专业；2年以上销售行业工作经验，有销售管理工作经历者优先；具有丰富的客户资源和客户关系，业绩优秀；具备较强的市场分析、营销、推广能力和良好的人际沟通、协调能力，分析和解决问题的能力；有较强的事业心，具备一定的领导能力。

知识目标

- 掌握旅行社人员招聘的原则与技巧。
- 掌握旅行社员工的培训要求。

能力目标

- 能制订并实施旅行社员工的招聘计划。
- 能制订和完成旅行社接待人员的培训方案。

任务一　制订旅行社人员招聘方案

【任务引入】

中国青年旅行社总社的董事长兼总经理徐源先生现急需物色一位合适的人选担任旅行社销售部经理，经过考虑，他决定委托一家很有声誉的旅游专门人才交流、选聘中心来挑选候选人，因为该中心拥有全国一流的人才信息资料。今天，徐先生收到了该中心寄来的拟刊登的广告。

招聘启事

招聘职务：旅行社销售部经理。

工资与福利：年薪15万元左右外加旅行社其他福利。

我公司特代表全国十大旅行社之一的中国青年旅行社招聘销售部经理1名，该经理将在全国一流的旅行社任职。其任职要求：年龄在30岁以上，有在国内大型旅行社工作的经历，有干劲、有热情、有事业心，能全心全意地管理部门工作，激励员工，能够带领团队创造优秀的销售业绩。

如想了解详细情况或寄送本人简历，请按下列地址联系。

中国北京××××××××××　　邮编：××××××

旅游专门人才交流、选聘中心主任：李先生。

【任务分析】

旅行社人力资源管理是一门学科。如何管好、用好人力资源是每个旅行社企业必须面对的现实。那么作为一名旅行社的负责人，应该首先考虑人员的选聘和人才的储备问题。请各小组以中国旅行社要在A市设立分社为背景，制订一份人员选聘的方案，要求按照旅行社管理模式中的一种进行人员配备。

【知识储备】

一、人力资源管理

（一）人力资源管理的含义

人力资源管理是指运用现代化的科学方法，对与一定物力相结合的人力进行合理的培训、组织和调配，使人力、物力经常保持最佳比例；同时对人的思想、心理和行为进行恰当的诱导、控制和协调，充分发挥人的主观能动性，使人尽其才、事得其人、人事相宜，以实现组织目标。

根据定义，可以从以下两个方面理解人力资源管理。

(1) 对人力资源外在要素——量的管理。对人力资源进行量的管理，就是根据人力和物力及其变化，对人力进行恰当的培训、组织和协调，使二者经常保持最佳比例和有机的结合，使人和物都充分发挥出最佳效应。

(2) 对人力资源内在要素——质的管理。这主要是指采用现代化的科学方法，对人的思想、心理和行为进行有效的管理(包括对个体和群体的思想、心理和行为的协调、控制和管理)，充分发挥人的主观能动性，以达到组织目标。

（二）现代人力资源管理与传统人事管理的区别

现代人力资源管理，深受经济竞争环境、技术发展环境和国家法律及政府政策的影响。它作为近20年来出现的一个崭新的、重要的管理学领域，远远超出了传统人事管理的范畴。具体来说，存在以下一些区别。

（1）传统人事管理的特点是以“事”为中心，只见“事”，不见“人”，只见某一方面，而不见人与事的整体、系统性，强调“事”的单一方面的静态控制和管理，其管理的形式和目的是“控制人”；而现代人力资源管理以“人”为核心，强调一种动态的、心理的、意识的调节和开发，管理的根本出发点是“以人为本”，其管理归结于人与事的系统优化，使企业取得最佳的社会效益和经济效益。

（2）传统人事管理把人作为一种成本，将人当作一种“工具”，注重的是投入、使用和控制。而现代人力资源管理把人作为一种“资源”，注重产出和开发。是“工具”，你可以随意控制它、使用它；是“资源”，特别是把人作为一种资源，你就得小心保护它、引导它、开发它。有学者提出重视人的资源性管理，并且认为21世纪的管理哲学是“只有真正解放了被管理者，才能最终解放管理者自己”。

（3）传统人事管理是某一职能部门单独使用的工具，似乎与其他职能部门的关系不大，但现代人力资源管理却截然不同。各组织中实施人力资源管理职能的人事部门逐渐成为决策部门的重要伙伴，从而提高了人事部门在决策中的地位。人力资源管理涉及企业的每一个管理者，现代的管理人员应该明确：他们既是部门的业务经理，也是这个部门的人力资源经理。人力资源管理部门的主要职责在于制定人力资源规划、开发政策，侧重人的潜能开发和培训，同时培训其他职能经理或管理者，提高他们对人的管理水平和素质。所以说，企业的每一个管理者，不仅要完成企业的生产、销售目标，还要培养一支为实现企业目标能够打硬仗的员工队伍。

（三）人力资源管理的具体任务

源于传统人事管理，而又超越传统人事管理的现代人力资源管理，主要应包括哪些具体内容和工作任务呢？

人力资源管理关心的是“人的问题”，其核心是认识人性、尊重人性，强调现代人力资源管理“以人为本”。在一个组织中，围绕人，主要关心人本身、人与人的关系、人与工作的关系、人与环境的关系、人与组织的关系等。

现代人力资源管理就是一个人力资源的获取、整合、保持激励、控制调整及开发的过程。通俗点说，现代人力资源管理主要包括求才、用才、育才、激才、留才等内容和工作任务。一般来说，现代人力资源管理主要包括以下几大系统：人力资源的战略规划、决策系统；人力资源的成本核算与管理系统；人力资源的招聘、选拔与录用系统；人力资源的教育培训系统；人力资源的工作绩效考评系统；人力资源的薪酬福利管理与激励系统；人力资源的保障系统；人力资源的职业发展设计系统；人力资源管理的政策、法规系统；人力资源管理的诊断系统。

为科学、有效地实施现代人力资源管理各大系统的职能，从事人力资源管理工作的人员有必要掌握三方面的知识：①关于人的心理、行为及其本性的一些知识；②心理、行为测评及其分析技术，即测什么、怎么测、效果如何等；③职务分析技术，即了解工作内容、责任者、工作岗位、工作时间、怎么操作、为什么做等方面的技术。这是从事人力资源管理工作的前提和基础。具体来说，现代人力资源管理主要包括以下一些具体内容和工作任务。

1. 制订人力资源计划

根据组织的发展战略和经营计划，评估组织的人力资源现状及发展趋势，收集和分析人力资源供给与需求方面的信息、资料，预测人力资源供给和需求的发展趋势，制定人力资源招聘、调配、培训、开发及发展计划等政策和措施。

2. 人力资源会计工作

人力资源管理部门应与财务等部门合作，建立人力资源会计体系，开展人力资源投入成本与产出效益的核算工作。人力资源会计工作不但可以改进人力资源管理工作本身，而且可以为决策部门提供准确和量化的依据。

3. 岗位分析和工作设计

对组织中的各个工作和岗位进行分析，确定每一个工作和岗位对员工的具体要求，包括技术及种类、范围和熟悉程度；学习、工作与生活经验；身体健康状况；工作的责任、权利与义务等方面的情况。这种具体要求必须形成书面材料，即工作岗位职责说明书。这种说明书不仅是招聘工作的依据，也是对员工的工作表现进行评价的标准，进行员工培训、调配、晋升等工作的根据。

4. 人力资源的招聘与选拔

根据组织内的岗位需要及工作岗位职责说明书，利用各种方法和手段，如接受推荐、刊登广告、举办人才交流会、到职业介绍所登记等从组织内部或外部吸引应聘人员。并且经过资格审查，如接受教育程度、工作经历、年龄、健康状况等方面的审查，从应聘人员中初选出一定数量的候选人，再经过严格的考试，如笔试、面试、评价中心、情境模拟等方法进行筛选，确定最后录用人选。人力资源的选拔，应遵循平等就业、双向选择、择优录用等原则。

5. 雇用管理与劳资关系

员工一旦被组织聘用，就与组织形成了一种雇用与被雇用的、相互依存的劳资关系，为保护双方的合法权益，有必要就员工的工资、福利、工作条件和环境等事宜达成一定协议，签订劳动合同。

6. 入企教育、培训和发展

任何应聘进入一个组织（主要指企业）的新员工，都必须接受入企教育，这是帮助新员工了解和适应组织、接受组织文化的有效手段。入企教育的主要内容包括组织的历史发展状况和未来发展规划、职业道德和组织纪律、劳动安全卫生、社会保障和质量管理知识与要求、岗位职责、员工权益及工资福利状况等。为提高广大员工的工作能力和技能，有必要开展富有针对性的岗位技能培训。对于管理人员，尤其是对即将晋升者有必要开展提高性的培训和教育，目的是促使他们尽快具有在更高一级职位上工作的全面知识、熟练技能、管理技巧和应变能力。

7. 工作绩效考核

工作绩效考核是对照工作岗位职责说明书和工作任务，对员工的业务能力、工作表现及工作态度等进行评价，并给予量化处理的过程。这种评价可以是自我总结式，也可以是他评式的，或者是综合评价。考核结果是员工晋升、接受奖惩、发放工资、接受培训等的有效依据，它有利于调动员工的积极性和创造性，检查和改进人力资源管理工作。

8. 促进员工的职业生涯发展

人力资源管理部门和管理人员有责任推动与关心员工的个人发展，帮助其制订个人发展计划，并及时进行监督和考察。这样做有利于促进组织的发展，使员工有归属感，进而激发其工作积极性和创造性，提高组织效益。人力资源管理部门在帮助员工制订其个人发展计划时，有必要考虑它与组织发展计划的协调性或一致性。也只有这样，人力资源管理部门才能对员工实施有效的帮助和指导，促使个人发展计划的顺利实施并取得成效。

9. 员工工资报酬与福利保障设计

合理、科学的工资报酬福利体系关系到组织中员工队伍的稳定。人力资源管理部门要从员工的资历、职级、岗位及实际表现和工作成绩等方面，为员工制定相应的、具有吸引力的工资报酬福利标准和制度。工资报酬应随着员工的工作职务升降、工作岗位的变换、工作表现的好坏与工作成绩进行相应的调整，不能只升不降。

员工福利是社会和组织保障的一部分，是工资报酬的补充或延续。它主要包括政府规定的退休金或养老保险、医疗保险、失业保险、工伤保险、节假日，并且为保障员工的工作安全卫生，提供必要的安全培训教育、良好的劳动工作条件等。

10. 保管员工档案

人力资源管理部门有责任保管员工入企时的简历，以及入企后关于工作主动性、工作表现、工作成绩、工资报酬、职务升降、奖惩、接受培训和教育等方面的书面记录材料。

二、旅行社人力资源管理的特点

旅行社人力资源的开发与管理同一般人力资源的开发与管理既有共性，又有个性。根据旅行社的业务特点，其人力资源的开发与管理具有以下特性。

（一）独立性

旅行社业务的一个突出特点是独立性强。这一特性在旅行社的接待业务中表现尤为突出。它决定了旅行社许多业务的开展通常是落实到员工个人，由员工个人独立完成。他们要独立地完成各自的业务指标，有各自独特的工作方式，工作的效果在很大程度上取决于个人的独立工作能力。由此可能带来员工之间在工作绩效和收入水平方面的较大差异。同时，为维护自己的利益，他们可能会拒绝与同事合作、可能对工作挑挑拣拣、可能以自己的工作成绩作为向企业讨价还价的筹码，甚至构成对某方面业务的不正常垄断。这就要求旅行社加强人力资源的开发与管理，既要鼓励每个人的积极性和独创性，充分挖掘每个人的潜力，又要公平合理地调配人员和调整分配方案，倡导团队精神和协作精神，推行规范化、制度化管理，保证工作井然有序地开展。

（二）分散性

旅行社的工作人员经常是独自分散地与客户接洽，广泛地、分散地在各条线路上陪同旅游者进行旅游,在联系业务或接待服务过程中,往往没有来自管理者和同事直接的、面对面的监督,工作时间弹性大,生活规律难以保证。为确保工作质量和顾客满意率,旅行社必须向工作人员提出明确的工作要求、工作规范和工作程序,要通过填写工作记录和搜集顾客反馈等方式,对员工的工作绩效作出客观、公正的评价,建立有效的激励机制,奖优罚劣,以维护企业声誉和顾客利益。

(三) 流动性

旅行社人员的流进与流出是相当频繁的,有人是为追求更加称心如意的工作环境、有人是为获得更多的收入、有人是为得到提拔晋升、有人是由于年龄和性格的原因而调离旅行社,还有人是因为工作不称职而离开企业。上述情形中,许多都是由旅行社的业务特点所决定的,是正常的。旅行社要留住和吸引优秀人才,应当在员工个人发展、企业凝聚力和职工待遇等方面作出不懈的努力,要建立人力资源信息库,及时招聘补充合格人才、强化业务培训,保障旅行社在人员流动的大环境中,有一支高素质的、相对稳定的员工队伍。

三、旅行社人力资源管理的程序

(一) 精心选人

1. 选人的渠道

选人的渠道不外乎两条:一条是内部招聘;一条是外部招聘。过去一讲到选人,首先想到外部招聘,没想到内部招聘,让内部想调岗、有能力晋升的员工失去了机会,甚至让老员工失望而最终辞职,造成人力资源的巨大损失。选人应优先从内部选,尤其是关键岗位。旅行社把选人条件、标准、岗位要求、工作标准通过旅行社办公系统或内网发布,由招聘小组按要求确定人选。如果内部员工达不到要求,再考虑外部选人。

外部选人通常有院校和社会两个渠道。院校与社会哪个渠道更好?这就要取决于企业发展战略、发展阶段、选人标准、经营理念等。从企业的短期利益来说,在社会选人,效果更明显,甚至立竿见影,因为很多人有工作经验,上手快,可以直接带来客户,但忠诚度较低,企业文化认同感不高,再次流失率高。从企业长期发展战略来说,选人最好从院校开始。刚毕业的学生或即将毕业的学生没有工作经验,但只要企业培训工作做得到位,学生忠诚度就会很高,认同企业的价值观。

在适当时候,把旅行社变成旅游院校的实训基地,旅行社积极支持和赞助相关高校的活动,如未来导游之星、营销演讲等;旅行社管理人员或者导游经常到高校讲课、开专题讲座,参与高校课程改革等,帮助旅游院校的学生在走出校门前,就具备旅游服务的相关技能。

2. 选人的标准

选人的标准归纳起来不外乎从品德、能力两个方面进行考量。旅行社员工的品德是指对企业忠诚、敬业、有责任心、爱心、诚信、团结友爱等,能力包括专业技能以及学习、沟通、创新、组织、语言等。

3. 选人的具体条件

选人的具体条件可以参照以下几个方面：品行要端正，对公司要有归属感；要有很好的自我管理能力；敢于担当；遇到困难、挫折或业绩不佳时，善于寻找解决问题的办法；要有持续的学习能力；要有远见，对自己的职业生涯有规划。

（二）用心育人

把人力资源转化为人力资本，关键是育人。育人的重要手段就是培训。

1. 培训的组织

企业培训应该是一个系统的工作，不能随心所欲，更不能支离破碎。要明确旅行社培训的需求，根据企业目标与计划，摸清现有人力资源状况，做好人力资源分析；根据需求确定培训内容，明确需要解决的问题，组织师资队伍。

2. 培训的层面

培训可分为3个层面，新进的员工由人力资源部培训，内容包括企业文化、经营理念、规章制度、企业运作模式和组织架构，等等；新员工技能培训和老员工技能提高培训，均应由业务部门安排专业人员进行培训；对于管理者，进入更高的技能培训、管理能力培训，应该由公司层面负责。

3. 培训的方式

培训的方式应充分考虑培训效果，采取灵活多样的形式。比如，集中与分散相结合、自学与授课相结合、基础与专业相结合、走出去与请进来相结合等。

4. 培训的内容

培训的内容很多，最关键的是解决技能的问题，技能培训包括必要技能、扩充技能、深化技能的培训。必要技能培训是基础，比如对导游而言，应加强语言表达能力、处理突发事件能力、安全事故预防能力、组织协调能力的培训；针对销售人员，应加强了解、分析、满足客户需求等能力的培训。

（三）放心用人

对管理者来说，用人之道是要做到用人唯贤、用人所长、用人不疑。

（四）诚心留人

美国企管界的大师史考特·派瑞先生说过这样一句话："未来市场中的稀缺资源不再是资本，而是优秀的人才。"美国管理学权威彼得·德鲁克也曾说过："人是企业最大的资本。"在知识经济时代，人的因素越来越成为企业实现自己战略目标的决定性因素。旅行社是智力密集型企业，旅行社之间的竞争更多地体现在人才的竞争上。随着加入WTO后合资和外资旅行社的大举进入，中国旅行社面临着重新洗牌的机遇和挑战，留住优秀人才成为旅行社赢得竞争力的关键和制胜法宝。

1. 环境策略

英国的马狮集团(Marks & Spencer)被西方管理学界誉为卓越管理的典范。曾任其董事长的薛福勋爵曾如是说："致力于发展与员工的良好人际关系非仅是付予优厚薪酬而已。经理人员必须了解员工的困难并作出反应。高管理层应该知道员工的工作环境和各项福利措施的优势程度。"创造一个良好、温馨、充满关爱的工作环境，是旅行社留住优秀员工的治本之策。旅行社能够做的最明智的事情，就是致力于创造一个能留住优秀人才的良好环境，让员工安心工作。

关心员工生活，为员工提供良好的工作条件。旅行社员工的工作压力较大，可自由支配的时间较少，因此，管理者应从生活上多关心员工，为员工提供各种方便，解除员工的后顾之忧。管理者应高度重视员工宿舍、员工餐厅的建设，为员工提供各种文体活动场所，丰富员工的业余生活，真正为员工营造一个"家外之家"。

采取民主管理方式，积极吸引员工参与管理。管理方式和经营理念的创新，是提高员工满意度的关键。首先，旅行社要以人为本，关心员工，尊重员工，使一线员工为顾客服务，中层主管为员工服务，高级主管为中层主管服务的理念深入人心，充分发挥各级员工的主体性和能动性，让他们在宽松、自主的环境中创造性地做好各项工作；其次，要尊重员工个人价值，吸引员工参与管理。要及时向员工传递本企业的最新信息动态，如经营决策、方针政策等，创造良好的参与环境与条件，广泛听取一线员工的意见，以争取员工的合作与支持。

创造公平竞争环境，努力完善激励机制。公平是维系人与人之间关系的润滑剂，可以起到改善人际关系的作用。大量实践表明，只有在机会均等、充分竞争机制的条件下，人们才会焕发出巨大的积极性和创造性，投入量才最大。为此，旅行社应通过建立公平的竞争机制，创造良好的竞争环境，使每位员工都能充分发挥、施展才华，并通过提拔、表彰等激励手段，对员工的工作给予肯定，以满足员工的成就感，激发员工的积极性。在用人方面，遵循"能者上、平者让、庸者下"的原则，公正客观地评价和选拔人才，进行经常性的技术考核和能力考查，真正使人才的优胜劣汰成为一种自然的流动。有效的激励是旅行社员工的动力之源，也是留住优秀员工的法宝。而有效激励的关键则是建立与不同层次员工需求特征相适应的激励机制。要有区别地运用精神激励、物质激励、职务晋升激励等手段，使之有机结合，并与旅行社的自身条件相适应，只有这样，才能提高激励机制的针对性和有效性，留住优秀人才。

营造民主和谐的工作氛围，建立良好的人际关系。营造民主、和谐、宽松的工作氛围，旅行社要做好以下两方面的工作：①建设以人的能力为本的企业文化。以人的能力为本的企业文化无疑可以大大激发人的工作热情，促使员工全身心融入旅行社的发展中去，奉献全部的智慧。在这种文化下，上下级关系是平等民主的，员工是心情舒畅、相互信任的，每一个人都有实现自我价值的机会，旅行社管理者与员工上下同心，实现人与事的完美结合，因而企业氛围必然是简洁和谐、奋发进取的。②创建学习型组织。美国麻省理工学院教授彼得·圣吉在《第五项修炼——学习型组织的艺术》一书中，系统、细致地分析了学习型组织的内部结构和运作规律，认为：学习型组织是21世纪全球企业组织和管理方式的新趋势。在知识经济时代，唯一不变的是"变"，知识的更新速度非常快。因此，旅行社要积极向员工倡导终身学习的观念，同时创造让员工终身学习的条件，增强他们的可就业性。而一个注重学习的群体，必定是一个有团队精神的群体，是有竞争力的群体。

2. 薪酬策略

薪酬高低不但在物质上给员工提供了不同的消费能力，而且成为体现个人价值大小的指标,它在一定程度上决定了旅行社对员工的吸引力。因此,旅行社要充分重视薪酬管理工作,制定科学的薪酬策略,以最大限度地发挥物质激励对提高员工绩效的正面效果,留住优秀的员工,使顾客满意。

制定有效的薪酬管理策略。目前,在众多约束条件下,要旅行社一味高薪留人也是不现实的。一方面,近几年旅行社的竞争日趋激烈,利润率不断下降,提高工资必然增加人工成本,不利于旅行社在市场竞争中的地位;另一方面,高薪酬虽有一定吸引力,但旅行社是人才密集型企业,高层次人才云集,自我实现需求强烈,要让员工留在企业并长期努力工作,单靠高薪酬是难以奏效的。较可行的办法是通过制定有效的薪酬管理策略提高旅行社员工的公平感。

旅行社合理有效的薪酬管理策略至少应具有以下特征:①使旅行社能吸引到所需要的合格员工;②符合有关法律和规章制度的要求;③能对员工产生激励和引导作用,并使员工感到薪酬制度的制定公平合理;④将工作业绩与奖励相结合;⑤有助于向员工传递企业的文化、价值观和竞争战略。

总之,旅行社有效的薪酬管理策略的核心,就是要在人工成本和员工需求之间取得平衡,充分发挥薪酬制度在提高员工工作满意度和企业生产力方面的积极作用。

实行职工持股计划和股票期权计划,留住优秀员工。持股计划是近 10 年来在西方国家企业中兴起的一种新的绩效薪酬形式。它源于美国,由经济学家凯尔索最先提出。凯尔索认为,在正常的经济运行中,任何人不但可以通过他们的劳动获得收入,而且必须通过资本来获得收入,人类社会需要一种既能促进经济增长,又能鼓励社会公平竞争的制度。这种制度必须使任何人都拥有获得两种收入(劳动收入和资本收入)的权利,从而激发员工的创造精神和责任感。这种制度就是职工持股计划。股票期权计划是一种以管理人员为主要激励对象的绩效薪酬形式,它以约定的价格允许管理人员在一定时期买入本公司约定数额的股票,即管理人员获得一份标的为本公司股票的看涨期权,且只有在管理人员离任后方可带走。股票期权计划能有效抑制企业经营者的短期行为,吸引和留住优秀管理人才。我国加入 WTO 后,外国旅行社不可能从本国派出大批员工来,会就地取材实现雇员本地化,因为本地员工成本较低,熟悉本地旅游市场情况,且很快可以进入角色,能带来现成的客户。一场围绕旅游人才的争夺战已经烽烟四起。而股权则是内资旅行社留住优秀人才的好办法。可以让高级管理人员入股;让旅行社员工购股;给有突出贡献的员工奖励期股。这些股权规定几年后才能出售。由于这些股票期权、股票的价值有赖于全体员工的努力,因而有助于提高旅行社员工的长期收益,增强内资旅行社的吸引力。

顺应薪酬体系宽带化潮流,灵活调整员工薪酬。薪酬体系宽带化,是直接薪酬管理的新趋势。其内涵是减少薪酬等级,同时拓宽每一等级的变化幅度。在传统的薪酬体系中,特定薪酬等级的最大值和最小值之间的差距较小,一般不超过 50%。例如,某旅行社可能规定:所有工作分为 15 个薪酬等级,第 10 个等级的薪酬变化幅度为 800~1200 元。而在宽带化薪酬制度下,特定薪酬等级的上下限之间差距拉大,一般可达到 3 倍(如 800~2400 元)。这种做法使管理人员在决定员工薪酬时拥有更大的灵活性,可以根据员工的实际工作行为和对企业作出的贡献,调整其报酬水平,切实体现内部公平原则。同时,在宽带化薪酬制度下,由于减少了工作头衔、工作等级和薪酬等级,使员工不再专注于职务提升，而更注重工作本身。员工更乐意平调到其他部门，去尝试新的工作内容，也更乐意参与。

3. 员工发展策略

员工需要从工作中得到的不仅仅是表现为经济利益的外在报酬，他们还需要获得内在报酬，即工作所带来的成就感和满足感。因此，制定员工发展策略，给员工发展机会，让员工在工作中获得更多的乐趣，是旅行社留住优秀员工的治本之策。

知人善任，构筑动态开放的员工—岗位匹配体系。由于遗传和社会文化等方面的原因，每个人都会有自己独特的个性、兴趣、爱好以及不同的心理素质、社交类型、能力特长等。大量的事例已经充分说明，对于那些接受过良好的专业教育，具有强烈自我实现感的旅行社经理人员来说，仅有良好的技能并不总能带来对工作的满意感。只有当他们的工作岗位与其心理素质、社交类型、能力特长等相匹配时，才能发挥他们的最佳作用。也只有在工作与他们潜在的兴趣相匹配的情况下，他们才会留下。潜在的终身兴趣并不决定一个人擅长什么，而是决定哪种活动使他们感到幸福。在工作中，幸福感一般意味着认同，它使人们潜心于旅行社而不放弃。因此，为更好地留住员工，旅行社管理者必须首先知道员工所想，然后着手一项很难而又有价值的任务——工作设计，这将给旅行社员工带来快乐和喜悦。工作设计就是让人与工作相匹配，从而使员工的终身兴趣得以表现。它是一种职业与个人兴趣完美融合的艺术，其目的在于增加留住旅行社员工的机会。工作设计的方法主要有岗位变换、工作丰富化、内部晋升等。在工作设计过程中，应体现岗位面前人人平等的原则，使每一位员工都有向更高、更理想的岗位进取的机会，让那些工作努力、表现出色、业绩优秀者能脱颖而出得到重用，给工作懒散、表现平平、业绩下滑者以降级、调离岗位等压力。以此建立能上能下、动态开放、充满活力的员工—岗位匹配体系，使岗位既能与员工的综合素质相匹配，又能充分体现岗位的竞争性、开放性。

强化员工职业生涯管理，实现旅行社与员工的互动双赢。职业生涯管理是指企业在全面了解员工的个性特长、心理素质、综合能力、发展潜力、奋斗目标、人生追求等的基础上，建立相应的员工个别档案，并结合企业自身发展的要求，帮助员工设计出既符合员工发展需要又符合企业发展需要的个人职业发展计划，同时帮助员工一步一步地去实施这一计划。旅行社参与员工职业生涯管理，把员工的职业发展纳入企业管理的范畴，也即我们经常所说的“事业留人”。这一做法在外企早已成为一项用人制度。

一些管理卓越的旅行社也开始认识到：人，也只有人，才是企业发展的真正动因所在。企业的成功来自员工的成功。因此，它们努力倡导企业与员工之间战略伙伴式的双赢关系，积极在本企业实施员工职业生涯管理，并取得了明显的成效。员工职业生涯管理不但有效引导了员工个人的学习、提高工作热情，而且通过有计划的培养、提拔，为旅行社今后的发展准备了高级管理人才，达到了员工个人发展及自我实现与旅行社长远发展的双赢效果。可以说，职工职业生涯管理，是更具“人性化”的留住人才策略。

【思考与讨论】

1. 简述旅行社人力资源管理的特点。

2. 旅行社人力资源管理的意义是什么?

【训练任务】

请各小组在确定中国旅行社(河源)分社的人员招聘方案后,以小组为单位模拟招聘,并给出不同岗位(计调、导游、前台咨询、市场营销、部门主管、外联等)的面试问题,至少模拟两个岗位。

【案例分析】

导游自由执业大门打开　或将改变整个旅游业

国家旅游局宣布从2016年5月起,正式启动在江、浙、沪三省市,广东省的线上导游自由执业试点工作,以及在吉林长白山、湖南长沙和张家界、广西桂林、海南三亚、四川成都的线上、线下导游自由执业试点工作。

线上导游自由执业是指导游向通过网络平台预约服务的消费者,提供单项讲解或者向导服务,并通过第三方支付平台,收取导游服务费。线下导游自由执业是指导游向通过旅游集散中心、旅游咨询中心、A级景区游客服务中心等机构预约服务的消费者提供单项讲解或者向导服务。

简单地说,就是可以通过网络或者旅游景点来预约个体导游。中国旅游研究院院长戴斌认为,这是我国旅游管理体制的重大进步。不过,成都的杨导游表示,这次的新规短期来看影响并不显著,因为已经有为数不少的、没有导游证的导游活跃在旅游市场上。她认为,自由执业导游是未来的大趋势。

不过,自由执业导游可不能跟没有导游证的导游混为一谈。针对一些媒体在报道时的误读,戴斌指出,目前的放开,指的是持有导游证的导游可以不用通过旅行社来接触客户、提供服务,而不是谁都可以做导游。

戴斌:"这两个问题,我觉得不是同一类性质的问题,网约车是互联网经济和共享经济的一个产物,实际上是引入竞争,对社会总体福利的提升是有好处的。导游的自由执业对既有人力资源市场是一种存量的释放,网约车是一种增量的调整。"

陪人游山玩水,还能挣钱养家,以后还不必挂靠在公司下边,想接单就接单,不想接单就休息,自由执业导游,听起来似乎不错。

尽管在国内刚刚放开,但在国外很多地方,导游的自由执业推行已久。

记者找到一位先后在俄罗斯、斯里兰卡当过自由导游的旅行达人郭先生,他说:"旅行团来了以后,要负责整体掌握这个旅行团的节奏了,随时跟游客保持联系,知道自己中午或者晚上大致在哪里用餐,白天或者上午或者下午走到哪些地方,会根据客人和我们沟通的结果来掌握这个节奏,快一点、慢一点。路线必须都是我自己去过的地方,然后吃、住、玩我都体验过,然后才介绍给客人。"

郭先生主业是经营旅馆,在有时间和精力的情况下才会兼任导游。来斯里兰卡之前,郭先生在俄罗斯贝加尔湖待了20年,他见证了中国游客对于旅游体验追求的不同阶段:

"中国人旅行分这么几个阶段,很多已经开始追求这种比较个性化的旅行方式。我们也正好有这么一个地利,在贝加尔湖畔生活,正好有了这个想法开始了这种接待服务。"

除自己偶尔也做做导游外,郭先生也雇用了一些长期导游和自由导游。他说,自由导游其实提供的导游服务会更好。

郭先生:"对于我个人来讲,我更喜欢这种自由导游,他们的工作弹性更大一些,因为由我们直接跟游客来建立工作关系,不是通过某一个公司,所以对自己的工作内容,包括服务的质量和客人的反馈会更在意一些,会更认真负责一些。"

问题:请从人力资源开发和管理的角度来分析导游自由执业化后旅行社应如何进行人力资源的规划。

任务二　制订各部门员工培训计划

【任务引入】

罗森布鲁斯国际旅行社是一家大规模的旅行社,该公司在美国、英国及亚洲设有582个分支机构,雇用了3000名员工,到1992年,该公司的营业额上升到150亿美元。该公司的成功主要取决于稳定的员工队伍,在旅行社这一行里,工作强度相当大,普遍流失率高达45%~50%,而在该公司,流失率仅为6%。

公司认为,人才才是自己的竞争优势,所以员工对公司来讲至关重要。为留住员工,公司组建了一个"幸福晴雨表小组"。该小组由从各部门随机挑选的18名雇员组成,这些雇员将员工们对工作的感受反馈给总经理。调查问卷一年两次被派发给所有的员工,以了解他们对工作的喜好程度。将调查问卷统计后的结果告诉给每一位员工。

每一位职位候选人均被仔细审查以确保公司招聘到合格的人才。公司需要的是有良好团队协作能力的乐观积极的人才。在挑选过程中,公司把亲和力、爱心及对工作的热情放在比工作经验、过往薪金等更重要的位置上。符合资格的候选人会有3~4h的面试。对于高层位置,公司总裁会亲自同候选人见面。例如,对于销售主管这个位置的候选人,他会邀请该候选人及其妻子同他和他的妻子共度假期。

所有新员工都会进行为期2~8周的培训,在培训过程中,经理人员会评估这些新员工以了解他们是否适合罗森布鲁斯公司高强度的、注重团队合作的工作气氛。那些喜欢个人英雄主义的员工将被请出公司。

【任务分析】

各小组在确定了人员招聘方案后,请依据确定的招聘方案编制一份旅行社各岗位工作说明书,并制订一个新进员工的培训方案。

【知识储备】

一、旅行社的人力资源规划

（一）旅行社人力资源规划的概念

旅行社人力资源规划是旅行社对未来一定时期内人员的需求和供给所做的预测、分析及安排。旅行社人力资源规划可分为中长期规划和年度计划。一般来讲，长期规划是10年以上的规划；中期规划是10年以内的规划；年度计划即当年的执行计划。中长期规划是以旅行社的发展战略和目标为依据，对未来人力资源工作具有指导性、方向性的安排。年度计划则是中长期规划的具体化和执行方案，它是在中长期规划的指导下制定和实施的。

（二）旅行社人力资源规划的内容

旅行社人力资源规划一般包括岗位职务规划、人员补充规划、教育培训规划和人员分配规划等。

(1) 岗位职务规划主要解决旅行社的定编、定员问题。旅行社应当依据自身的近远期目标、劳动效率、岗位技术要求等因素，确定相应的组织机构、岗位职务标准，进行定编、定员。

(2) 人员补充规划是要保证在中长期内岗位职务的空缺能从质量和数量上得到合理的补充。人员补充规划应当具体指出各级各类人员所需要的资历、培训、年龄等要求。

(3) 教育培训规划是依据旅行社发展的需要，通过各种教育培训途径，培养当前和未来所需要的各级、各类合格人才。

(4) 人员分配规划是依据旅行社内部各级、各类组织机构、岗位职务的专业分工要求，来配置所需要的人员，包括工种分配、管理人员职务调配及工作调动等。

（三）旅行社人员的需求预测

旅行社人员的需求预测是根据旅行社发展的要求，对未来一定时期内旅行社所需人员的数量和质量进行预测，进而确定人员补充的计划方案，实施教育培训方案。

人员需求预测是旅行社编制人力资源规划的核心和前提条件。预测的基础是旅行社的发展规划和年度预算。人员需求预测要采取动态的方法，要考虑到预测期内市场环境、工作效率、技术手段等因素的变化。旅行社人员需求预测的基本方法主要有以下3种。

1. 经验估计法

经验估计法是利用现有资料，根据有关人员的经验，结合本旅行社的特点，对旅行社的人员需求进行预测。

经验估计法可以采用以下3种方式。

(1) “自下而上”的方式是由直线部门的经理向自己的上级领导提出用人要求和建

议，征得上级领导同意后确定用人计划的方式。

(2)“自上而下”的方式是由旅行社先拟定出企业的总体用人目标和建议，然后由各部门确定各自的用人计划。

(3)“上下结合”的方式即先由旅行社提出人员需求的指导性意见，再由各部门根据指导性意见的要求，会同有关部门提出具体的用人要求，然后由人力资源管理部门汇总，形成人员需求预测，上报旅行社领导审批。

2. 统计预测法

统计预测法是运用数理统计的方法，根据旅行社目前和预测期内的经济指标及相关因素，计算出人员需求量。统计预测法主要有比例趋势分析法、回归分析法和经济计量模型法。其中，运用最普遍、最简便易行的是比例趋势分析法，采用这种方法的关键在于历史资料的准确性和对未来情况变动的估计。

3. 工作研究预测法

工作研究预测法是通过工作研究，计算确定员工的工作指标和定额，并考虑预测期内有关变动因素，来确定旅行社的人员需求。

(四) 旅行社人员的供给预测

旅行社人员的供给预测是指为满足旅行社对人员的需求，对未来一定时期内旅行社从内部和外部所能得到的人员数量与质量进行预测。旅行社人员的供给预测一般包括以下几个方面的内容：①分析目前的人员状况，如人员的部门分布、业务知识水平、年龄构成等；②分析目前人员流动的情况及原因，预测将来人员流动的趋势，以便采取相应措施避免不必要的流动，或及时给予补充；③掌握人员提拔或内部调动的情况，保证工作和职务的连续；④分析工作条件改变和出勤率变化对人员供给的影响；⑤掌握人员供给的来源渠道，人员供给既可来源于旅行社内部，也可来源于旅行社外部。

为了解旅行社人员供给的基本状况，还必须把握影响旅行社人员供给的基本因素，这些因素可分为以下两类。

1. 地区性因素

地区性因素详述如下。

(1) 旅行社所在地和附近地区的人口密度。

(2) 其他旅行社的人员需求状况。

(3) 旅行社所在地的就业水平、就业观念。

(4) 旅行社所在地的科技文化教育水平。

(5) 旅行社所在地对人们的吸引力。

(6) 旅行社自身对人们的吸引力。

(7) 旅行社所在地的住房、交通和生活条件等。

2. 全国性因素

全面性因素详述如下。

(1) 全国劳动人口的增长趋势。

(2) 全国对各类人员的需求状况。

(3) 有关院校的毕业生规模和结构。

(4) 政府有关就业政策、法规的影响。

(五) 旅行社人员的供求平衡

旅行社人员的供求平衡是旅行社人力资源规划的一项重要内容。旅行社人员的供求平衡不仅有人员需求与供给总量上的平衡,更重要的是要保持人员素质、类别等供求结构上的平衡。要实现旅行社人员的供求平衡,除要做好综合平衡分析外,还要对人员潜力进行分析,从数量上消除人浮于事的人力资源浪费现象,从质量上提高人员素质,充分发挥现有人员的潜力。

二、旅行社员工的选聘

旅行社的人力资源规划为员工的选聘提供了必要的基础。在此基础上,旅行社就可以进行员工的选聘。选聘员工的基本目的是要争取以最小的代价获得能够满足旅行社需要的合格员工。员工的选聘可分为以下 3 个阶段。

(一) 确定旅行社的用人要求

确定旅行社的用人要求是员工选聘的第一个阶段。它主要是在旅行社人力资源规划的指导下,根据岗位工作的需要,通过职务分析确定用人数量、类别和条件,拟定工作说明和工作规程,为下一阶段的工作做好准备。

1. 职务分析

如前所述,职务分析是对各个岗位的任务、责任、性质及工作人员的条件进行分析研究并作出明确规定。

一般来说,职务分析主要包括以下内容:①该职务的工作内容;②该职务的工作职责;③与旅行社内部其他工作的关系;④该职务的"应知""应会";⑤对担任该职务的年龄、经验、资历、教育程度等方面的要求;⑥工作技能的培养;⑦见习制度;⑧工作环境条件。

由于职务分析是人力资源管理的基础,旅行社必须扎扎实实地把此项工作做到位,并通过职务分析形成一定的工作成果。这些成果主要包括:①对担任某项职务的要求和履行职务过程中可能遇到的特殊问题进行基本分析,形成人员选聘条件;②对工作内容和职责进行详细分析,形成工作说明;③对履行职务所必须具备的知识、技能等各种条件与要求进行基本分析,形成工作规范;④对该职务提出培训要求,形成培训方案。

2. 工作说明书

工作说明书是在职务分析的基础上,用以记载该职务的工作内容、职责、要求及其特性的文件。工作说明书一般要记载以下内容。

(1) 工作识别事项,如工作名称、编号、所属部门等,将此项工作与其他工作区别开来。

(2) 工作概要,包括工作范围、目的、内容等基本事项。

(3) 具体工作,包括工作的具体目的、对象、方法等。

(4) 其他特殊事项,如加班、恶劣的工作环境等事项的说明。

表 2-1 所示为某旅行社的岗位说明书。

表 2-1 某旅行社的岗位说明书

岗位名称	国内部副总经理	岗位编号		核　准	
岗位职级		岗位工资等级		审　核	
所属部门	旅行社	岗位编制		编 制 人	行政部
直接下级	国内部	直接上级	旅行社总经理	编制日期	
岗位概述					
内外横向工作联系					
上下职级关　系	上下级岗位: 直接下级:　　间接下级:				
岗位主要责　任	(1) 对所分管的业务目标的完成负直接责任,同时未完成的目标按比例扣减相应的工资奖金 (2) 对所分管的人员的流失负直接责任,每流失一个员工罚款 2000 元 (3) 对所分管的部门的人员素质提升有责任组织定期或不定期的在岗或不脱岗培训				
岗位任务	(1) 开拓经营管理国内市场 (2) 培养导游队伍,提高所分管的员工的素质 (3) 组织并参与有利于提高导游队伍素质的培训活动 (4) 积极主动地协助总经理开展各项业务				
岗位权限	(1) 对所分管部门有开展业务的指导权 (2) 对所分管部门有奖惩建议权以及决策执行权 (3) 有为优化所分管部门的人力资源素质结构而使用的调配权				
工作环境	工作场所: 危 险 性:低		环境状况:佳 出差:偶有出差		
任职资格条　件	学历专业	本科以上学历			
	工作经验	3 年以上相关经验			
	职业资格	无特别要求			
	技能要求				
	能力要求	沟通协调能力;宏观筹划能力;组织指挥能力;分析、判断、解决问题的能力;创新能力;学习能力			
	职业素养	具备强烈的创业精神和开拓意识;精力充沛,团队组织能力强			

3. 工作规范

工作规范明确规定特定工作的操作规程、标准和具体要求,在实践中,可以把工作说明书与工作规范合二为一,形成一个文件。

(二) 吸引人们前来应聘

在市场经济条件下,用人单位与应聘者之间是双向选择的关系。旅行社欲挑选到中意的员工，必须设法吸引人们前来应聘。为此，在选聘人才的过程中，要努力把旅行社的目标与应聘者个人的目标、旅行社需要与应聘者个人的需要统一起来，兼顾双方的利益。

1. 影响旅行社对应聘者吸引力的因素

从旅行社的角度来看，能否吸引人们前来应聘，取决于多种因素。其中主要有：①旅行社的目标与发展前景；②旅行社的形象与声誉；③旅行社的工资福利待遇；④旅行社所招聘的职位类别；⑤旅行社可能提供的培训和提拔机会；⑥旅行社的工作地点和工作条件等。

2. 应聘者的来源

应聘者的基本来源可分为旅行社内部和外部两大类。两类来源各有利弊，应当具体情况具体分析。

1）外部招聘

（1）外部招聘的优点：①有利于减轻偏见，放手使用；②有利于缓和内部竞争者之间的紧张关系；③有利于给旅行社带来新鲜的工作方法和经验。

（2）外部招聘的局限性：①外聘人员对旅行社的内部情况，需要一定时间的了解，熟悉后才能有效地开展工作；②旅行社对外聘人员需要花费一定的时间才能了解，甚至可能由于了解不够深入，选错了人，给工作造成不利影响；③对内部人员的积极性可能造成伤害，这是从外部招聘的最大局限性。

2）内部招聘

（1）内部招聘的优点：①有利于鼓舞士气，激励员工更努力地工作，进而为自己创造更多的发展机会；②有利于吸引外部人才，使外来人才感到只要干得好，就有发展机会；③有利于考查应聘者，最大限度地避免选错人才；④有利于被聘者迅速开展工作。

（2）内部招聘的局限性：①容易引起同事不满，在被聘者受到提拔的情况下尤其如此；②可能造成"近亲繁殖"，从而不利于创新，甚至可能把某些不良的作风延续下来。

3. 影响招聘途径的因素

既然内部招聘和外部招聘各有利弊，那么旅行社应当从实际出发，充分考虑各种因素，选择更加有利的选聘渠道。影响选聘途径的主要因素如下。

（1）职务的性质或岗位。大部分基层职务或非关键岗位，可以从外部招聘；而较高层的管理人员则应从内部提拔。

（2）旅行社的经营状况。小型的、新建的、迅速发展中的旅行社应当多从外部招聘人员；大型的、较为成熟的旅行社，人才储备也较多，应当多从内部招聘。

（3）内部人员的素质。能否从内部招聘到合格的人员，关键要看候选人的素质。如果内部人员的素质不高，不符合有关要求，就只能从外部招聘。

（三）挑选录用员工

1. 挑选录用员工的方式

挑选录用员工的方式主要有两大类。

（1）履历表挑选方式。该方式通常是根据需要，要求应聘者提交自己的履历表以及工作意向、个人特长、学历、学位、工作经验和个人照片，还可以要求应聘者提交所在单位的介绍信和推荐信。旅行社以此为依据决定是否录用。

(2) 直接挑选方式。该方式一般是通过笔试、面试,以及医学、心理学等综合检查方式,直接对应聘者进行较为深入的考察了解,然后决定是否录用。

2. 挑选录用员工的步骤

(1) 按照一定的规范,对所收集到的应聘者的各种资料进行整理分析,以备挑选。

(2) 将应聘者的情况和条件逐一与工作说明书、工作规范及旅行社的要求进行对比分析,经初步筛选后,把全部应聘者分为3类:可能入选者、勉强合格者和不合格者。

(3) 对可能入选者和勉强合格者再次进行审核,进一步缩小挑选范围。

(4) 对通过审查的应聘者进行笔试、面试及医学、心理学的测试。

(5) 依据考试监测的情况,综合考虑应聘者的其他条件,作出试用或录用的决定。

(6) 把此次选聘结果书面通知给所有应聘者,不管对方是否被录用。

3. 面试

面试是挑选员工的一种重要方法。它为旅行社和应聘者提供了一次直接交流的机会,有利于加深双方的相互了解、有利于双方作出是否录用或是否应聘的决定。面试通常采取的形式有个别面试和分组面试等。

4. 各种测试

测试是采用统一的标准,对应聘者的各种素质进行公正而客观的评价。测试是选聘过程中重要的辅助手段,特别是对那些有关个人素质、兴趣、品格等方面的情况,通常需要通过测试来了解。测试主要分为两类:一类是素质测试,包括对应聘者的智力测试、性格测试和职业适应性测试等;另一类是特长测试,包括对应聘者的技能测试、职业兴趣测试,等等。

5. 决定录用和签订合同

在经过各种程序并得到可以录用的结论后,旅行社要作出正式的录用决定,并将录用决定正式书面通知被聘者。在经被聘者认可接受后,双方要依法签订录用合同。

三、旅行社员工的培训

员工培训是旅行社人力资源开发与管理中的重要环节,应当给予高度重视。

(一) 培训的政策、战略和计划

旅行社应当高度重视员工培训工作,要通过制定明确的培训政策,建立鼓励员工积极参与培训的机制,让员工了解培训的意义,珍惜培训机会,最大限度地调动员工参与培训的自觉性和积极性。根据我国《旅行社管理条例》的规定,旅行社总经理和部门经理必须参加岗位培训与考试,并取得岗位资格证书后方可上岗;翻译导游人员也必须经过培训考试并获得导游证后方可上岗,这都是国家对旅行社人员培训的重要政策。作为企业,旅行社应当把企业的培训政策与国家的培训政策有机地结合起来,推动企业培训工作的开展。

培训战略是旅行社对较长时期内的培训工作所做的全局性、根本性、方向性的谋划与安排。制定培训战略,有利于旅行社在一段较长的时期内排除各种不确定因素对培训工作可能带来的影响，保证培训工作有条不紊地进行。

培训计划是对培训工作的具体安排。制订培训计划要以旅行社的经营目标和发展方向、人力资源规划和培训任务等为依据。培训计划主要包括培训项目、培训目标、培训对象、培训负责人、培训内容、培训进度、培训费用预算等内容。

（二）培训内容

1. 思想素质和职业道德培训

旅行社的员工经常是分散地、独立地、自主地开展工作，没有过硬的思想素质和较高的职业道德水准是难以胜任工作的。因此，员工的思想素质和职业道德培训，是旅行社培训工作的重要内容。通过这方面的培训，使员工了解国家发展旅游业的意义、旅行社在旅游业中的作用，了解本企业的经营目标、经营理念，帮助员工树立主人翁意识和职业自豪感、荣誉感，培养员工的爱岗敬业精神，增强员工的团队意识与合作精神，自觉维护国家利益和企业形象。

2. 知识培训

旅行社是知识密集型企业，应当通过培训使员工掌握工作所必需的广泛知识，如地理、文化、自然、科技、历史、民俗、政治、经济、社会，等等。此外，还应当让员工了解本旅行社的基本经营情况，如发展战略、目标、经营方针、经营状况、规章制度等，以便于员工参与企业的民主管理，增强员工的主人翁意识。

3. 技能培训

通过技能培训，使员工掌握完成本职工作所必须具备的技能，如翻译导游、公共关系、谈判沟通、演讲技巧、应付突发事件的能力等。高超的技能除通过培训掌握外，更多的要靠平时用心积累。同时，旅行社应当把技能培训当作员工技能创新的向导、当作员工之间进行工作经验交流的渠道。

（三）培训原则

为保证培训工作的顺利进行，旅行社应当遵循培训工作的基本原则。这些原则主要包括以下几个方面：①经常鼓励员工积极参加学习和培训；②预先明确培训效果的衡量标准；③积极指导员工的学习和培训；④应当主动地而不是被动地开展学习和培训；⑤对不同层次、不同类别的培训对象，采取不同的培训方式和方法；⑥使参加培训者确实感到有所收获，有满足感。

（四）培训方式

培训方式是多种多样的，主要有岗前培训、在职培训和脱产培训。

我们处在一个“知识爆炸”的时代，知识更新的速度越来越快，只有不断地学习、学习，再学习，培训、培训，再培训，才能跟上时代前进的步伐。作为旅行社员工，只有通过培训、学习才能在激烈的人才竞争中占有一席之地；作为企业，只有重视员工培训才能在激烈的市场竞争中求得生存与发展。

四、旅行社员工绩效的考评

(一) 绩效的性质与特点

1. 绩效的性质

工作绩效是指经过考评的工作行为、工作表现及其结果。对于旅行社来讲,绩效就是工作完成的数量、质量及效率状况;对于员工来讲,绩效就是上级和同事对自己工作状况的评价。绩效是必须经过考评的,未经过考评的绩效是无效的。

2. 绩效的特点

(1) 绩效具有多重性的特点,这种多重性主要表现为多因性。绩效的多因性是指绩效的优劣受制于主客观多种因素的影响,而非单方面因素的影响。一般来讲,影响绩效的因素有激励、技能、环境、机会。其中,前两个是属于员工自身的、主观的、直接的影响因素;后两个是客观的、间接的影响因素。它们之间的关系可以用下列函数关系表达:

$$P = f(S , O , M , E)$$

上式中,P 为绩效;S 为技能;O 为机会;M 为激励;E 为环境;f 代表函数关系。此函数关系式说明,绩效是上述 4 个变量的函数,是因变量,而 4 个变量是自变量。

激励和技能是影响绩效的直接因素,二者缺一不可。有技能而缺少干好工作的愿望,难以取得好的绩效。管理者要善于调动员工的积极性,要通过培训提高员工的技能,进而提高工作绩效。

环境与机会是影响绩效的客观因素,其作用是间接的。环境包括旅行社的内部环境和外部环境,如领导作风、规章制度、工资福利、工作氛围、教育培训、企业文化、社会环境和经济状况等。机会则是可能对员工的利益(如工作岗位的分配、学习培训机会的提供等)产生直接影响和间接影响的偶然性因素。作为管理者,在对员工进行考评时,应当了解影响员工绩效的客观因素,并尽力提供有利于绩效提高的条件。

(2) 绩效的第二个特点是多维性,即绩效要从多角度、多方面进行分析和考评,不能只抓一点,不及其余。如不仅要考评员工完成的工作数量,还要综合考评工作质量、工作态度及团结、服从、纪律等各个方面,以全面评价员工的工作。

(3) 绩效的第三个特点是动态性,即员工的工作绩效是变化的。随着时间的推移,绩效差的可能变好,绩效好的可能变差。因此,管理者不能以僵化的观点看待员工的绩效,要破除偏见、成见,以新的考评结论全面、客观地评价员工的绩效。

(二) 旅行社绩效考评的作用

(1) 绩效考评是维持和提高工作效率的手段。通过对员工的绩效考评,并以此作为奖优罚劣的依据,可以鼓励绩效突出的员工,鞭策绩效不良的员工,进而维持和提高工作效率。

(2) 绩效考评是贯彻按劳分配,建立合理的薪酬制度的基础。将客观、公正、全面的绩效考评结果与员工的工资、奖金及福利有机地结合起来,能使员工普遍感到公平合理,进而提高其工作的满意感。

(3) 绩效考评是合理使用员工、充分调动员工积极性、发现人才的重要依据。通过绩效考评,可以了解员工对现任职务的胜任程度,发现更适合他的工作岗位,这就为员工的调动、轮岗、晋升、降职、淘汰提供了客观、公正的依据。

(4) 绩效考评是制订和调整员工培训计划的重要依据。通过绩效考评能够发现员工的长处和不足,以便对其长处加以发扬,对其不足进行有针对性的培训,这对于提高培训工作的效果和员工队伍素质都具有积极作用。

(三) 旅行社绩效考评的原则

绩效考评是每个员工在工作中都要面对的。每个员工都希望自己的工作成绩能够得到上级的认可、得到应有的待遇,希望通过自己的努力取得事业上的进步;同时也希望了解自己的不足,希望上级能够对自己今后的努力方向给予指导。总之,员工从根本上是寄希望于绩效考评的。为满足员工渴望得到公正评价的愿望,发挥绩效考评的积极作用,在绩效考评工作中应当遵循以下基本原则。

1. 明确化、公开化原则

在绩效考评工作中,考评的标准、程序和责任都应当有明确的规定,并且在考评过程中严格遵守这些规定。同时,考评的标准、程序和责任还应当向全体员工公开,这样才能使员工对考评工作产生信任感,才能理解、接受考评的结果,才能保证考评的权威性。

2. 客观考评原则

考评应当依据明确规定的考评标准,对客观考评资料进行评估,尽量避免掺入主观因素和感情色彩。也就是说,首先一定要把考评建立在"以客观事实说话"的基础上;其次要把"客观事实"与既定的考评标准进行比较,而不是在员工之间进行比较。

3. 单头考评原则

对员工的考评,应当由员工的"直接上级"进行。因为直接上级最了解员工的实际工作表现(成绩、能力和适应性),也最有可能反映真实情况。间接上级(上级的上级)对直接上级作出的考评结果一般不应轻易修改。当然,这并不排除间接上级在对考评结果的疑问调查清楚后,通过直接上级对考评结果进行必要的调整和修改。单头考评不但有利于明确考评职责,而且把日常管理职责与考评职责有机地结合起来,有利于今后加强管理。

4. 反馈原则

考评的结果一定要反馈给被考评者,否则就起不到考评的教育作用。在反馈考评结果的同时,应当向被考评者就评语进行必要的解释说明,肯定成绩和进步,指出缺点和不足,为今后的努力方向提供参考性意见。

5. 差别原则

差别原则主要体现在两个方面:一方面是考核标准的不同等级之间,应当有鲜明的差别界限;另一方面是针对不同的考评结果,在今后的工资、晋升、使用等方面要体现出明显的差异,即考评结果要与员工的发展前途挂钩,要能够鼓励先进、鞭策落后、带动中间。

(四) 旅行社绩效考评的种类与内容

旅行社绩效考评的具体目的不同,考评的种类也各不相同。常见的对员工的考评可分为以下几种。

1. 职务考评

职务考评主要从两方面入手：一方面是考查员工对本职工作的熟练程度；另一方面是考查员工的工作能力和适应性，以决定是否需要调动工作或调整职务。职务的调整可能带来岗位职务工资的变化。

2. 奖金考评

奖金是对超额劳动的报酬，奖金考评实际上是对员工工作成绩的客观考评。

3. 提薪考评

提薪考评的结果会影响员工的收入，但它与奖金考评不同。奖金考评是"回顾性"的，是根据被考评者过去的工作成绩决定报酬的多少；提薪考评则是"展望性"的，是预计被考评者今后可能发挥多大的作用，以决定未来相应的工资水平。既然提薪考评是预计今后可能的贡献，当然要参考过去的工作成绩，同时还要对工作能力的提高程度作出评价。

4. 晋升考评

这是对晋升对象的特殊考评，由于晋升工作关系旅行社管理者队伍的素质、关系旅行社的发展前途，因此历来受到旅行社的高度重视。晋升考评是对被考评者全面、综合的考评，重要依据是平时积累的考评资料。晋升审查过程中的重点内容，也是依据平时的考评资料确定的。

五、旅行社员工的报酬管理

旅行社员工的报酬管理，是旅行社人力资源开发与管理中最受人们关注的内容之一，应当引起旅行社各级管理者的高度重视。

(一) 旅行社确定报酬的依据和原则

报酬的实质是企业对其员工(包括管理者)为企业所作的贡献，包括他们实现的绩效，付出的努力、时间、学识、技能、经验和创造所付给的相应的回报与答谢。这实质上是一种公平的交换或交易，体现了社会主义市场经济的分配原则。

1. 确定报酬制度的依据

(1) 绩效考评的结果。绩效考评是旅行社评价工作成绩、奖优罚劣的基本依据。员工的报酬必须与绩效考评的结果挂钩，这是旅行社制定报酬制度的基础。

(2) 职位的相对价值。旅行社应当系统地评定各个职位的相对价值，依照每个职位的工作对旅行社的相对重要性、工作性质、工作经验、特殊技能、履行职责的风险等，评定各个职位的排列顺序，并以此作为获取报酬的依据。

(3) 劳动力市场的供求状况。在市场经济条件下，劳动力市场的供求状况直接影响着人们对其报酬水平的期望。劳动力市场的供求状况是调节劳动力流向，进而调节报酬水平的重要杠杆。由于我国社会主义市场经济体制尚在改革和建立过程中，劳动力市场的发育尚不够完善，劳动力市场的供求状况对企业报酬的影响，目前还不够直接或明显。随着社会主义市场经济体制的最终确立，劳动力市场的供求状况对报酬的影响将会越来越明显。

(4) 居民生活水平。旅行社在制定报酬制度时，必须考虑居民的生活水平。虽然旅行社的收入水平相对较高，但客观上与居民生活水平存在着比较关系。旅行社把自己的报酬水平确定在什么标准上，与社会居民的收入水平、生活水平是什么样的比较关系，是旅行社管理者制定报酬制度时应考虑的因素。

(5) 旅行社的财务状况。旅行社的财务状况，直接影响旅行社的报酬水平，特别是影响那些非固定收入的水平，如奖金、福利等。

2. 制定报酬制度的原则

(1) 公平性原则。公平性是制定报酬制度的首要原则。员工对报酬分配的公平感是影响巨大而又十分敏感的因素。强烈的不公平感会使员工士气低落，工作消极，使工作突出者的积极性受到打击，造成人际关系紧张、人才外流，妨碍旅行社的稳定与发展。

(2) 竞争性原则。竞争性原则是指旅行社的报酬标准在社会上和人才市场中要有吸引力，能够吸引和招聘到旅行社所需要的人才。

(3) 激励性原则。报酬制度要贯彻按劳分配、多劳多得的原则，破除平均主义。否则，便只能保护落后、奖懒罚勤，使报酬失去激励作用。

(4) 经济性原则。提高旅行社的报酬水平，固然可以提高其竞争性和激励性，但同时也会导致人力成本的上升。所以，旅行社在制定报酬制度时要充分考虑经济制约因素，权衡成本与工作绩效的关系，使报酬的增长率低于利润的增长率。

(5) 合法性原则。旅行社的报酬制度一定要符合国家的法律、法规和政策，特别要遵守《公司法》《劳动法》和《妇女权益保护法》。

(二) 旅行社报酬的构成

1. 工资

工资制度的改革是我国经济体制改革中的一个重要方面，目前比较广泛实行的是结构工资制和岗位技能工资制两种分配制度。

1) 结构工资制

结构工资制是由若干具有不同功能的工资组合而成的分配制度。它主要包括基础工资、职务工资、工龄工资、技术津贴等。

(1) 基础工资。它是按照国家政策和使职工基本生活水平能够得到保障的原则而设计的，基本上与职责无关，带有明显的平均主义性质。

(2) 职务工资(也叫岗位工资)。它是根据员工所担任的职务或所处的岗位确定的，即职务越高、责任越重、风险越大、贡献越多，岗位工资也就越高。对于不同岗位来讲，这部分工资是有差别的，在一定程度上体现了按劳分配的原则。但对担任同一职务或处在同一级别的人来讲却是无差别的。如企业内部所有部门经理的岗位工资水平是一致的，尽管事实上不同部门经理的工作业绩和贡献并不一致。这就带有一定的平均主义性质。

(3) 工龄工资。这是根据工龄长短而确定的工资部分。工龄越长，该部分工资就越高。这是对员工“历史性贡献”的报酬，仍然带有一定的平均主义性质。

(4) 技术津贴。这是依据员工技术水平的高低而确定的工资部分。它基本体现了脑力劳动与体力劳动、简单劳动与复杂劳动的差别,体现了按劳分配的原则。

结构工资制在一定程度上体现了按劳分配的原则,但也包含有一定的平均主义色彩。随着改革的深入,旅行社将越来越多地实行岗位技能工资制。

2) 岗位技能工资制

岗位技能工资制是以按劳分配为原则、工资与经济效益挂钩、以岗位工作评估为基础、以岗位技能工资为主体的工资制度。岗位技能工资制由基本工资和辅助工资两部分构成:基本工资包括岗位工资和技能工资;辅助工资则由奖金、津贴和各种补贴构成。

岗位工资是根据员工所在岗位或所担任职务的责任轻重、工作难度、工作条件等因素确定的;技能工资则是依据不同岗位或职务对员工工作技能的要求和员工实际具备的工作技能水平确定的。辅助工资是支付给员工的基本工资之外的其他工资性收入,是对基本工资的补充。

岗位工作评估是确定岗位工资的依据,包括对工作技能、工作责任、工作难度和工作条件的评估。其中,工作技能主要是指在一定岗位上工作所应具备的文化知识、专业水平及解决实际问题的能力;工作责任是指岗位要求员工承担的责任及应发挥的作用;工作难度是指员工在正常情况下履行岗位职责所要付出的脑力与体力的多少;工作条件是指工作环境对员工身心的影响程度。岗位工资要按企业具体情况分为若干等级,并以此建立岗位工资标准,该标准是随着企业经济效益的变化而变化的。岗位工资实行动态管理,随着岗位的变化,岗位工资也要进行相应的调整。技能工资一般按行政管理职务、业务技术人员和职能人员 3 类设置。每个类别分别设立若干工资等级并规定相应的工资标准,实行技能工资正常晋升制。

辅助工资主要由奖金、津贴和各种补贴构成。辅助工资要根据旅行社经济效益的高低和经营状况的好坏而增减。岗位技能工资制不同于结构工资制,前者剔除了基本工资等带有平均主义性质的工资部分,使员工的工资收入直接与工作绩效、工作能力、工作条件及企业的经济效益挂钩,所以更能体现按劳分配的原则。

2. 奖金

奖金是对员工超额劳动的报酬。与工资不同,奖金的形式是多种多样的。如按奖励内容可分为单项奖和综合奖;按奖励对象可分为个人奖和集体奖;按奖励时间可分为月度奖、季度奖和年终奖等。不管是什么形式的奖金,都必须以员工所付出的超额劳动为基础、以绩效考评为依据,使之具有明显的针对性、差异性和激励性。一定要避免把奖金作为变相的工资收入发放,一定要破除平均主义、"大锅饭"的思想,贯彻多劳多得的原则,合理拉开奖金分配档次,充分发挥奖金的激励作用。

3. 福利

福利是报酬的一种补充形式。它往往不是直接以金钱支付的。福利的形式是多种多样的,常见的福利项目有各种保险(如劳动保险、医疗保险、待业保险等)、带薪假期、职工或子女教育补贴、节日赠品、各种后勤服务(如子女入托、免费工作餐、制作工作服、职工班车等)。福利通常不以按劳付酬的原则为依据,而是以平均或需要为原则,在同一企业中员工所享受的福利差别不明显。福利的作用主要是满足员工的安全需要,让员工体会到企业作为一个“大家庭”的温暖，培养员工对企业的认同感与忠诚心。

（三）旅行社的报酬与激励

报酬制度作为人力资源管理中的一项重要内容，其根本作用在于充分调动员工的积极性、创造性，为企业的发展提供强有力的人力资源支持。也就是说，报酬对企业所需要的人力资源要能够起到吸引来、留得住的激励作用。吸引、留住、激励这三者，归根到底就是激励的作用，即激发起员工强烈的工作动机、创造优秀绩效的热情，使员工愿意在本企业努力工作。

报酬的激励作用可分为短期激励作用和长期激励作用。短期激励作用是指报酬要能够激励员工做好当前的工作，实现优良的绩效。长期激励作用是指报酬要能够体现企业对员工价值和地位的认可，培养员工对企业的认同感、归属感、忠诚心和责任心。在市场竞争激烈的条件下，员工的忠诚心和责任心对企业的发展是非常重要的。

但是，建立有效的激励机制是一个非常复杂的问题，激励与报酬之间也不能简单地画等号，不能认为报酬发得越多激励作用就越大。报酬虽然是重要的，但并不是唯一的激励手段。按照激励理论，常用的激励手段有 3 个方面：工作激励、培训激励、成果激励。培训激励已在前文中阐述过，这里不再重复。工作激励主要包括 3 个方面。

(1) 委以恰当的工作，激发员工内在的工作热情。这里又包括两方面：①分配工作时要尽量考虑员工的特长与爱好，人尽其才；②要使工作既有挑战性，又能够使员工敢于接受。

(2) 鼓励员工恰当地参与管理工作。这样能够满足员工的成就感。

(3) 工作丰富化。这样能够使员工较长时间地保持工作热情。

现在，我们重点阐述成果激励。成果激励实际上是利用员工对于成就感的追求来激发其工作的积极性。成果激励主要体现在两个方面。

1. 正确评价工作，合理给予报酬

正确评价员工的工作，并给予合理的报酬，这是激发员工积极性的一个重要因素。报酬可以分为物质上的和精神上的，即物质激励和精神激励。物质激励主要是通过工资和奖金体现；精神激励则体现在各种形式的表扬、工作条件的改善以及地位的提升等方面。

作为物质激励的手段——金钱，并不是万能的。要有效地发挥金钱的激励作用，必须建立以下认识。

(1) 对于不同的对象，金钱的激励作用是不同的。在劳动仍然作为谋生手段的今天，对于大多数人来讲，金钱的作用是非常重要的。但对于那些已经“功成名就”，对金钱的需要已不是太迫切的人来讲，金钱的激励作用就是有限的。而且，随着人们生活水平的提高、生活条件的改善和思想观念的进步，金钱激励作用的局限性将渐趋明显。

(2) 在多数企业中，金钱实际上是作为保持拥有足够员工的手段，而不是作为直接的激励因素。各企业要努力在人才市场上保持工资与奖金的竞争性，以便吸引和留住其所需要的人才。

(3) 工资作为一种激励因素，其作用是有限的。人们常常更多地注意工资与自己的能力和地位是否相当，并且与和自己地位相当的人进行工资方面的比较。特别是在目前的工资管理体制下，工资的激励作用就更加有限。

(4) 奖金能够起到一定的激励作用，但前提是奖金必须根据工作绩效发放，贯彻多劳多得的原则，否则，即使发放再多的奖金，也难以起到激励作用。

(5) 报酬的激励作用并不在于绝对数量的多少，而在于员工对于投入和产出的比较。如果报酬公平合理，可以促使员工努力地做好工作；如果员工认为发放的金钱不足以反映其劳动成果，即使绝对数量不低，也难以起到激励作用，很可能是企业花了钱，又挫伤了员工的积极性。

2. 帮助员工创造成果

取得成就、追求自我价值的实现，是人们高层次的需要。对于高层人员和专业技术人员就更是如此。因此，如果企业领导人能够创造条件，帮助员工获得成功，激励作用将是巨大的。对于普通员工，允许他们参与制定与其相关的决策，接受他们的合理化建议并帮助他们实现这些建议，同样能起到激励作用；对于专业技术人员，给予必要的支持，改善他们的研究开发条件，解决他们在工作中遇到的各种困难，帮助他们获得研究成果，这可能比直接给他们金钱更重要。

【思考与讨论】

1. 旅行社员工招聘的渠道有哪些？优缺点如何？
2. 如何制订有效的员工培训方案？需要注意哪些方面？

【训练任务】

旅行社分社成立后，依据各岗位工作说明书绘制一份员工工资、福利和绩效评价表，并说明依据。

【案例分析】

旅行社的人力资源管理如同“西天取经”一样，需要唐僧师徒四人的合理配置、密切配合，才能取得真经。可以说，“西天取经”中的人员配置模式是一个典型的、成功的管理范本。作为旅行社的管理者可以从中获得一些启发。

(1) 配置好“唐僧式”的“经理”。经理是旅行社发展的高中层干部，其素质能力要高于他人，并对旅行社的发展起着至关重要的推动作用。经理必须具备两种素质——胸怀和眼光。有胸怀才能容人，能容有关系的、调皮的、刺头的、敢说敢为的各类员工，以及性格暴躁、脾气古怪的业务合作伙伴，对那些不同性格、特质的下属都能善待；有眼光就是在管理上知人善任，善于发现下属身上不同的特点，从而用人之长，因人施教。同时唐僧既非擒妖能手，又不能长时间料理行程上的事务，只要坚持取经不动摇，嘴里会念紧箍咒，便一切 OK。因此对于经理来说，该懂的须懂，不必事事精通。只要坚持“带好团队，完成各项任务”这个“经”不动摇，嘴里常念“条令紧箍咒”，同样也能一切OK。

(2) 发挥好“孙悟空式”的“计调”。孙悟空象征头脑活、素质高、能力强的员工，尤其是计调，他(或她)是旅行社完成地接、落实发团计划的总调度、总指挥、总设计，具有较强的专业性、自主性、灵活性。经理如能用得好、控制得了这类员工，整支团队工作形势肯定好。孙悟空在接受唐僧领导的过程中，虽然也吃过“紧箍咒”的苦头，但他从来没有放弃自己保卫师父生命、捍卫集体荣誉的责任。唐僧也没有因为自己能念“紧箍咒”，事事处处表现自己的控制欲。经理也应当靠自身的形象和对旅行社负责的精神来影响计调，让其充分展现出能力和才华，为团队整个集体效劳和服务。

(3) 主导好“猪八戒式”的“导游”。猪八戒有两大特点：①需要“八戒”，因为他从不掩饰个人的需求和欲望，他认为成佛远不如做高老庄的女婿潇洒，其观点和立场是基于个体需求与人的本性，没有刻意取悦唐僧，让人感觉很真实；②他从不放弃自己言论自由的权利，取经路上议论不停，而且多是反对意见。导游工作接触范围较广，思想活跃；常年奔波在外，难免会产生职业倦怠。经理应理解、善待导游，市场经济条件下，人的权利意识日渐觉醒，不能以此来断定思想不纯洁，要善于诱导，使其树立正确的人生观和价值观。其所提意见只要真实，就应认真听取，辩证客观地分析处理，从而推动本团队的各项工作。

(4) 发掘好“沙僧式”的“财务”。在整个西天取经的路上，沙僧和白龙马提供的“后勤保障”非常出色，从不叫苦叫累。旅行社财务人员要像沙僧一样顾全大局、忠于职守、依法办事、廉洁自律。领导者一方面对无私奉献、爱岗敬业的财务要主持公道，不能让老实人吃亏；另一方面对身边的人更要从严要求，不能搞“灯下黑”，避免财务凭借领导的特殊信任指手画脚，导致工作失败。

资料来源：http://www.hn1c.com/2016/youxiufanwen_0607/69463.html.

问题：如何理解上述“西天取经”式的旅行社人力资源管理？你有什么更好的模式？

项目三

旅行社年度计划与年度总结

开篇案例

深圳欢乐谷的年度计划

1月：新春欢乐节——送您祝福与欢笑。春节期间，欢乐谷结合中国人过新年，团圆、喜庆、热闹的特点，推出大型主题活动“新春欢乐节”，邀请国际顶尖的幽默、滑稽大师驻场逗乐，在园区到处能见到红鼻子小丑，听到爽朗的笑声。

4月：粉丝欢乐节——送您动感与时尚。幸运粉丝会，乐享粉丝惠！实实在在的优惠、真正时尚的享受。动漫、街舞、极限运动……系列至潮活动，怎么动感怎么玩儿，让粉丝拥有自己的节日，让粉丝做节日的主角！

6月：欢乐谷狂欢节——送您激情与狂欢。声色鼎沸，劲舞狂欢，原汁原味的巴西桑巴带你进入激情的南美风情，玛雅水公园化身中国最大的水上露天吧，烟花、美酒、劲舞、狂欢打造夏日狂欢新潮流，狂欢怎能没有您！

10月：十一国际魔术节——送您神秘与梦幻。欢乐谷国际魔术节是中国规模最大、最高档次的专业魔术盛会，从2000年首届开始，每年十一世界顶尖国际大师会集在此，已成为世界第二大魔术盛会，经典大型道具魔术、惊险刺激的逃脱魔术、神秘梦幻的心理幻术……精彩纷呈，不容错过！

11月：万圣欢乐节——送您惊险与刺激。惊险主题鬼屋、破胆主题区域、诡异魅惑表演，数百只潜伏厉鬼，搞怪、惊悚、刺激……万圣大狂欢，够胆您就来！

12月：圣诞新年嘉年华——送您温馨与浪漫。最温馨的圣诞祝福、最浪漫的圣诞活动……高空烟花，倒数迎新，在快乐和歌声中开启新的一年。

资料来源：http://sz.happyvalley.cn/Activity/qnnq.aspx.

知识目标

- 掌握旅行社年度计划的制订原则与方法。

能力目标

- 能撰写与制订旅行社年度计划。
- 能撰写旅行社工作总结。

任务一　制订旅行社年度计划

【任务引入】

根据旅行社目前的经营现状，杭州××旅行社想在有限的市场中占有一席之地，就得具有超越单纯价格竞争的新竞争思路，以创新取胜，以优质取胜，以价廉取胜，以服务取胜，以快速取胜。因此，明年必须加大营销力度。据调查，整个杭州市，甚至浙江省的旅游市场上，几乎没有专做商务会议旅游及奖励旅游这一细分市场的旅行社，可以通过这个旅游市场上的空白点做一个市场定位，争取在明年承办20个会议团，可采取以下营销计划：①在旅行社设专门的公务旅游业务组，提供如代订饭店客房、代办交通票据和文娱票据、代客联系参观游览项目、代办旅游保险、导游服务和交通集散地的接送服务等，为会议主办方排忧解难，做好后勤保障工作，为与会代表提供丰富而周到的服务；②凝练一句会议旅游业务宣传口号，通过一句朗朗上口的宣传口号反映市场定位；③通过相关渠道获取相关的商务会议信息；④主动出击，承办其商务会议及旅游业务；⑤加强与主办方的联系，形成稳定的回头客源。

除做好公务旅游外，旅行社休闲旅游这一块业务也要继续做，并且要稳步发展，力争明年达到组团和地接300万人次的目标，明年的主要计划：①成立休闲旅游业务组；②在休闲旅游业务组内部又可细分为组团业务和地接业务两大部分；③根据不同的业务特点，采取不同的营销活动，力争做一个客户便留住一个客户，建立完整的客户档案，因为维系一个老客户比发展一个新客户容易得多，可以更容易形成客户对品牌的忠诚；④加强与外地组团社的联系与沟通，主动提供最新的地接价格及线路变化，根据他们的要求提供所需的线路和服务，并针对性地实行优惠和奖励政策；⑤主动走出旅行社，走访杭州各大机关单位、团体、学校、医院、企业等，上门推销旅游产品。

【任务分析】

优秀的企业一定有严密的工作计划，旅行社也不例外。工作计划或者经营计划的制订和实施对企业的发展至关重要。请各小组以成立校园门市部为例，按照导游部、计调部、市场营销部、财务部制订各部门年度工作计划。

【知识储备】

一、旅行社经营计划的意义

通过编制旅行社的经营计划，以及对计划执行过程的控制，组织、协调旅行社的经营活动，保证完成企业的任务，不断提高企业经济效益。

旅行社实行计划管理是现代化大生产的要求，是社会主义市场经济竞争的要求，是经济规律的要求，是实行经济责任制的要求，也是旅行社提高经济效益的要求，对加强旅行社企业计划管理有着重要的意义。

二、旅行社经营计划的内容

旅行社经营计划的内容与计划期限和形式有关。计划期限有长、有短，计划形式有单项、有综合。从旅行社经营战略出发，旅行社的经营计划应以中长期计划为主，并和短期计划相结合，综合计划和单项计划相结合，以便能够统筹安排和协调各方面的活动。

旅行社经营计划可划分为长期、年度、季度、月度计划。旅行社经营计划的具体内容往往根据市场的需求与旅行社自身的能力及发展的需求制订。

（一）长期计划

长期计划的主要内容如下。

（1）旅行社发展目标。它是指一定时期内旅行社各项主要指标所要达到的水平，如利润水平、接待人数和天数、外汇收入等每年增长的幅度，降低成本的程度，以及开发新产品、新线路的指标等。

（2）在计划期内旅行社的投资和发展。如各种设备的改造、更新，旅行社的投资计划及资金来源等。

（3）旅行社计划期内要达到的经营管理水平。如巩固和提高市场占有率、开辟新的客源市场等。

（4）组织结构调整，人员配备，岗位责任制度和员工工资奖励制度的完善等。

（二）年度计划

年度计划是具体规定旅行社在本年度内，以利润计划为中心的各方面目标的计划，是旅行社在计划期内行动的纲领和工作依据。这一计划包括两个部分：第一部分是综合部分，提出全社的目标和任务；第二部分是部门分类计划，由各部门自己制订，提出各业务和职能部门为达到全社目标，各自在本业务范围内的目标和任务。

综合部分应包括下列内容：①外联计划，或称销售计划，其中包括外联人数、人天数计划指标、接待各国各地人数及比例指标、达到计划指标的途径和措施等；②接待计划，包括计划接待人数、人天数，应达到的接待质量，为完成计划指标应采取的措施；③财务计划，应包括营业收入和支出计划、固定资产折旧计划、流动资金计划、利润和税金计划、固定资产计划、成本计划等；④劳动工资计划，要确定员工总数、人员构成比例、临时用工人数（包括兼职导游和领队人员），要制定各部门劳动生产率，可用实物量和价值量表示，工资计划主要确定工资总额和平均工资额，确定奖金水平和奖惩办法；⑤开发新产品及新线路计划，主要包括开发新产品（旅游线路、旅游项目等）的数量、期限等。

（三）季度、月度计划

为保证年度计划的完成，旅行社及各部门还要在年度综合计划的基础上编制季度、月度计划，具体规定各部门每季、每月日常业务活动的进度。

三、旅行社经营计划的执行

编制旅行社计划的根本目的在于经营好企业，通过计划一步一步地落实好旅行社经营的各个环节。通常，执行企业经营计划的主要手段是目标管理。目标管理可分为以下几个步骤。

（1）提出目标。旅行社经营决策者在对旅行社外部环境和内部条件分析的基础上初步提出本旅行社在一定时期内所要达到的目标。

（2）落实目标。这包括向下落实和向上落实。向下落实就是要使每个部门经理充分了解总目标的要求，在此基础上各部门确定自己的目标。在目标向下落实之后，各部门在确定部门目标时还要向上落实。

（3）实施目标。旅行社对企业编制的计划和措施，要具体组织实施和执行。

（4）检查目标。旅行社应把计划执行的结果与预定目标进行对比，检查计划执行情况，是否达到预期的效果。

（5）处理。它包括总结经验教训，处理差错，肯定成功的经验，总结失败的教训。

目标管理可以促使旅行社各部门经理从最终经济效益的角度去考虑计划，认真考虑如何实现目标。目标管理促使各级经理理顺组织关系，明确岗位责任。目标管理可以最大限度地调动旅行社内部每一个人的积极性。

四、旅行社经营计划的控制

旅行社经营计划的控制是指把计划中的各项指标的执行情况和计划目标相比较，发现差异、分析原因、采取措施，以保证计划顺利完成的一个过程。旅行社计划控制要做好下列工作。

（一）检查计划执行结果

利用统计手段和信息系统，使计划执行和业务进度情况得以随时反映，各级经理和管理人员据此能对计划的执行情况有详细的了解。检查的方式有日常检查和定期检查。

（二）反馈和分析偏差

反馈和分析偏差工作是分层次进行的。根据计划检查的结果，及时与计划标准进行比较，以发现偏差。在完成收益指标、质量指标和成本指标上比计划标准更好的，不仅要分析原因，还要及时纠正偏差。

（三）建立控制、保证系统

控制可具体分为以下几种。

(1) 年度计划控制。由中层管理人员检查计划指标的完成情况。

(2) 效率控制。由部门经理和财务部门负责检查与改进工作人员的效率及推销宣传的效益。

(3) 经济收益控制。由总会计师和财务部门检查企业的收支及盈利状况。

(4) 战略控制。由高级管理人员负责检查本企业是否利用了外部环境，发挥了企业优势，充分利用了一切条件进行发展。

旅游市场中影响计划的各种因素时刻都在变化着，每时每刻都在产生着新情况、新问题、新要求，并随时作为信息反映出来，计划管理人员需要及时掌握、分析这些信息并采取措施，以控制和协调旅行社的经营活动进程。

搞好旅行社企业管理中的有效控制的重要条件是实行旅行社管理业务标准化、程序化。旅行社从经济效益出发，为充分利用接待能力，对淡季和旺季的客流量要采取相对平衡的办法。

(1) 线路优化，即对旅游线路进行调整，或提前、错后，或重新排列线路，使之更经济合理，同时错开高峰线。

(2) 开发新产品，搞好品种搭配，推出新线路，开展特殊旅游项目。

(3) 开发新的旅游项目和旅游点。我国具有丰富的旅游资源可以开发，而某些旅游点已达到或接近饱和点，因此需要开发新的旅游点和项目，其主要目的是把游客从热点向冷温点疏散、引导、转移。

为搞好流量平衡，需要建立完整的信息反馈系统。信息中非常重要的一个内容是数据分析。

五、旅行社经营计划的调整

旅行社经营计划的变动，特别是长期计划的变动是一种正常的现象，它不取决于人们的主观愿望，也不是经营计划制订得不好，而是因为经营中的不稳定因素多，外部环境变化多。面对环境的变化，旅行社企业必须以变应变，搞好计划调整工作。

计划调整的内容，包括从调整个别措施、策略、进度、项目、方针直至调整计划目标，即有小调整、中调整、大调整，直至制订新的经营计划。

计划的主动调整有两种办法：一是滚动计划法；二是启用备用计划法。

【思考与讨论】

1. 旅行社经营计划的内容有哪些?
2. 如何执行、控制、调整旅行社的经营计划?

【训练任务】

各小组按照自己撰写的工作计划,制定保证计划实施的措施和步骤,要求措施和步骤具体可行。

【案例分析】

中国青年旅行社某年度整年营业收入38971.9万元,比去年同期增长35.3%,接待游客283171人,比去年同期增长29%。在业务拓展方面,大力拓展团体会议、公务商务考察、访问接待、自驾车游、特种旅游等品牌,得到各方好评,并取得良好的经济效益。年度工作总结大会上,总经理提出了未来工作设想,指明创新观念、激活机制的必要性,今后将围绕擦亮品牌、产品做精、服务做细、发展做大、效益做好的目标,研究出一个更加适合于旅行社发展的企业经营管理模式,摸索出更加科学的资源战略合作形式,想方设法解决资金短缺、缺乏灵活经营机制等问题。第一,通过群策群力、集思广益,借鉴好的经验,打破传统观念,采取"走出去"的战略,利用品牌输出,在国内外建立紧密型合作伙伴关系;第二,加强网络建设,利用互联网营销手段的优势,开发适合新型消费群体的中国青年旅行社特色产品,增强经济效益;第三,利用旅行社与其连接关系,寻求新的发展机会,解决经营单一、抗风险能力不足、利润率低下的问题;第四,利用现有条件,建立、完善各种灵活的激励机制,拟建立营销部,设立营销奖励制度,形成以人才创造效益、以效益吸纳人才的良性循环,提高企业市场竞争力;第五,进一步加强员工培训,不断提高服务质量和业务水平。

虽然中国青年旅行社目前在广州地区180家旅行社的营业规模中仍名列前茅,但旅游业的市场竞争将会不断升级,旅行社要顺应市场需要,必须始终坚持创新观念、激活机制的指导思想,加强管理,积极创造条件,以效益创发展。

问题:请对这份工作总结进行分析,并简要说明该公司本年度工作计划的重点。

任务二　撰写年度总结

【任务引入】

无论作为哪个部门的工作人员或者主管,每年都需要对过去一年的工作情况进行总结,这样才能更好地开展下一个阶段的工作。请各小组按照已经制订的旅行社工作计划

(不同部门)写一份 2017 年的工作总结(以河源旅游市场为背景)。

【任务分析】

2009 年对于焦作光大国际旅行社(以下简称光大国旅)来说是一个收获成功、收获喜悦、收获希望的丰收之年。过去的一年里,焦作光大国旅在公司的正确领导下,在省市两级政府的大力支持下,各项工作取得了突出成绩,为焦作市的旅游事业和经济发展作出了应有的贡献。岁末年初,焦作光大国旅总结了一年来的工作及其经验和教训,为焦作光大国旅 2010 年的工作打下良好基础。

一、加强服务意识,提高服务质量

焦作光大国旅为提高整体服务水平,组织参加了焦作市网上人才交流会,在会上招聘了一批旅游专业人才充实到旅行社,大大提高了旅行社的接待力量。

由于工作量大、游客多,焦作光大国旅的计调员、导游员十分辛苦,但他们的敬业精神是值得赞扬的,他们的责任心、讲解服务以及相关服务得到了游客和公司领导的一致好评,也为焦作光大国旅保证客源作出了一定贡献,同时展现了焦作光大国旅人的热情、淳朴,为焦作光大国旅树立了良好的对外形象。

二、积极开展内接外连,广交朋友

2009 年,焦作光大国旅为拓展旅游客源市场,发掘旅游发展潜力,积极配合省市两级旅游管理部门的工作,公司多次出资派旅行社经理外出考察学习,学习国内外先进的旅游管理经验。11 月,参加了国家旅游局举办的昆明国际旅游推介会,印发旅游宣传材料近万份,并派人参加了由省旅游局组织的台湾首航团。

三、建立健全各项规章制度,抓好导游队伍建设

根据公司部署,今年年初对旅行社班子进行了调整,新上任的班子根据旅行社人员少、任务重的具体情况,采用建立健全规章制度的方法来弥补不足,建立了计调员岗位责任制,计调员培训制度,并在年初派孟茜赴郑州接受国家级教授专业 OP 计调培训,从软件和硬件两方面充实旅行社的力量。同时还加强导游队伍其他素质的培养,如遇到紧急情况时的心理素质、气质及才艺的培养。焦作光大国旅的专职导游受到了国内外游客的一致好评,为旅行社的稳步发展奠定了坚实的基础。

四、积极开拓散客市场,销售渠道建设取得成就

针对代理的河南旅游年票、郑州世纪欢乐园景区门票、黄围山景区门票、青岛海底世

界门票等，旅行社克服困难，在中站、马村各建立门市部，方便了销售，方便了老百姓出行。在沁阳市设立了一个光大国际旅行社沁阳市分公司，在孟州市设立了一个世纪欢乐园代理点，在焦作汽车中心站设立了一个世纪欢乐园代理点，完成年初预定的稳健扩张目标，实现所有下属单位四统一的工作模式，即统一财务、统一产品、统一人事、统一宣传。焦作光大国旅荣获郑州世纪欢乐园优秀业绩代理称号。

【知识储备】

年终总结报告是组织或个人对过去一年发生的情况或问题进行概括和分析后撰写的文书。常见的年终总结报告格式一般包括标题、引言、正文、结尾 4 部分。

1. 标题

年终总结的标题有单行标题和双行标题两种。典型的标题由对象名称、时限、主题、文种 4 部分组成。

2. 引言

引言也叫前言或开头。引言一般都很简单，主要目的是引出正文。有时甚至可以不要引言。

3. 正文

总结的正文占全文 2/3 以上的篇幅。典型的年终总结正文有以下几个部分。

(1) 一年中主要工作的基本情况。这部分要求全面、简要地说明过去一年中所做的各项工作，可以分项逐条表述，但不能“记流水账”，应该着眼于大事，并要清楚反映工作的开展过程。

(2) 取得的成绩。这部分要对应基本情况，有重点地概括介绍工作中取得的主要成绩或经验。这部分充分体现总结的评价性，主观评价与客观真实的材料应结合起来。

(3) 存在的问题。总结工作中的问题与总结成绩一样，也应有重点、有主次。一般而言，成绩总是主流，但提到成绩与问题时，仍应本着实事求是的原则，具体问题具体分析。

(4) 今后的打算。总结和回顾过去的工作，是为把下一阶段的工作做得更好。总结中谈到今后的打算时，既要与常规工作、中心工作和长远计划相结合，又要与本阶段存在的问题相对应。但总结毕竟不是计划，在谈今后打算时宜粗不宜细，宜简不宜繁，宜大不宜小。

4. 结尾

总结的结尾通常用简短的篇幅给出结论或说明努力的方向、今后的打算等。如果这些内容很重要，需要详写，可纳入正文中。

【思考与讨论】

请简要说明旅行社年度总结的撰写包含哪些内容。

【训练任务】

请各小组以本学期的工作、学习情况为例，写一份 2017 年工作总结。

【案例分析】

厦门市召开海外旅游营销机构年度工作总结研讨会。厦门市旅游局局长出席会议并讲话。厦门市旅游局驻境外的 7 家机构及各出境游旅行社负责人参加本次研讨会。

会议首先总结了 2015 年以来厦门市开展海外营销的各项举措以及取得的成果。2015 年厦门市入境游游客达到了 327.26 万人次，同比增长 18.9%，超过全国 4%和全省 8.5%的增幅，在全国 15 个重点旅游城市中增幅名列第一。入境游客增长较快的前 10 个国家分别是日本、美国、马来西亚、新加坡、韩国、德国、印度尼西亚、菲律宾、澳大利亚、加拿大。厦门旅游取得的成绩，得益于厦门市各个国际营销机构和旅行社的大力宣传推广、招徕游客，提升厦门的知名度和美誉度；得益于厦航不断开通国际航线，给厦门旅游带来发展的机会；也得益于近年来厦门市旅游局巩固传统旅游市场、拓展新兴市场，围绕国际航线积极开展市场营销的战略举措。

会上，各海外营销机构负责人纷纷发言，总结过去一年在海外开展厦门旅游营销所做的工作以及取得的成果，并汇报下一步的营销思路和工作计划。各海外营销机构与旅行社也达成共识，希望今后加强合作，资源共享，争取在厦门旅游海外营销工作中取得新突破。

厦门旅游局局长充分肯定了过去一年厦门市在海外旅游营销上所取得的成绩，同时对下一步的营销工作强调 3 点内容：一是加大力度，拓展空间。在大众旅游出现井喷的时期，厦门旅游要做出自己的特色，要走国际化路线。海外营销机构和旅行社是厦门旅游走向国际化的载体，厦门市旅游局将加大投入力度，增加网点，拓展境外市场。二是精准营销，创新方式。各营销机构可以相互学习创新的营销方式，巩固老市场，开拓新市场。厦航开辟更多航线，加大对厦门旅游的宣传。鼓励旅行社介入境外营销，借助厦航的境外营销活动，开辟境外市场。在营销方式上，可以通过招商、招节庆、招会展等方式，吸引更多游客。三是共同参与，互利共赢。目前厦门市旅游局委托厦航在境外营销点做宣传推广活动，旅行社可以与厦航合作，主动加入境外营销中来，实现资源共享。下一步，厦门市旅游局还将组织成立“美丽厦门全域推广联盟”，把文化、体育、工业等领域与旅游相融合，打造一个营销平台，实现资源、信息、活动共享，更好地进行厦门旅游营销活动。

问题：请根据上述案例，简要写一份厦门市海外旅游营销机构 2015 年的重点工作。

项目四

旅游线路的设计

开篇案例

2011 年，旅游卫视推出“闪游”新概念，发布 24 条广东闪游线路。何谓“闪游”？即省时省力的短途游，不用准备堆成小山的旅行用品，不必为此投入“巨”多的时间和精力，只要拎个小包，随时可以出门。当然，兴之所至，如果觉得不过瘾，短途＋短途，就是令人大呼过瘾的长线游，随心所欲的各种组合方式，满足个人旅行的欲望。

（一）粤东

1. 梅州

A 线：一起发现世界客都，探秘灵光寺“三绝”、盐焗鸡的美味之源、德馨堂的私家秘密、热矿泥气味之谜。

B 线：感受万千客家风情，承德楼里酿酒、雁南飞茶田、学做客家丸子、仁厚温公祠。

2. 汕头

A 线：寻找珍贵旧时光，老妈宫、小公园、老时光、藏在深巷里的百年小吃、“丸味”潮汕、达濠古城。

B 线：神秘岛上觅宝藏，南澳岛的秘密、海上渔村、总兵府、南澳县博物馆、从青澳湾到金银岛、神奇海味街。

（二）粤南

1. 江门

A 线：恋上树和鸟的天堂，小岛天堂、葵树博览园、泡汤 73℃、上川岛猕猴自然保护区。

B 线：领略侨乡建筑风情，自力村碉楼群、开平立园、赤坎古镇、一门三院士。

2. 中山

A 线：从天下为公到博爱，孙文公园、石岐煎堆香、红水晶镶嵌的玫瑰花、史努比的中国老爸、詹园说孝。

（三）粤东南

广州 A 线：古城商都尽风华。

……

1. 以上线路的出台体现了旅游线路设计的哪些原则？

2. 请简要分析"闪游"是否符合现代旅游市场的需要。

知识目标

- 了解旅行社产品的组成、旅游线路设计的具体要素。
- 了解旅游线路设计各要素之间的关系，掌握和运用各线路要素进行旅游线路设计。

能力目标

- 能设计符合旅游市场需求的旅游产品。
- 能设计符合购买方需求的专项旅游产品。

任务一　开发新旅游产品

【任务引入】

景德镇是世界闻名的瓷都。以"瓷"为中心，景德镇中国旅行社推出了具有鲜明特色的陶瓷文化旅游线。游客可考察景德镇湖田、南市街古瓷遗址和高岭山，参观古陶瓷博览区、陶瓷馆和具有代表性的大型瓷厂，游览祥集弄明代民宅，还可参加该社举办的白瓷彩绘游、传统制瓷游、赏瓷品茶游等多条特色旅游线。白瓷彩绘游：由陶瓷名家指导，教授瓷上绘画技艺，游客自己用瓷笔和彩色颜料在白瓷上作画，24 小时内烧成成品，带回作永久纪念。传统制瓷游：由名师指点，游客在古窑厂，采用白如玉粉的瓷泥，坐在古代辘轳车旁，亲手制作各种瓷坯，瓷坯入窑烧炼，游客可在数日内拿到成品留作纪念。赏瓷品茶游：游客既可以欣赏古今名瓷，领略明代"海上陶瓷之路"起点的古风，又可畅游茶园，品尝 1919 年荣膺巴拿马国际博览会金奖的"浮红"香茶。同时，景德镇作为历史文化名城，这里还有许多国家级或省市级重点文物保护单位。湖田、塘下等古瓷窑遗址保存完好，三闾庙、祥集弄的明清建筑艺术，古典风韵中隐隐演绎出当时的民情与风俗。更有再现古瓷工艺的古窑作坊和集古今名瓷精品于一身的陶瓷展览馆，在信步之中领略景瓷艺术的博大精深。

【任务分析】

著名的市场营销学者麦卡锡提出应当把消费者看作一个特定的群体，称为目标市场。市场细分有利于明确目标市场，通过对现有旅游产品的目标市场的调查研究，对目标旅游市场的需求进行预测，在此基础上开发设计创新旅游产品，才能开发出创意新、把握准和适销对路的旅游产品。

【知识储备】

一、旅游产品的设计

旅游产品的设计也称为旅游产品的组合，即旅行社依托旅游吸引物、旅游设施和旅游综合服务等多方面的因素，根据目标市场的特征，有针对性地组合资源，实现旅游时间、旅游空间、旅游资源的统一，为旅游者提供有使用价值的旅游线路。主要的原则：第一要游程合理；第二要价格合理。

游程合理即旅游线路的组合要考虑不同旅游者的心理需求、身体特征和行为特征，做到以满足旅游者需求为主要目标；价格合理即旅游产品的价格必须与市场的旅游需求相符合，通过创造性地引导旅游消费，实现旅游产品收益。

二、旅游线路的概念和类型

（一）旅游线路的概念

旅游线路是指在一定地域空间，旅游经营者针对旅游客源市场的需求，凭借交通路线和交通工具，遵循一定原则，将若干旅游地的旅游吸引物、旅游设施和旅游服务等合理地串联起来，专为旅游者开展旅游活动而设计的游览线路。旅游线路是旅游供给和旅游需求联结的纽带，是实现旅游者旅游欲望的重要手段。

旅游线路在时间上是从旅游者接受旅游经营者提供的服务开始，直至脱离这种服务为止，在内容上包括旅游过程中旅游者利用和享用的一切因素，涉及行、食、住、游、购、娱等诸要素。从旅游服务贯穿于整个旅游过程这一角度看，旅游线路又是旅游产品销售的实际形式。

（二）旅游线路的类型

根据旅游线路的概念，按照各种不同的分类标准，旅游线路有不同的类型。

1. *按旅游者的活动行为划分*

（1）周游观光性旅游线路。游客的目的主要在于观赏，线路中包括多个旅游目的地、同一旅游者重复利用同一线路的可能性小，其成本相对较高，在设计周期性旅游线路时应从单纯的周游性向线性化转变。

(2) 度假逗留性旅游线路。此种线路主要为度假旅游者设计。度假旅游者的目的在于休息或娱乐，不很在乎景观的多样性变化，因此，度假逗留性旅游线路所串联的旅游目的地相对较少，有时甚至可以是一两个旅游点，同一旅游者重复利用同一线路的可能性大。

2. 按旅游线路的结构划分

(1) 环状旅游线路。该线路一般适用于大中尺度的旅游活动。例如，我国以北京(入境)为起点的东线和西线串联合并而成的旅游环状线路：东线主要有北京—南京、苏州—上海、杭州—广州、香港(出境)；西线主要有北京(入境)—西安—成都、昆明—桂林—广州、香港(出境)。这类旅游线路的特点：①跨度大，主要由航空交通联结，铁路或公路交通主要用于连接站点相对密集的区段；②所选各点均为知名度较高的精华旅游城市或风景旅游地；③基本不走"回头路"，对境外游客的出入境地点一般安排在不同口岸。

(2) 节点状旅游线路。该线路是一种小尺度的旅游线路。旅游者选择一个中心城市或自己的常居地为"节点"，然后以此为中心向四周旅游点开展往返性的短途旅游。这类旅游线路在国内游客出游中较为常见。原因：①节点多为旅游地或旅游点的依托城市，游客对中心城市有归属感，食、宿、行、购等条件较好；②节点的交通联系更为方便；③游览游程短，可以在短期内往返；④经济适用，多种因素促使游客宁愿走"回头路"，而不选择环线。

3. 按旅游活动的内容划分

(1) 综合性旅游线路。综合性旅游线路所串联的各点的旅游资源性质各不相同，整条线路表现为综合性特色。比如，1995 年推出的"95 中国民俗风情游"依托风格独特的民俗节庆活动逐月展开，贯穿全年，并按照历史上形成的地方传统习俗和民族风情，推出了北方风情卷、中原民俗画廊、大漠丝路情怀、江南水乡风物集锦、西南民族风情、一江两湖漫游和南国风景窗七大旅游区。这七大旅游区的民俗风情异彩纷呈，基本涵盖了我国各个民族传统文化的特点，其产品具有大众化的鲜明特点。

(2) 专题性旅游线路。专题性旅游线路是一种以某一主题内容为基本思想串联各点而成的旅游线路。全线各点的旅游景物或活动有比较专一的内容和属性，因而具有较强的文化性、知识性和趣味性，受到兴趣爱好不同的游客的欢迎。1997 年是"中国旅游年"，国家旅游局推出的 16 条中国旅游专线中，有 15 条属于专题性旅游线路，这些线路把我国大部分精华旅游点、旅游地用各种"专题"串联，供兴趣爱好不同的游客选择。

4. 按照旅游组织的形式划分

(1) 传统的包价旅游。旅游线路所需的所有行程及服务都由旅行社负责安排。

(2) 灵便式包价旅游。灵便式旅游线路又可分为：①拼合选择式旅游线路，整个旅程有几种分段组合线路，游客可以自己选择拼合，并可在旅游过程中改变原有选择；②跳跃式旅游线路，旅游部门只提供旅程中几小段线路或大段服务，其余皆由旅游者自己设计。

5. 按旅游目的划分

这类旅游线路可以划分为观光旅游线路、探险考察旅游线路、文化旅游线路、宗教旅游线路、度假旅游线路、民族风情旅游线路、节庆活动旅游线路等。下面重点介绍几种旅游线路。

（1）观光旅游线路。观光旅游线路是利用旅游目的地的自然旅游资源和人文旅游资源，组织旅游者参观游览及考察。观光旅游线路的内容包括文化观光、自然观光、民俗观光、生态观光、艺术观光、都市观光、农业观光、工业观光、科技观光、修学观光、军事观光等。观光旅游线路一般具有资源丰富、可进入性大、服务设施齐全、安全保障强等条件。

观光旅游线路开发难度小，操作程序简易，使旅游者能在较短的时间内领略旅游目的地的特色，缺点是旅游者参与的项目少，旅游者对旅游目的地感受不深。

（2）度假旅游线路。度假旅游线路是指组织旅游者前往度假地区短期居住，进行娱乐、休憩、健身、疗养等消遣性活动。度假旅游线路的内容包括海滨度假、山地度假、湖滨度假、温泉度假、滑雪度假、海岛度假、森林度假、乡村度假等。

度假旅游线路要求度假地（区）具备4个条件：环境质量好、区位条件优越、高标准的住宿设施和健身娱乐设施、服务功能强。度假旅游线路所含的项目都是参与性很强的户外休闲、健身、娱乐运动等。度假旅游线路中的旅游者在旅游目的地的停留时间较长、消费水平较高且大多以散客的形式出行。度假旅游产品适应了散客旅游、自助旅游日益增多的潮流，是值得开发的旅游产品。

（3）专项旅游线路。专项旅游线路又称特种旅游线路，具有主题繁多、特色鲜明的特点。专项旅游线路包括探险旅游、烹饪旅游、保健旅游、考古旅游、漂流旅游、登山旅游、自驾车旅游、品茶旅游、书画旅游、朝圣与祭祀旅游等。专项旅游线路适应了旅游者个性化、多样化的需求特点，广受旅游者的青睐，是今后旅行社产品的开发趋势。专项旅游线路的缺点是开发难度大，操作程序多，需要多个政府部门、社会组织的协作，成本一般较高。

此外，旅游按照旅游目的可分为公务旅游、休闲旅游（含观光和度假）、探亲旅游和专项旅游（奖励、农业、工业、会议、会展、修学、文化、考察、生态、宗教、康复、新婚、购物、探险、体育、特殊兴趣等）；按旅游活动的时间可分为一日游线路、多日游线路；按照产品的档次可分为豪华旅游、标准旅游和经济旅游等；按照旅游线路跨越的空间尺度可分为洲际旅游线路、周边国家旅游线路、国内旅游线路、邻近省际旅游线路及区内旅游线路等。无论设计何种旅游线路，都是为增强旅游活动组合的科学性，提高旅游组织的效能，方便游客，使其达到满意的旅游效果。

三、旅游线路设计的原则及步骤

（一）旅游线路设计的原则

1. 需求为中心的市场原则

旅游线路设计的关键是适应市场需求。具体而言，就是它必须最大限度地满足旅游者的需求。游客的需求主要包括：①去未曾到过的地方增广见闻并拥有多彩的旅程；②从日常紧张生活中短暂地解脱出来，提高情趣，舒畅身心；③尽量有效地利用时间而又不太劳累；④尽量有效地利用预算；⑤购买廉价而又新奇的东西。

旅游者选择旅游线路的基本出发点是时间最省、路径最短、价格最低、景点内容最丰富、最有价值。由于旅游者来自不同的国家和地区，具有不同的身份和不同的旅游目的，因而,不同的游客群有不同的需求,总的来说可分为观光度假型、娱乐消遣型、文化知识型、商务会议型、探亲访友型、主题旅游型、修学旅游型、医疗保健型等。旅游线路设计者应根据不同的游客需求设计出各具特色的线路,而不能千篇一律,缺少生机。

2. 独一无二的特色性原则

特色是旅游产品生命力的所在。旅游线路的设计促使有关部门、单位及个人依托当地丰富的旅游资源和自身条件,发挥聪明才智,精心打造和组合与众不同、具有持久吸引力的旅游产品和旅游线路,从而推动旅游产品结构和旅游方式的完善。有的景区资源丰富,但缺乏特色产品,影响力小,在很大程度上是由于线路整合缺乏合理性、有效性。

在重点突出"人无我有,人有我特"主题的同时,还应围绕主题安排丰富多彩的旅游项目。世界上有些事物是独一无二的,如埃及的金字塔、中国的秦始皇兵马俑,这就是特色。由于人类求新求异的心理,单一的观光功能景区和游线难以吸引游客回头,即使是一些著名景区和游线,游客通常的观点也是"不可不来,不可再来"。因此,在产品设计上应尽量突出自己的特色,才能具有较大的旅游吸引力。

昆明—大理—丽江—西双版纳旅游线路展现了我国 26 个少数民族绚丽的自然风光,浓郁的民俗文化和宗教特色。如古老的东巴文化、大理白族欢迎客人寓意深长的"三道茶"、有"东方女儿国"之称的泸沽湖畔摩梭人以母系氏族的生活形态、美丽而淳朴的丽江古城以及纳西族妇女奇特的服饰"披星戴月"装,等等。这些都以其绚丽多姿的魅力深深吸引着广大的中外游客。这些旅游线路和旅游项目在世界上都是独一无二的,具有不可替代性,体现了"人无我有,人有我特"的独特性。

3. 旅游点结构合理原则

旅游景点之间的距离要适中,旅游线路中的景点数量要适宜;同一线路的旅游点的游览顺序要科学,尽量避免走重复路线,各旅游景点特色差异突出。

一条好的旅游线路就好比一首成功的交响乐,有时是激昂跌宕的旋律,有时是平缓的过渡,但都应当有序幕—发展—高潮—尾声。在旅游线路的设计中,应充分考虑旅游者的心理与精力,将游客的心理、兴致与景观特色分布结合起来,注意高潮景点在线路上的分布与布局。旅游活动不能安排得太紧凑,应该有张有弛,而非走马观花,疲于奔命。旅游线路的结构与节奏不同,产生的效果也不同。

4. 旅游交通安排合理原则

交通选择以迅速、舒适、安全、方便为基本标准,与旅程的主题相结合,减少候车时间。一次完整的旅游活动,其空间移动分为 3 个阶段:从常住地到旅游地、在旅游地各景区旅行游览、从旅游地返回常住地。这 3 个阶段可以概括为进得去、散得开、出得来。

没有通达的交通,就不能保证游客空间移动的顺利进行,会出现交通环节上的压客现象,即使是徒步旅游也离不开道路。因此在设计线路时,对即便具有很大潜力,但目前不符合交通要求或交通条件不佳的景点、景区也应慎重考虑。否则,可能会因交通因素导致游客途中颠簸,游速缓慢,影响旅游者的兴致与心境,不能充分实现时间价值。

5. 旅游产品推陈出新原则

旅游市场在日新月异地发展,游客的需求与品位也在不断地变化、提高。为满足游客追求新奇的心理,旅行社应及时把握旅游市场动态,注重新产品、新线路的开发与研究,并根据市场情况及时推出。一条好的新线路的推出,有时往往能为旅行社带来惊人的收入与效益。即使一些原有的旅游线路,也可能因为与当前时尚结合而一炮走红。

6. 行程安排机动灵活原则

在设计旅游线路时,不宜将日程安排得过于紧张,应留有一定的回旋余地;在具体实施过程中,也必须灵活掌握,以保证落实原计划旅游线路行程中的基本项目为原则,同时也预备局部变通和应付紧急情况。

(二) 旅游线路设计的步骤

1. 旅游线路设计的基本内容

旅游线路设计需考虑4类因素:旅游资源(旅游价值)、与旅游可达性密切相关的基础设施、旅游专用设施和旅游成本因子(费用、时间或距离)。旅游线路是构成旅游产品的主体,包括景点、参观项目、饭店、交通、餐饮、购物和娱乐活动等多种要素。旅游线路设计包含以下两个方面的基本内容。

(1) 要确定线路名称。名称是线路性质、大致内容和设计思路等内容的高度概括,直接反映旅游产品的主题。线路名称应简短(4～10个字),突出主题和富有吸引力。如"95中国民俗风情游"旅游活动系列就是依托风格独特的民俗节庆活动逐月展开,贯穿全年,基本涵盖了我国各个民族传统文化的特点,产品特点极为鲜明。

(2) 策划线路的具体内容。从形式上看,旅游线路是以一定的交通方式将线路各节点进行合理的连接。节点是构成旅游线路的基本空间单元,一般是城市或独立的风景名胜区。策划旅游线路就是从始端到终端及中间途经地之间的游览顺序,在线路上合理布局节点。如"93中国山水风光游"旅游活动推出了14条旅游线路,针对国际客源市场把全国的山水风光分为五大片,每大片有一个汇合点(黄山汇合点、黄果树汇合点、长白山汇合点、拉萨汇合点及桂林汇合点),其网络延伸点是张家界、天涯海角、华山、沙湖等。

2. 旅游线路设计的基本步骤

(1) 确定目标市场的成本因子,它在总体上决定了旅游线路的性质和类型。这是在充分掌握市场信息的前提下作出的判断。

(2) 根据游客的类型和期望确定线路中旅游资源的基本空间格局,旅游资源对应的旅游价值必须用量化的指标表示出来。

(3) 结合前两个步骤的背景材料对相关的旅游基础设施和专用设施(住宿等)进行分析,设计出若干可以选择的线路方案。

(4) 选择最优的旅游线路方案(可以有几条)。

其中,第(3)个步骤的工作最富经验性(技术性),设计中必须不断调整第(2)个步骤给出的基本空间格局,以形成新的、带有综合意义的空间格局。

四、旅游产品的创意

创意是指提出有创造性的想法、构思等。一句话概括,"把任何想法转化成效益"就叫创意。创意有4个特点:新奇、惊人、震撼、实效。

目前,我国亲子游产品缺乏创意已成为制约发展的一大关键因素。由于小学或初中的学生缺乏自理能力和旅游经验,而家长又因为平时忙于工作,很少有与孩子一起玩的时间,亲子游可以加强亲情关系,因此,亲子游产品一直是有客户需求的。但是,现在旅行社的亲子游做得不好,产品没有亮点和新意。像我国香港和新加坡这样的亲子游成熟地区,往往能够围绕主题乐园、海洋公园及生态旅游等开发出成套的亲子游系列产品,反观内地,除少数景区嗅觉灵敏,抢先一步外,大部分景区和旅行社在这方面的配合还欠默契。例如,深圳国旅曾经推出的"童年到香港"亲子游就很成功,设计了孩子和家长在海洋馆一起寻宝等活动,让孩子和家长其乐融融。很多年前,南京曾经举办过"爱心教育"亲子游,解决孩子和家长之间沟通与理解的问题,通过活动,家长和孩子之间的许多隔膜都得到解决。因此,只要目的地选择、活动设计有创意、有亮点,亲子游产品是很有市场的。寻找产品的亮点和新意,应该从以下几个方面着手。

1. 分析市场需求

旅游产品既然成为商品,必然要考虑市场所需,争取被市场接纳。旅游产品不以实物形式出现,具有典型的消费体验特征,顾客只有在一段时间之内亲身感受后才能评定优劣,这当中包括了线路的制定,时间的安排,住宿餐饮的供给,等等。随着消费需求的扩大,对旅游产品中线路老化、新意不够的质疑声也在变大。旅行社、景区、酒店等旅游产品供应商开始以"时尚之旅""尊贵之旅"等名号炫耀卖点,不过,仔细"品味"一下,仍然是表面文章,旧瓶难容新酒。因此,在旅游产品创意策划的过程中,要想避免出现对市场的判断失误,关注并研究旅游消费者的需求变化是必要前提。以"亲子游"为例,市场需求巨大,但我国内地的亲子游产品开发还很缺乏。论资源,内地的生态资源立体多样,文化资源博大精深,基础设施也在日益完善,等于说材料具备了,缺乏的是一个艺高人胆大的师傅做出美味佳肴来!因此,对于我国"亲子游"度假产品的创新,可以增加一些针对孩子的特色服务,选择开发相对成熟的线路和景点,以保证旅途的便捷和舒适,并通过提供一些贴心细致的服务,得到家长们的青睐。

2. 新产品的研发

好的旅游产品需要好的策划,而好的策划离不开好的创意。因此,近年来,旅行社联合国家旅游局相关部门,在新产品出笼之前,往往会先在幕后进行缜密的研发,这个过程会吸收来自多层面的意见,有针对消费者的调查、用户的反馈、专业机构的评审,据此才会推出众多设计新颖、符合消费者品位的新产品。就旅游产品而言,尽管供应链条上的各级服务商都成立有自己的产品设计部门,但却没有形成明显的"抱团"效果,那么,有没有可能在旅游产品设计中,也成立一个综合研发机构,在产品上市之前,吸收游客、旅行社、景区等多方意见,经过评估审定,最终形成一股推动旅游产品不断更新发展的力量呢?例如,由三亚市旅游产业发展局主持的"三亚旅游产品创新创意有奖征集评选活动",为三亚创造了多项具有地方特色的旅游产品。

因此,旅游新产品的开发首先必须个性鲜明、意寓深远,并且"差异"是实现创意化、个性化的有效途径,因为这是保证旅游体验产品持久魅力的关键所在。只有这样才能带来新鲜感,满足旅游者的个性化需求。无论是活动的场地选择、活动文化内涵的新旧、中西交融,还是其创意化、多样化的艺术表现形式;无论是现场气氛的营造还是餐饮、住宿、交通服务的安排，每一个细小的环节都要精心打造，以便给所有参与者留下深刻的总体印象。

【思考与讨论】

1. 试分析放射性旅游线路的优缺点。
2. 你认为旅游线路设计中还应该遵守哪些原则？请说明理由。

【训练任务】

以自己家乡的旅游资源为基础，结合已经运行的旅游线路，尝试设计一条新的旅游线路产品。

【案例分析】

北京五日游

一、线路一

D1：接站，沿途观北京市容，入住酒店。

D2：游览天安门广场，毛主席纪念堂（关闭时参观外景），故宫，景山，平安大道，人民大会堂（自理），东便门貔貅，海底世界（门票自理），王府井，东华门夜市（晚餐自理），赠送：菖蒲河公园外景，老北京胡同，皇城根遗址公园外景。

D3：游览八达岭长城，参观玉器/水晶，品尝北京果脯，十三陵之首陵——长陵，远望十三陵水库，明皇宫蜡像馆（自理），赠送奥运村外景。

D4：游览颐和园，圆明园（门票自理），天坛，藏医文化，颐和园水晶，参观景泰蓝手工制作，赠送纪晓岚故居外景，中央电视塔外景，中华世纪坛外景。结束愉快的行程！

D5：早餐后自由活动。

二、线路二

D1：天安门、人民大会堂、故宫、景山、北海。

4点出发，观看升旗仪式。8点，参观毛主席纪念堂。参观完后，去人民大会堂，出来后就从天安门广场的地下通道到天安门城楼附近，可以到天安门城楼上去看看，下来后一直往里面走，通过端门在右手边就是我们的国旗护卫队驻地，再往前走就是故宫的午门，进去以后就可以体会古代皇帝奢侈的生活了，从玄武门出来，对面就是景山公园，从景山公园的西门出去，边上就是北海公园，里面的北海白塔、九龙壁等都是值得一看的。晚上可以去前门、大栅栏看看，那里很热闹。

D2：长城、十三陵、鸟巢、水立方。

7点半出发，坐车到德胜门的西北角坐919直达八达岭长城游览，坐缆车或者自己步行上去都可以。八达岭长城门票45元，乘八达岭滑车来回60元，缆车来回80元。游览完后，可以坐公交车去十三陵（定陵：淡季40元，旺季65元；长陵：淡季30元，旺季45元；

神路：淡季15元，旺季20元），游玩之后坐公交车在马甸桥下车后坐公交到鸟巢、水立方参观（门票：鸟巢票价50元，水立方30元）。

D3：颐和园、圆明园、清华、北大。

早上8点出发，坐4号线去颐和园，然后从颐和园的北宫门出来，坐地铁4号线去圆明园，逛完后可以从圆明园的南门出去，从清华大学的西门进入清华大学游览，浏览后从清华大学西门出来，步行到北京大学游览。

D4：国子监、孔庙、雍和宫、天坛。

早上起来先去天坛（门票：旺季普通门票15元，联票35元；淡季普通门票10元，联票30元），逛完后从天坛的东门出来坐地铁5号线到雍和宫下，先去孔庙和国子监，孔庙和国子监15元（这两个景点在一起，联票划算），逛完后去雍和宫游览（门票25元），游完后出来坐地铁5号线到北新桥，出了地铁站可以去北京有名的美食街簋街吃饭，晚上那里灯火通明，一串串的灯笼把每个饭馆都装扮得极其漂亮，可以依照个人口味慢慢选择。

D5：军事博物馆、中华世纪坛、首都博物馆、西单、王府井。

早上坐地铁1号线到军事博物馆下，出地铁站就是军事博物馆，出来后向东200～300米就是中华世纪坛，逛完后坐地铁1号线到木樨地下，出来后200～300米就是首都博物馆（全价票30元、半价票15元）。然后去著名的商业街西单和王府井游玩，在这些地方就可以买些北京特产或者纪念品。

1. 请对比分析以上两条线路的差异与优势。

2. 请对比分析以上两条线路的设计原则。

点评：线路一是常规的旅游线路，具有综合的产品特征，能满足大众旅游者的需求。线路二是针对自助旅游者的需求而创新设计的旅游线路，为北京旅游起到明显的推动作用。之所以能被旅游者所接受，是因为它更能体现自由旅行的特点。但是，不可否认的是，其他的一些自助旅游产品，因制作粗糙而处于低迷状态。

任务二　制订旅游线路优化的方案与报告

【任务引入】

大理两日游

D1：蝴蝶泉＋洱海大游船＋南诏风情岛＋洱海骑行一日游。大理接团，之后前往大理最唯美的自然景观——蝴蝶泉公园，它是电影《五朵金花》的拍摄基地，是大理白族文化的代表。午餐安排最具大理洱海特色的土八碗。午餐后游览洱海大游船，洱海是大理所有景点中最超值、最美的景点，游船的项目很多，风景很漂亮，游船很舒服。天空很美，一路的风光非常不错，登陆游览南诏风情岛（洱海上面最美的岛屿），观赏苍洱大观。停靠双廊，会发现一个遗落在洱海边的世外桃源——洱海肤苍山，杨丽萍别墅、太阳宫、月亮宫、苍山洱海环绕其间，水天一色。游览完洱海之后即前往酒店用晚餐，晚餐后入住酒店，之后自愿参加洱海骑行。

D2：大理。早餐后乘车前往游览“文献名邦”——大理古城。大理古城东临碧波荡漾的洱海，西倚常年青翠的苍山，形成了“一水绕苍山，苍山抱古城”的城市格局。街巷间一些老宅，仍可寻昔日风貌，庭院里花木扶疏，鸟鸣声声，户外溪渠流水淙淙，“三家一眼井，一户几盆花”的景象依然。午餐安排最具大理洱海特色的洱海砂锅鱼。午餐后前往游览大理唯一的5A景区——崇圣寺三塔。崇圣寺三塔是南诏国和大理国时期建筑的皇家寺院，至今已有1000多年的历史。这里东临洱海，西靠苍山应乐峰，风景十分优美，湖中的三塔倒影是大理标志的景点，游玩后结束行程。

【任务分析】

旅游线路设计与旅程设计是一项技术性(经验性)非常强的工作，它涉及几个基本问题：①旅游产品针对的目标市场是什么，其可能的变化趋势如何，这决定了旅游线路设计的需求背景；②与接待地区经济发展水平、国际旅游发展水平、服务管理水平等相联系的旅游供给一体化程度，即地区旅游产业内外关联和协调能力如何；③旅游者在接待地区消费旅游产品时，其行为的自主程度如何，或者说，接待地区政府和旅行机构操纵与引导旅游客流的作用和程度。而选择最优的旅游线路方案(可以有几条)，必须对旅游线路设计给出的基本空间格局不断进行调整，以形成新的、带有综合意义的空间格局，从而实现旅游线路的不断优化。

【知识储备】

一、旅游行程优化

(一) 有利于发挥各旅游景点功能

一条线路上的若干旅游点有不同的功能，而每个点的旅游功能又有不同的最佳发挥时间。江、河、湖、海等天然水体的主要旅游功能是让旅游者游泳，发挥天然浴场游泳功能的最佳时间当然是在午后水温升高之后。因此，如果线路上有天然水域浴场之类的景点，做线路设计时就应当尽量将旅游该点的时间安排在下午。而登山攀岩类参与性的活动，由于运动量大，游人自身产热耗能多，最好安排在上午进行。因为经过一夜的休息，人们上午的体力较好，而且上午也比较凉爽。

(二) 有利于节省时间，避免走“回头路”

旅游者的游览活动其实并不仅仅限于旅游景点上，沿线的景观也是观赏的对象。在游览过程中应当使所有的景点串联成环行线路。这样不仅满足游人希望尽量多地感知环境的心理需求，还有利于节省旅途时间。

（三）有利于旅游购物活动的实现

购物是一次完整的旅游过程所不可缺少的重要环节。旅游购物的完满实现，不仅能给旅游地带来丰厚的经济收益，还能让旅游者获得心理上的满足感。当地的旅游纪念品被游人带回后，又能成为旅游地"无声的义务宣传员"。所以，设计线路时，对旅游购物应予充分的关注。

在线路设计时，应注意将线路上旅游商品最丰盛、购物环境最理想的景点，尽量安排在线路所串联景点的最后，这是因为在旅游活动即将结束、要返家之前，游人的购物欲是最强烈的，原因为①游人对所需购买的物品要多看几处，比较之后再选定；②如果在旅游才开始就买物品，提着这些物品很不方便；③旅游之初，游人带出来的钱不敢多用，以防后面有急用。

（四）动静适当交错

旅游过程要注意节奏适宜，有紧有松。游览的节奏太松，游人觉得时间没有充分被利用而不满意；节奏太紧，则不仅游览效果不佳，且容易出现各种事故。线路设计中，旅游活动不能只紧不松，一紧到底，因为旅游活动的日程一般都安排得比较紧凑，每天早出晚归，有时夜晚还有娱乐活动。每天的旅游时间一般都超过平时工作的 8 小时，只是因为人在旅游活动中有兴致，所以不大觉得疲乏。因此，在线路设计中，需要有意安排一些缓冲的游览行程。

游人游览线路至各景点所付出的体力也不一样。有的景点游人主要是通过乘船、坐缆车或坐下来观看各种表演等方式，其自身处于相对静止的状态中；而有些景点的游览则要全靠游人步行，或是划船、登山、滑雪、参与民族舞蹈等一些参与性的体验项目。游览这些景点，游人自身基本处于"动"的状态，所需付出的体能消耗较大。对于这两类景点，在进行线路设计时，应尽量交错安排，以使游人的体力既有积极的支出，又有休养恢复的时间，而不至于过于劳累或过于闲静。

二、旅游航程优化

旅游航程优化在旅游线路总体规划特别是国际旅游方面显得特别重要。如何选择最适宜、最便宜的航线对于一条成功的旅游线路来说至关重要。主要体现在以下这些方面。

（一）直飞或转机

直飞时间短，价格偏贵；转机时间长，价格较便宜。但是如果是淡季，直飞的票价有可能比转机更低。

（二）航班频次

由于各航空公司的航线网路分布不均，在航班频次低、运力小的地区，无法为客户提供细致完善的航空运送服务。

（三）航线设计

旅客选择出发时间和目的地不用受航班限制，完全可根据自己的实际需要选择目的地。例如，中国南方航空公司日前选用了德国汉莎航班计划系统公司的先进系统来优化航线，为南航旅客设计出最快捷、最省钱的飞行路线。今后旅客乘坐南航航班将有更多的出行选择，而南航也会因此使收益最高提升 2%。以广州到乌鲁木齐的航线为例，现在南航每天有2 个直飞航班，航程为 5 小时；另有 3 个中转航班，每个中转航班的航程在 10 小时以上，费时费力不说，旅客只能选择在北京或重庆中转。使用汉莎航班计划系统以后，系统可自动计算出 11 个中转航班，除增加西安、成都等中转点外，整个航程也缩短为 7 小时左右，极大地方便了旅客乘机。

（四）中转与衔接

要使乘客把需转机的航班作为选择对象之一，通常必须先满足几个条件。第一个条件是有吸引力的航班衔接时间，就是说时间既不能少于在枢纽的最短衔接时间，也不能长于人们预计的最长时间。如果需要乘客等待数小时甚至在机场过夜，一般而言就不会选择该航班。第二个条件是转机航班的路程不能太长。例如，乘客有可能会选择广州经北京至长春的航班，但绝不可能选择广州经北京至海口的航班。这个条件可通过两个航段总飞行里程除以两地直接距离所得的比值（绕航系数）来衡量。前一个至长春的航班的绕航系数是 1.07，而至海口的航班则高达 8.53。最后一个条件是避免同一时间内多次转机。只有当不存在另一个具有相同始发站和终点站且既不较之早到也不较之晚出发的航班时，该转机航班才具有吸引力。这也避免了对出发时间或者到达时间相同的并行航班的多次转机。

（五）机型与服务

机型小、经营成本低，其进入市场与退出市场的成本低，而且当市场需求达到一定水平时可采用更大运力的飞机确保营利性经营。但是，低频率飞短途航线的大型喷气飞机，通过增加衔接枢纽的班次，可以抵消经营支线飞机高昂的单位成本，必须想办法吸引高收益旅客。因此，不同的机型对线路优化的影响具有不同的特点。

（六）注意时差

研究显示，大多数旅客在跨越不同时区时难以控制时差的影响，当一个人的生物钟与目的地的时间不同步时，时差就会产生，这是由于旅客赖以习惯的白天和夜晚的节奏正好相反。时差的反应症状包括疲劳，方向感缺失，能量缺乏以及断断续续的睡眠。时差降低工作效率，旅客也享受不了宝贵的旅行时间——无论是商务还是休闲——至今旅客都难以解决时差对自身带来的影响。因此，合理的选择航班，有利于克服时差对旅客的影响。

三、网络旅游线路优化

(一) 线路标题优化

线路标题是通过搜索引擎搜索到线路的最重要的部分，为线路取一个符合人们搜索习惯的标题是十分重要的。线路标题至少应包括主要目的地、旅游时间这两个关键词，如“木兰天池三日游”，当然也可以加上主要交通工具及出发城市等信息，如“苏州至木兰天池双飞四日游”。

提示：线路标题长度在8～12个字为佳，切勿将所有的目的地都呈现在标题中，降低其他关键词的密度。

建议使用格式：城市＋某景点＋交通方式＋时间。

优化前：海南蜈支洲岛双飞四天纯玩团。

优化后：方案1，“海南双飞四天纯玩团”赠送蜈支洲岛、全程无购物；方案2，海南蜈支洲岛双飞四日游“厦门出发，纯玩团”；方案3，“海南双飞四日游”含蜈支洲岛、纯玩无购物、全程四星酒店；方案4，海南蜈支洲岛双飞四日游(纯玩无购物、全程四星酒店)。

(二) 线路关键词优化

掌握关键词合理密度，合理地添加关键词。一般一个网页的关键词密度应占据该网页所有字符的15%以内，堆砌的关键词超过这个密度，反而会造成反效果。关键词加粗或者更换颜色，可以更好地吸引搜索引擎。

避开热门关键词、选择边缘词，在逢年过节或当地特殊项目中下功夫往往会有意想不到的效果。也许在平时，网友搜索“×××几日游”或“×××旅游报价”会比较热门，但是在节日时，往往搜索“清明游”“情人节旅游”等会更热门，当然对于当地的特殊项目，如“滑雪游”“温泉游”在某些时候也会比较热门。因此，关注旅游热点，配合热点制作带有热点的线路标题、线路内容、线路目的地，效果会非常不错。

(三) 线路内容优化

线路主体内容的编写要求：多突出线路的关键词，如景点名、线路名、旅行社名等。此外，还要注意不要直接将Word文档中的文字内容或表格内容复制到线路发布框中，这样做虽然简单，但是会将Word中许多冗余的字体、字号颜色代码一同生成在线路页面中，使搜索引擎爬取页面时的干扰信息增多。可以将Word文档中的内容先复制到Windows的记事本中，然后再从记事本复制到线路发布框，这样冗余代码就不存在了。

(四) 线路内容的更新

当线路已经被百度收录，该线路有新的信息需要更新时，切勿将原有线路删除，只需在原有的线路上编辑修改即可，这样当百度更新页面时，它会认为这个页面在更新，是有生命力的。发布的线路要经常更新，若线路的信息过时而得不到更新，会很难获得好的排名。

【思考与讨论】

1. 旅游线路设计与优化的目的是什么?
2. 不同旅游公司旅游线路设计与优化的特点如何?

【训练任务】

分析校内旅行社旅游线路的合理性,并选择一条旅游线路进行优化,写出方案。

【案例分析】

浪漫珠海圆明新园、海洋王国汽车两天

第一天:河源—珠海海洋王国(午√,晚:自理)。

早上在指定时间地点集合,前往有百岛之称的浪漫城市——珠海,抵达后午餐,前往横琴。长隆海洋王国是长隆集团依托20多年的主题公园运作经验,全力建设和打造的拥有自主知识产权的主题公园。海洋王国采用先进设计理念,汲取全球主题公园精华,运用高科技和长隆特有的创意,全面整合珍稀海洋动物、顶级游乐设施和新奇大型演艺资源,有望成为世界上规模最大、游乐设施最丰富也是最富于想象力的海洋王国。晚餐在园内自理。每晚,耸立在海洋王国的鲸鲨忽明忽暗,横琴海的上空星光璀璨,伴随着音乐节奏以及各种特效,为您打造一场观感盛宴——烟花会演!千万别错过这结合音响、激光、灯光效果、烟花、花式喷泉、视频特效及水上飞人的大汇演!于约定时间集中出园后入住酒店。

住宿:市区三星酒店。

第二天:渔女像—景山公园—圆明新园(早√,午√)

早餐后,游览情侣路、珠海渔女像,这座雕像已成为珠海市的象征。前往景山公园(约60分钟),游客可登石阶到山顶观景区望海景,可俯瞰到美丽香炉湾以及澳门和珠海市的大部分市容,是游人欣赏海景和城市景观的绝好去处;或可园内自由选择乘坐缆车登山,还可以坐山地冲锋车从山上一冲而下,充分体验惊险刺激的感觉。然后游览市内最大的旅游景点:按原北京圆明园1∶1的比例建造的清朝皇家园林——圆明新园(约120分钟),领略其浓厚的清文化,精雅别致的亭、台、楼、阁和气势磅礴的大型舞蹈表演,圆明新园融古典皇家建筑群、江南古典园林建筑群和西洋建筑群为一体,为游客再现了清朝盛世风华。园内西部是独具高贵气质的西洋建筑群,白色的大理石墙身,精致的殿内装饰,让您仿佛置身于古老的欧洲宫殿。同时园内有众多游客可自由参与的活动和可观赏的节目表演。午餐后乘车前往珠海乳胶寝具展示中心和玉石珍珠文化中心(各约80分钟),位于珠海保税区,在珠海经济特区南部紧靠湾仔口岸,与澳门隔水相望,通过横琴大桥和莲花

大桥与澳门陆路连通。距市中心约11千米，距珠海港口44千米，距九洲港18千米，距珠海机场40千米，距建设中的珠海火车站仅5千米，距香港也只有36海里，是广东省6个保税区之一，以其独特的文化内涵成为珠海必游之地。结束愉快之旅！返回温馨家园。

点评：很明显，这是一条旅游特惠线路，行程安排较为传统，能够满足游客游玩的基本需求。根据游客的需要，我们可以对这条线路进行优化，使其主题更明显，特色更突出。

项目五
旅游采购

开篇案例

西安A旅行社3月初来了一批职业学院旅游系的实习生。小红被分到计调部，她工作积极、为人热情、不懂就问。两个月来，小红受到同事和计调部经理的好评。4月28日，小红接了个电话，在外联部实习的同学小李向她要下周去西安一地三日游的报价。由于这两天同样行程的团队社里接了好几个，小红自作聪明地发了个一模一样的报价。等计调部经理回来后，小红很自豪地说明了情况，以为经理会表扬她，没想到却遭到了批评。经理立即重新写了一份旺季报价单，给对方旅行社发了过去，避免了旅行社的损失。

知识目标

- 旅行社采购的内涵与内容。
- 景区、交通和饭店采购的谈判技巧与方法。
- 旅行社采购合同签订与谈判方法。
- 同业操作的原理。

能力目标

- 完成景区、交通、饭店谈判方案和处理措施。
- 制订购买吃、住、行的配套方案。

任务一 制订吃、住、行、游、娱的采购方案

【任务引入】

北京某国际旅行社组团采购重点在于冬季，夏季则以地接为主。组团社采用综合采购。旺季的时候选择性采购，淡季的时候限制性采购。针对我们的目标市场和目标人群，应制订适合本社的采购计划。组团社采购的目的是使旅游计划如期如愿地实现。旅游产品的质量在很大程度上取决于各地接待质量，尤其是各旅行社的接待质量。因此，选择高质量的接待旅行社，是采购到优质接待服务的关键。计调在采购时应考虑：接待社的资质、实力、信誉、体制、管理、报价、作业质量、接待质量、结算（垫付）周期及合作意愿，初步决定采购一些信誉好的、实力较强的旅行社，如中青旅、康辉等。

(1) 采购酒店时主要针对目标市场，采购一些度假酒店、会议酒店、旅游酒店。根据酒店等级划分：有1～5星5个等级。对于京津地区的则以采购星级高的，而对于组团度假的则以采购三星的为准。冬季采购哈尔滨的冰雪节，通过当地的旅行社进行联系与交通、食宿、餐饮、购物、娱乐等的联系。选择哈尔滨松花江国际旅行社、中青旅等旅行社，在价格合理的情况下签订合同，保证信誉。对于大型的饭店还采取直接通过网络向饭店中心预订的形式。节假日采取临时采购，如中秋、清明、五一、十一黄金周，并适时地增量或减量采购。

(2) 交通。地接社通过感情、面谈等手段要与交通部门建立良好的联系。比如，三四月去江西看油菜花则应做好航空服务。既要能够通过自己的信誉预订机票，也要与江西的信誉好的旅行社联系，保证安全返回。旅行社还要考虑包机运输以便向旅游者提供所需的旅游产品。

(3) 娱乐。旅行社采购娱乐服务时，就预订票以及演出内容、日期、演出时间、票价、支付方式等与当地旅行社达成协议。

(4) 景区。对于景区的采购，要看目标人群，针对他们的需求，然后选择适合的景区，有的可以通过直接与景区联系，建立协作网络策略；有的直接与当地的旅行社进行联系，基本上冬季南方海南岛三亚或者东北冰雪，春季可以踏青或者看油菜花、秋季去华东五市、夏季主要是当地地接业务。在进行询价、比价、议价、评估后决定建立长期联系，签订合同。还有保险、导游等也需要综合考虑。

【任务分析】

旅游采购在选择供应商时必须先对其进行合理的评价（比如，对供方之质量、管理、价格、服务4个方面进行评价），并定期对合格的供应商进行考核。同时，对合格的供应商进行审核，并要求其对审核的问题点进行整改，验证整改措施效果，促进持续改进，然后不定期地对供应商进行辅导。

【知识储备】

一、旅行社采购的概念

采购是指在需要的时间和地点，以最低成本、最高效率获得最适当数量和品质的物资或服务，并及时交付需要部门使用的过程。

目前旅行社采购的项目主要有交通服务、住宿服务、餐饮服务、景点游览服务、娱乐服务、保险、出入境手续等内容。

二、旅行社采购的原则

旅行社采购也像其他企业的采购一样，只有购到原材料，才能保证产品生产的顺利进行。而购进原材料的价格则决定着产品的成本及投放市场的销售价格，所以旅行社采购应遵循以下原则。

（一）保证供应原则

保证供应是旅行社在其业务中必须遵循的首要原则。旅行社产品主要由购自其他部门或企业的旅游服务项目所构成。由于旅行社的产品多数采用预售的方式，所以一旦旅行社不能从有关的部门或企业购买到本社已经预售出去的产品所包含的服务内容，就会造成无法履约的恶果，引起旅游者的不满和投诉，会给旅行社带来经济损失和声誉损害。因此，旅行社在旅游服务的采购工作中，必须坚持保证供应的原则，设法保证采购到本社已售出的产品中包含的全部内容。

（二）保证质量原则

旅行社在采购各项旅游服务项目时，不但要保证能够买到所需数量的产品，而且要保证其所购买的旅游服务项目全部符合预售产品所规定的质量。如果旅行社只是关心所购旅游服务项目的数量，而忽视这些项目的质量，将同样会造成旅游者的不满和投诉。所以，旅行社在采购各种旅游服务项目时，必须按照保证质量的原则，为旅游者购买到符合与其所达成的旅游合同中规定的产品。

（三）成本领先原则

旅行社产品中的主要成分是购自其他旅游服务部门或企业的旅游服务项目，所以购买这些旅游服务项目的价格构成了旅行社产品的主要成本。换句话说，旅行社经营的成败在很大程度上取决于旅行社采购来的各种旅游服务项目的价格。如果旅行社的采购工作得力，采购到的旅游服务项目价格低于其竞争对手，则旅行社就能够在激烈的市场竞争中占据成本优势，就有可能获得较多的利润。因此，旅行社必须在保证旅游服务的供应和旅游服务质量的前提下，尽量设法降低成本。

三、旅行社采购的方法

目前旅行社采购主要有集中采购、分散采购和建立采购协作网络3种主要方法。

(一) 集中采购

"集中"在这里包含了两个方面的含义：一方面是指旅行社将本社内各部门的采购活动全部集中起来，统一对外采购；另一方面是指旅行社将其在一个时期内，如一个星期、一个月、半年甚至一年营业中所需的旅游服务项目相对集中，全部或大部分投向精心挑选的某一个或少数几个旅游服务供应部门或企业，以最大的购买量获得最优惠的价格和供应条件。

集中的优点是通过扩大采购量，减少采购批次让卖方"薄利多销"从而降低了采购价格和采购成本；缺点是采购提交量较大，预订量往往超过实际使用量而造成退订损失，所以需要认真做好采购预测和适时的调整工作。

(二) 分散采购

分散采购即采取一团一购甚至一团多购的分散式采购方法。它适用的第一种情况是旅游市场上出现严重的供过于求的现象，旅行社可采用近期分散采购的策略，在旅游团队或旅游者即将抵达本地时，利用旅游服务供应部门或企业无法在近期内通过其他渠道获得大量的购买者，近期需要将大量既不能储存，又不能转移的服务产品出售的处境，尽量压低采购价格，以最低成本获得所需旅游服务。它适用的第二种情况是当旅游旺季到来，旅游服务供不应求的情况下，旅行社无法从一个或少数服务企业处获得大量旅游服务供应，需要采购人员广开渠道，设法从若干家同类型旅游服务供应部门或企业获得所需旅游服务。

(三) 建立采购协作网络

建立采购协作网络即通过与其他旅游服务供应部门或企业洽谈合作内容与合作方式，签订经济合同或协议，明确双方权利义务及违约责任，建立广泛且相对稳定的旅游服务供应系统，从而保证旅行社所需旅游服务的供给。

四、旅行社采购的内容

(一) 交通采购(行)

旅行社的旅游交通服务采购业务主要包括航空、铁路、公路和水运交通服务采购。

1. 航空交通服务采购

航空交通服务采购是指旅行社根据旅游团队的旅游计划或散客旅游消费者的委托，为旅游消费者和旅游团队的领队及全程陪同代购旅游途中所需的飞机票。

航空交通服务采购分为两种形式，即定期航班飞机票的采购和旅游包机业务。

(1) 定期航班飞机票的采购。定期航班飞机票的采购业务包括飞机票的预订、购买、确认、退订与退购、补票与机票变更5项内容，如表5-1所示。

表 5-1　定期航班飞机票的采购业务流程与注意事项

飞机票采购	注 意 事 项
飞机票预订	无论是团体还是散客旅游者，旅行社采购人员在预订其飞机票之前，必须了解两个方面的信息：旅游消费者方面的信息有乘坐飞机者的信息，包括旅游者姓名的全称、同行人的有关信息、旅游者的联系电话、旅游目的地、日期、支付方式、特殊要求等；航空公司方面的信息有飞机设施设备方面的信息、机票价格方面的信息等
飞机票购买	根据旅行社的经营业务，旅行社采购的飞机票主要为团体机票和散客机票、国内段机票和国际段机票。团体机票的购买：团体游客机票的购买一般只开一张团体客票。团体游客误机，客票作废，票额不退 国内客票是指旅游者乘坐国内航班飞机旅行的客票，有效期为一年；国际客票包括国际间旅行的单程客票、来回程客票和环程客票，有效期均为一年
飞机票确认	有些旅游者事先已自行购买了飞机票，对于这类旅游者，旅行社提供的服务是为旅游者确认机位
飞机票退订与退购	旅行社采购人员在为旅游团队或旅游者预订或购买飞机票后，有时会遇到因旅游计划变更造成旅游团队的人数减少或旅游者（团队）取消旅行计划等情况。旅行社退购飞机票，应按照民航部门的规定办理
补票与机票变更	在旅游过程中，因为各种原因，会发生机票丢失的情况。按照规定，每张机票只能变更一次

（2）旅游包机业务。旅游包机是旅行社因无法满足旅游者乘坐正常航班抵达目的地的要求而采取的一种采购方法。①包机手续。凡需要包机的旅行社应事先与民航联系，填写包机申请书，说明任务的性质、游客的人数和身份、包用机型和架次、使用日期及航程事项。旅行社的包机申请经民航同意后，应签订包机合同。②包机变更。包机合同签订后，如果包机的旅行社要求取消包机，需按规定交付退包费。③包机费用。按民航规定，包机费用根据包用机型的每千米费率和计费里程或包用机型的每小时费率和飞行时间计收。

2. 铁路交通服务采购

旅行社采购铁路交通服务的主要内容是各种火车票。

（1）火车票的种类。火车票分为客票和附加票两个类型，对旅行社来说，相关的是客票中的软卧、软座、硬卧、硬座。

（2）火车票的采购业务。旅行社火车票的采购业务主要是火车票的预订与购买、退票。火车票的预订、购买 退票按照中国铁路总公司相关规定办理。

3. 公路交通服务采购

在我国沿海经济发达地区，旅行社采购公路交通服务主要是用于市内游览和近距离旅游目的地之间的旅行。而在内陆航空交通服务和铁路交通服务欠发达的地区，公路交通服务则是主要的旅游交通方式。

旅行社采购人员在每次接到旅游者或旅游团队的用车计划之后，应根据旅游者的人数及收费标准向提供公路交通服务的汽车公司提出用车要求，并通报旅游者或旅游团队的旅游活动日程，使汽车公司在车型、驾驶员配备等方面做好准备。

4. 水运交通服务采购

旅行社采购人员在采购水运交通服务时，应根据旅游者或旅游团队的旅行计划和要求，向轮船公司等水运交通部门预订船票，并将填写好的船票订票单在规定日期内送交船票预订处。

(二) 旅游住宿服务(住)

旅游住宿服务是旅行社采购中的又一重要内容。住宿服务的采购业务主要包括住宿服务设施的选择、饭店预订渠道的选择、客房价格的确定和饭店客房预订程序4项内容。

1. 住宿服务设施的选择

选择住宿服务设施是保证住宿服务质量的重要手段之一。旅行社采购人员应该从以下几个方面考察住宿服务设施。

(1) 饭店位置。饭店所处的地段不同,饭店的价格往往大不一样,不同类型旅游者对于饭店的位置有着不同的要求和偏好。

(2) 市场定位。在卖方市场下,许多饭店都有自己的经营定位,必须考虑将要采购的饭店所接待的对象主要是哪类旅游消费者。

(3) 饭店设备。如饭店是否配备会议室、商务中心、多功能厅、宴会厅、健身设施等。

(4) 服务水平。采购饭店的服务水平和整个产品的关系也非常密切。

(5) 泊车场地。对于团队旅游来说,饭店是否拥有一定面积的泊车场地。

2. 饭店预订渠道的选择

旅行社主要通过组团旅行社、饭店预订中心、饭店销售代表和地方接待社4个渠道预订饭店。

(1) 直接预订。直接预订是指组团旅行社直接向旅游目的地饭店提出预订要求,因此也叫组团旅行社预订。直接预订的优点:①能够直接从饭店获得客房信息,及时掌握饭店客房的出租情况;②能直接同饭店达成预订协议,既能保证旅游者的住宿需要,又能免去中间环节所需的费用,降低采购成本;③直接订房能够不断加强与饭店的联系,可以与之建立起密切的合作关系,可以为采购业务的进一步开展打下一个坚实的基础。直接预订的缺点:①采购人员必须同所要预订的各家饭店逐一打交道,不仅在预订时要同它们联系,随后还要寄送预订申请、确认住房人数及名单、付房费等,占用大量时间和人力;②有时,外地的饭店未必了解组团旅行社,因而不愿意向组团旅行社提供最优惠的价格,并可能在缴纳租金、付款期限、客房保留截止日期等方面不给予优惠。

(2) 代订。代订就是组团旅行社委托旅游目的地的地接社预订饭店,所以也叫委托预订。代订的好处:①往往能够根据旅游者的要求,比较称心地安排饭店;②能拿到组团社心理范围之内的价格;③有些时候,异地的组团旅行社只能通过当地的旅行社才能预订到该地区的饭店客房。代订的缺点:①地接社往往截留饭店给予的一部分折扣,作为其代订的佣金;②如果组团旅行社没有选择具有一定经济实力和信誉的接待社或者选错了地接社,容易造成代订失约,从而导致组团社工作的失误。

(3) 委托饭店预订中心预订。一些知名的国际连锁饭店,拥有共享的客房预订中心。委托饭店预订中心预订的优点是方便、可靠,其缺点是选择手段单一、需多次操作。

在选择预订渠道时,组团旅行社应扬长避短,选择最恰当的渠道进行预订。

3. 客房价格的确定

饭店客房价格主要包括门市价格、团体价格、协商价格。

4. 饭店客房预订程序

（1）提出住房申请。申请时，采购人员应提供下列信息：旅行社名称、客房数量和类型、入住时间、离店退房时间、结算方式；旅游者国籍（海外旅游者）或居住地（国内旅游者）、旅游者姓名或旅游团队代号、旅游者性别、夫妇人数、随行儿童人数及年龄；旅游消费者的特殊要求，如楼层、客房朝向等。

（2）缴纳预订金。每个饭店都有关于预订金缴纳的时间、缴纳预订金的比例、取消预订的退款比例等事项的规定。

（3）办理入住手续。旅游团（者）在预订时间抵达饭店后，凭团号、确认函等办理入住手续。

（三）餐饮服务(吃)

国内旅行社在采购餐饮服务时，一般采用定点的办法。所谓定点，是指旅行社经过对采购的餐馆、酒店进行综合考察筛选后，和被选择的餐馆、酒店进行谈判，就旅行社的送客人数、各类旅游者、旅游团队的就餐标准、付款方式等达成协议。

1. 采购餐饮行业服务的步骤

（1）先实地查看旅游定点餐厅的地点、环境、卫生设施、停车场地、便餐和风味餐菜单等。满意后，根据国家旅游行政管理部门规定的用餐收费标准，与餐厅或饭店洽谈用餐事宜，并签订有关经济合同与协议书等。

（2）与财务部门协商印制专用的“餐饮费用结算单”，如表 5-2 所示。

表 5-2　餐饮费用结算单

<table>
<tr><td colspan="2">收款单位</td><td colspan="2"></td><td colspan="2">用途</td><td colspan="2"></td><td colspan="2">日期</td><td colspan="2"></td></tr>
<tr><td colspan="2">旅行团名称</td><td colspan="2"></td><td colspan="2">人数</td><td colspan="2"></td><td colspan="2">陪同签名</td><td colspan="2"></td></tr>
<tr><td rowspan="2">项目</td><td colspan="5">餐费</td><td rowspan="2">品名</td><td colspan="4">饮料费</td><td rowspan="2">单位公章</td></tr>
<tr><td>客人</td><td>全陪</td><td>地陪</td><td>司机</td><td>陪餐</td><td>可乐</td><td>汽水</td><td>啤酒</td><td>矿泉水</td></tr>
<tr><td>标准</td><td></td><td></td><td></td><td></td><td></td><td>单价</td><td></td><td></td><td></td><td></td><td></td></tr>
<tr><td>人数</td><td></td><td></td><td></td><td></td><td></td><td>数量</td><td></td><td></td><td></td><td></td><td></td></tr>
<tr><td>金额</td><td></td><td></td><td></td><td></td><td></td><td>金额</td><td></td><td></td><td></td><td></td><td></td></tr>
<tr><td colspan="12">合计金额（大写）</td></tr>
</table>

（3）将下列有关内容进行整理、列表、打印、分发给接待部，并报财务部备案。签约餐饮单位名称、电话、联系人的姓名、风味特色等。不同等级（标准、豪华）旅游者（团）的便餐、风味餐最低价格标准等。

（4）接待计划或订餐单，将用餐地点、联系人姓名转告接待部门或导游，以便搞好接待工作。

（5）根据“餐饮费用结算单”与财务部门共同进行复核，并由财务部门定期统一向签约餐厅结账付款。

2. 采购餐饮行业服务的注意事项

（1）选择餐厅时，餐点不宜过多，应该少而精；而且要注意地理位置的合理性，尽可能靠近机场、车站、码头、游览点、剧场等，避免因用餐而来回往返用车。

（2）订餐时，及时把旅游者（团）的宗教信仰和个别客人的特殊要求转告餐厅，避免出现不愉快和尴尬的局面。

(3) 提醒餐厅，结算用的"餐饮费用结算单"上必须有陪同导游的签字，否则无效。

(四) 参观游览景点服务(游)

到旅游点参观游览是旅游者活动的重要内容，参观游览及娱乐部门会接待众多的游客。为寻求这些部门的支持与合作，旅行社接团部门要及时上门与它们沟通意见，定期结算相关费用，以取得景点、娱乐部门的支持与配合，确保旅游活动顺利进行。

1. 采购参观游览景点服务的步骤

(1) 与旅游单位就以下内容进行洽谈，并签订协议书及经济合同书。主要内容包括旅游团门票优惠协议价事宜；大、小车进园的费用；结账的期限。

(2) 与签约单位协商设计、印制专用的"团队预订单"和"参观游览结算单"，如表 5-3 和表 5-4 所示。

表 5-3 团队预订单

旅行社名称			
旅行社地址		联系电话	
游览日期	年 月 日	上午：	下午：
导游姓名		导游证号	
团队人数			
导游预订	是□	否□	请在方框内打√
游览线路	A 线	B 线	请在方框内打√
			旅行社盖章： 年 月 日

注：导游服务在游客中心，旅行社凭此预订单联系

表 5-4 参观游览结算单

旅行社名称：

团队编号：

团队名称					
团队人数		收款单位		陪同	
经费使用类别	经费使用时间、地点	经费使用情况(元/人·天)		小 计	备 注
大门票					
小门票					
交通费					
其 他					
合 计					

单位主管：________ 陪同导游(签字)：

单位盖章： 年 月 日

(3) 将以下有关签约单位的规定事项整理列表，打印后分发给接待部并报审计、财务备案。内容包含签约单位的名称、电话、联系人；将带团前往某旅游参观点的进门方向；去某旅游参观点的行车线路、停车地点。

2. 采购参观游览景点服务的注意事项

(1) 旅游单位结算用的"参观游览券"上必须有单位的公章和导游的签字，否则无效。

(2) 一家旅行社还应与游览单位附属的服务部门和相关服务公司建立合作关系，签订合作协议书，以方便旅游团的游览和导游服务工作。如武汉东湖的游湖船队、黄山的缆车组、定陵直升机游览公司、黄浦江游船公司等。

(五) 娱乐服务(娱)

(1) 与娱乐单位就以下事宜进行合作洽谈，并签订协议书：旅行社可以通过电话预订文艺节目票；旅行社还可以为旅游者(团)进行包场演出；文艺单位送戏上门演出。

(2) 将下列事宜整理列表、打印后分发给接待部，并报审计、财务备案。签约娱乐单位的名称、地址、电话、联系人等，演出节目的种类和演出时间，每张票的价格。

(3) 随时与娱乐单位保持联系，有新节目上演时，了解节目内容，索取节目简介并通报给接待部。

(4) 与外联部协商后，设计、印制一些单子，并明确其使用方法，其中包括文艺票预订单、文艺票变更、取消通知单。

(5) 根据接待计划或订票单，实施订票并把订票情况如实转告接待部或陪同。

(6) 财务部按协议统一结账或一次一报、一团一清。

(六) 保险服务(安全)

(1) 认真阅读中华人民共和国国家旅游局第 14 号令《旅行社投保旅行社责任险规定》和保险公司的有关规定。

(2) 与保险公司就旅行社游客的旅游保险事宜签订协议书。

(3) 将协议书上的有关内容进行整理打印，分发给外联部门并通知其对外收取保险费。

(4) 将每一个投保的旅游团(者)接待通知(含名单)及时传真给保险公司，并请保险公司及时回复传真确认，以此作为投保依据。

(5) 注意接收和保存保险公司的承保确认书。

(6) 根据投保的准确人数每季向保险公司缴纳保险费。

(7) 当旅游途中发生意外事故或遇到自然灾害，必须及时向在第二线的导游介绍情况，必要时去现场考察并以最快速度通知保险公司。还应在 3 天之内向保险公司呈报书面材料，其中包括旅行社游客旅游保险事故通知书、旅行社游客保险索赔申请书。

(8) 索赔时，须向保险公司提供有关方面的证明，其中包括医院的"死亡诊断证明"(经司法机关公证)、民航或铁路部门的"行李丢失证单"、饭店或餐厅保卫部门的"被盗证明信"等。

当前国家旅游局为保护游客的消费利益，要求每一个合法经营的旅行社都必须购买旅游责任险。

（七）地接服务(地接)

地接服务采购是指组团旅行社向旅游目的地旅行社采购接待服务的一种业务，在行业内通常称为选择地接社。选择地接社主要从诚信、较强的接待能力、收费合理3个方面考察。

总之，旅行社的采购业务涉及许多方面和许多企业、部门，旅行社应在确保服务质量的前提下，同相关的旅游服务供应企业和部门建立起互惠互利的协作关系，正确处理旅游服务采购中的各种关系，为旅行社的经营和发展建立起一个高效率、低成本的旅游服务采购网络。

五、旅行社采购管理

（一）建立广泛的采购协作网络

旅行社在建立采购过程中必须坚持以下3个原则。

1. 广泛覆盖的原则

当一个地区存在大量的宾馆、饭店、旅游车队等旅游服务供应部门和企业时，旅行社应从自身需要和经营实力出发，尽量与不同类型、规模、档次的企业和部门取得广泛的联系与合作，广泛覆盖旅游供应领域，以保证在各种情况下均有较大的选择余地和合理的价格来购得旅游服务。

2. 互惠互利的原则

企业是以盈利为目的的，但坚持互惠互利才能使企业运作持久。

3. 诚实守信的原则

诚实守信不仅代表了采购过程，还代表了整个旅行社，坚持诚实守信可以为企业创建良好的形象。

（二）处理好集中采购和分散采购的关系

集中采购是旅行社以最大的采购量争取最低的优惠价格的一种采购方法，适用范围如下。

(1) 旅行社旅游产品需求规模大，集中采购能够提高旅行社供应能力和最大限度地降低供应成本。

(2) 旅游目的地供应与采购需要同处一个采购渠道，便于集中组织供应，如包机、包车旅游等大批量的需求。

(3) 为管理与控制，需要集中采购，如常规旅游线路、定期发团的旅游线路。

分散采购是旅行社设法从许多同类型旅游服务供应部门或企业获得所需的旅游服务的一种采购方法。一方面，这种采购模式虽然有其便利性和及时性的优点，但由于缺乏必要的约束制度和监督机制，随着我国市场经济的日益发展，其弊端也日趋凸显，表现在采购的随意性大，没有一定规模效益，很容易滋生腐败。另一方面，分散采购针对性强，决策效率高，权责明确，有较强的激励作用。但是，如果管理失控，将会造成供应中断，加大采购成本，影响旅游活动的正常进行。分散采购的适用范围如下。

① 在供不应求的情况下，分散采购可能更易于获得客人需要的服务和降低采购成本。

② 旅游目的地供应短期性旅游产品，旅行社近期需求量大，便于分散采购。

③ 为管理与控制，需要分散采购，如黄金周旅游线路、促销期旅游线路。

旅行社集中采购与分散采购之间存在一个互补的关系，前者是一个远期预订，而后者大多数属于短期购买行为。其中，集中采购虽然数量大，但多属于远期预订，而远期预订具有较大的不确定性，供应商会对买方计划的可靠性缺乏信心，也就不愿意以低价出售。对此，旅行社可采取两种策略：①和卖方商定适当的数量折扣，采用这种办法，无论今后的实际采购量如何，双方都是有利的；②如果旅行社判定第二年将出现严重的供过于求，则可用分散采购的策略，把内部的购买力集中起来统一对外分散采购，从而保证供应。

（三）处理好预订和退订的关系

一般来说，旅游属于预约性交易，相对于供应商而言，企业的采购量越大，占供应商提供产品的比例越大，其议价能力就越强。旅行社一般在年底根据计划采购量和旅游服务供应商洽谈下一年的业务合作。计划采购量一般是由旅行社参照前几年的实际客流量，并根据对来年市场的预测确定的。计划采购量和实际采购量之间肯定会有差距，如果实际采购量小于旅行社的预计量，旅行社就要临时退订，而卖方对退订是有时间限制的。反之，如果实际到客数超过预订数，旅行社就要临时增订，卖方对增订一般也有数额限制，有时也要多收费用。当然，旅行社希望退订的限期越晚越好，增订的限额越高越好，罚款越少越好，而卖方的要求正好相反，这就要求双方通过协商，达成一致意见。买卖双方协商的结果不可避免地会受到市场供求状况的影响。

一方面，供过于求的市场状况有利于旅行社获得优惠的交易条件；另一方面，双方协商的结果还取决于旅行社的采购信誉，如果在过去几年中旅行社的采购量一直处于稳定增长的状态，其计划采购量与实际采购量之间的差距较小，卖方就愿意提供较为优惠的条件。

（四）加强采购合同管理

首先，采购合同主要是根据游客的要求签订的，主要以数量、质量、价格、付款方式为依据，约定既能满足游客的需求，也能够使合同双方共同受益的条款。俗话说：“计划赶不上变化。”在签订合同后，游客在吃、住、行、游、购、娱这些环节中往往会发生一些突发事件，就会出现计划之外的采购。旅游采购合同的管理应该注意以下原则：①力求变更最小原则；②客人至上原则；③同级变更原则（注：在合同变更前，应与游客沟通是否愿意变更，游客签字后方可变更合同）。

合同是指当事人之间为实现一定的经济目的而明确相互之间权利义务关系的协议。签订合同是当事人为避免和正确处理可能发生的纠纷而采取的行为，目的在于确保各自经济利益的实现。旅游采购不是一手交钱一手交货的简单交易，而是一种预约性的批发交易，是一次谈判多次成交的业务，谈判和成交之间既有时间间隔又有数量差距。

旅游采购的这种特点，使旅行社对采购合同的管理显得更为重要，以预防各种纠纷的发生。但是，由于目前旅游业竞争激烈，加之我国的法制不够健全，旅行社一般没有相对固定的采购协作网络，因此也就很少使用采购合同，这也是目前买卖双方经济纠纷很多的一个原因。随着我国旅游业的发展，旅行社与其他旅游企业都应积极推行合同制，以利于我国旅游业走上健康发展的道路。

【思考与讨论】

1. 旅游采购中成本与服务质量发生冲突时，应该以什么为优先考虑的因素？
2. 旅游采购的途径有几种？

【训练任务】

请根据你家乡的旅游资源，设计一份本地区的旅游采购协议。

【案例分析】

峨眉山是“世界自然与文化遗产”、首批“全国文明风景旅游区示范点”、首批“全国文明山”、首批国家4A旅游景区，是全国风景名胜区中知名度相当高的强势品牌。广之旅选择峨眉山管委会作为进入西南的第一合作伙伴。

在广之旅与中国旅游报社联合主办的“旅行社业高峰论坛”上，广之旅与峨眉山管委会马元祝主任和冯庆川副主任共同探讨了旅行社与风景区合作的问题。双方就合作方式、经营模式、营销战略、人员组合、股份构成以及发展前景等问题，进行了认真磋商并达成共识，决定共同出资200万元，组建四川峨眉广之旅国际旅行社，由广之旅控股。

广之旅成为四川旅游市场全面开放、允许境外省外旅行社入川设立分社后的第一家外地旅行社，同时也开创了我国旅行社与景区品牌联合，联动营销的先河，并将自身股份制改造的成功经验应用到新设立的公司中，采取合作双方、业务骨干各持股1/3的内部股本结构，形成员工、骨干、股东之间风险共担、利益共享的关系。在服务、管理、经营等方面均严格按照广之旅的企业模式来做，与广之旅共享股份、品牌和网络等资源，实现广之旅低成本扩张与提高当地旅游服务质量、产品多元化、价格合理化的多赢局面，争取成为四川地区最大的旅游企业，并向整个西南地区发展。

问题：1. 以上案例中的广之旅与景区的合作方式是什么？

2. 广之旅如何实现旅游采购目标？

任务二　完成景区、交通、饭店谈判方案和处理措施

【任务引入】

某景区与旅行社合作方案

甲方：××旅行社　　　　　　乙方：景区

为共同拓展旅游市场，挖掘潜在市场客源，促进景区与各旅行社之间的良好合作，本着“互惠互利，共同发展”的原则，经双方协商同意，达成以下协议。

一、甲方责任

(1) 甲方积极组织客源到景区参观游览，并利用各种宣传媒体大力宣传推介乙方，将乙方纳入甲方给游客推介的旅游线路内进行推介。

(2) 甲方与游客签订旅游行业标准组团合同，需为每位游客办理旅行社责任险；在乙方危险路段及景点，甲方导游应提醒游客注意安全，保护景区的环境卫生，并遵守景区游览秩序。

(3) 甲方组织客源到景区，导游需出具接团计划单，并加盖公章，以便乙方确认是否为甲方所组团队，否则，乙方不予打折优惠。同时导游需填写“景区登记单”，以作为年终核对旅行社送团人数的依据，否则所组团队人数不计入年度输送游客数量。

(4) 甲方所组团队需由导游或领队带队，导游或领队需持有效证件方可免票。车辆进入景区，经乙方同意后司机方可免票。

(5) 甲方使用返券时，每张券限一人次。

二、乙方对甲方的奖励措施

(1) 乙方现行门票价格为 120 元/人次。

(2) 乙方给予甲方的优惠措施为门票打折优惠。

(3) 实际购买门票人数 6 人(含 6 人)以上成团，6 人以下按全额购票。1.4 米以下儿童免票，1.4 米以上儿童购全票。索道、滑道 6 人(含 6 人)以上成团。

(4) 凭景区门票可免费参观。

(5) 乙方根据甲方协议期内输送游客量给予奖励：

① 输送游客量在 1000 人(含 1000 人)以上，每人奖励 3 元。

② 输送游客量在 3000 人(含 3000 人)以上，每人奖励 8 元。

③ 输送游客量在 5000 人(含 5000 人)以上，每人奖励 10 元。

④ 输送游客量在 6000 人(含 6000 人)以上，每人奖励 12 元。

⑤ 年终根据“景区登记单”统计人数折合成门票进行奖励。

⑥ 年终返票时按照景区门票计算。

注：持“年度返票”的组团人数不计入年度组团人数。

已享受半价和其他优惠的人数不计入年度组团人数。

三、结算方式

按折后价现金结算,一团一清。

四、兑票单核对时间

兑票单核对时间为××××年××月××日——××××年××月××日。甲方应在兑票单核对期间将其统计人数上报乙方,双方在××××年××月××日之前核对完毕。没有上报统计人数的旅行社,乙方将以自己统计的人数为准,并作为甲方年送团人数。

五、返票办法

以“登记单”为兑票依据,经甲乙双方核实后,根据奖励办法,由乙方支付奖励门票。

双方需严格履行以上条款,如一方违约,另一方可终止协议。旅行社代表对景区给予的奖励存在争议时,各小组从景区角度拟定谈判方案。

【任务分析】

从旅游利益主体来看,景点景区、旅行社业、旅游管理部门等各方面要实现双赢,必须处理好各利益方的营销成本与利益分割问题,任何一个主体都不愿意也无能力单独承担营销的任务,这就要求有关各方共同承担营销费用,执行营销规划。从营销的内容来看,应当突破过去仅仅营销景点或线路的做法,而是将吃、住、行、游、购、娱等目的地旅游要素作为一个整体展开营销。随着旅游活动的普及和旅游者经验的不断丰富,旅游者对交通、宾馆、饭店等设施的品质和导游、信息服务、文化含量等的质量都有很高要求。在旅游业竞争异常激烈和快速发展的今天,旅行社不仅要组合各类资源与服务,更重要的是在旅游产品采购的过程中,通过旅行社采购谈判保证旅游六要素的服务品质,才能更容易地吸引大量旅游者。

【知识储备】

一、原则式谈判的定义

原则式谈判是一种既注重理性又注重感情,既关心利益也关心关系的谈判风格,在谈判活动中的应用范围很广泛。实践证明,这种谈判风格达成的协议,在履行过程中比较顺利,毁约、索赔的情况也比较少。当然,原则式谈判也有其应用范围。首先,它要求谈判双方能够在冲突性立场的背后努力寻求共同的利益;其次,谈判双方处于平等的地位,没有咄咄逼人的优势,也没有软弱无力的退让。

根据原则式谈判的思路,格·费舍尔对谈判过程的关键要素重新进行了诠释,并提出处理这些问题的基本原则。

(1) 人:谈判者要将谈判过程中人的因素与谈判的具体问题区别开。

(2) 利益:谈判者应关注双方实质性的利益,而不是表面的立场。

(3) 方案:为共同的利益,谈判者要努力设计各种可供选择的解决方案。

(4) 标准：如果遇到利益冲突，谈判者应该采用客观标准来衡量彼此的利益范围。

二、国际商务谈判的原则

(一) 平等性原则

平等是国际商务谈判得以顺利进行和取得成功的重要前提。在国际经济往来中，企业间的洽谈协商活动不仅反映着企业与企业的关系，还体现了国家与国家的关系，相互间要求在尊重各自权利和国格的基础上，平等地进行贸易与经济合作事务。在国际商务谈判中，平等性要求包括以下几方面内容：谈判各方地位平等、谈判各方权利与义务平等、谈判各方签约与践约平等。

(二) 互利性原则

在国际商务谈判中，平等是互利的前提，互利是平等的目的。平等与互利是密切联系、有机统一的两个方面。打仗、赛球、下棋，结局通常是一胜一负。国际商务谈判不能以胜负输赢而告终，要兼顾各方的利益。

三、国内商务谈判

国内商务谈判是国内各种经济组织及个人之间所进行的商务谈判。它包括国内的商品购销谈判、商品运输谈判、仓储保管谈判、联营谈判、经营承包谈判、借款谈判和财产保险谈判等。

国内商务谈判的评价，国内商务谈判的双方都处于相同的文化背景中，这就避免了由于文化背景的差异可能对谈判所产生的影响。由于双方语言相同，观念一致，所以谈判的主要问题在于怎样调整双方的不同利益，寻找更多的共同点。这就需要商务谈判人员充分利用谈判的策略与技巧，发挥谈判人员的能力和作用。

四、商务谈判的技巧

成功的商务谈判都是谈判双方出色运用语言艺术的结果。

(一) 针对性强

在商务谈判中，语言的针对性要强，做到有的放矢。模糊、啰唆的语言，会使对方疑惑、反感，降低己方威信，成为谈判的障碍。

针对不同的商品、谈判内容、谈判场合、谈判对手，要有针对性地使用语言。另外，还要充分考虑谈判对手的性格、情绪、习惯、文化及需求状况的差异。

(二) 方式婉转

谈判中应当尽量使用委婉语言，这样易于被对方接受。

要让对方相信这是他自己的观点。在这种情况下，谈判对手有被尊重的感觉，他就会认为反对这个方案就是反对他自己，因而容易达成一致，获得谈判成功。

(三) 灵活应变

谈判过程中往往会遇到一些意想不到的尴尬事情，要求谈判者具有灵活的语言应变能力，与应急手段相配合，巧妙地摆脱困境。当遇到对手逼你立即作出选择时，你若是说出"让我想一想"之类的语言，会被对方认为缺乏主见，从而在心理上处于劣势。此时你可以看看表，然后有礼貌地告诉对方："真对不起，我得与一个约定的朋友通电话，请稍等5分钟。"于是，你便很得体地赢得了5分钟的时间。

(四) 无声语言

商务谈判中，谈判者通过姿势、手势、眼神、表情等非发音器官表达的无声语言，往往在谈判过程中发挥重要的作用。在有些特殊环境里，有时需要沉默，恰到好处的沉默可以取得意想不到的效果。

五、旅行社采购的谈判技巧

(一) 准确把握旅行社采购竞争性谈判的概念与含义

谈判是有关方面对有待决定的重大问题进行会谈。而在旅行社采购中，谈判是指采购人或代理机构和供应商就采购的条件达成一项双方都满意的协议的过程。因此，可以说旅行社采购竞争性谈判是指采购人或代理机构通过与多家供应商(不少于3家)进行谈判，最后从中确定成交供应商的一种采购方式。从这个概念中可以看出，它有几个构成要素：①参加谈判的主体必须是在旅行社采购活动中享有权利和承担义务的各类主体，即采购人、供应商、采购代理机构(含集中采购机构)；②谈判由采购人或采购代理机构组织；③谈判必须有供应商参与，且必须是多家供应商参与(通常不少于3家)；④实施的过程必须通过谈判进行；⑤最终的结果必须在谈判的基础上，从参与谈判的供应商中确定出成交供应商。

(二) 旅行社采购竞争性谈判方式的性质与特点

旅行社采购竞争性谈判是采购人或代理机构通过与多家供应商分别进行多轮讨价还价，就与诸如交通部门、旅行社及汽车公司等部门合作和售后服务、价格、交易条件、其他相关条款等合同要件达成共识的艺术。由于谈判中的因素相互关联，谈判艺术要求谈判人要综合运用判断、谋略和相关常识。因此，旅行社采购竞争性谈判要求采购人或采购代理机构和供应商就采购方案的细节进行面对面的商谈，而不仅仅是靠交换采购文件实现。

竞争性谈判采购的对象具有特别的设计者或者特殊的竞争状况。此类采购对象很少能形成竞争的市场，也没有确定的价格。因此在采购人与供应商对采购对象的制造、供应、服务的成本估计不同时，就不可避免地要采用谈判方法。而在多家供应商参与的情况下，采用竞争的方式，通过多轮谈判报价，对各种采购因素及内容细节在谈判过程中均可以充分分析讨论，使总体方案报价更容易接近适当的价格，并常常能加以调整，以取得价格上的共同利益。

（三）旅行社采购人员谈判技巧

一般情况下，旅行社采购人员（计调）在团队谈判之前的准备工作是了解客户要求，并依据客户的要求设计线路、核算成本、报价。这种方式能满足客户的基本需求。但是，如果旅行社要想获得最多的利润，这样就不行了。

在旅行社采购过程中，影响采购合同价格的因素包括两个方面。一方面来自旅行社，包括企业的知名度、客户对你的信任程度、我方的竞争程度、我方的沟通能力。另一方面来自客户方，包括客户的谈判能力、客户的准备和相关知识的储备、客户应对变化的能力对抗、客户的认真程度、重视程度等。

1. 根据客户的需求选择计调，最大化地使用人力资源

旅行社每个接待计划的不同，造成旅行社计调熟悉的线路和谈判能力的不同以及工作忙碌的程度不同。所以，要想提高旅行社客户谈判的命中率和利润率，必须制定一套高效的谈判接待流程，首先要避免某个计调因为工作量太大而忽视了客户，也要避免熟悉某个线路的计调去接手他并不熟悉的计划。也要避免好的计调把时间浪费在一些无论长期或短期收益都比较低的计划上。

2. 针对客户的需求确定影响谈判的因素，有针对性地实施谈判策略

客户要求，包括价格、线路、日期、人数、标准、可能产生的变化以及可能产生的竞争。旅行社计调在团队谈判的时候如果没有变化意识和竞争意识是很难在谈判中取胜的。通常在没有竞争的环境下，老客户和一些特殊的关系使团队接待谈判成为很舒服的谈判。但是，多数情况下是有竞争性的谈判，很少有客户会主动告诉计调人员关于竞争对手的情况。如果真有客户主动告诉计调人员，那么多半是在竞标情况下。在竞标情况下，即便再大的客户团队也不会获得太多的利润。因此，出于锻炼新人的目的一般会派出新手，让他们自由发挥，即使输了也不会影响大局，赢了对他们的成长和自信有很多好处。

另一种情况就是竞争性谈判，主要的方法是通过了解和试探询问的过程谈判。这就需要计调平时的积累了，不仅要了解自己的竞争情况，还要了解客户的认真程度、了解客户的性格。但是千万不要太相信自己的判断，避免进入先入为主的误区，要做好多手准备。有时候错觉很害人。

六、哈佛经典商战谈判技巧

（一）适时反击

反击能否成功，就要看提出反击的时间是否恰当。反击只有在对方以“恐怖战术”来要挟你时方能使用，所以，它也可以说是一种以退为进的防卫战。

（二）攻击要塞

谈判，尤其是有关公务的谈判，参加者通常不止一人。在这种“以一对多”或“以多对多”的谈判中，最适合采用的就是“攻击要塞”。

谈判对手不止一人时，实际上握有最后决定权的，不过是其中一人而已。在此，我们姑且称此人为“对方首脑”，称其余的谈判副将们为“对方组员”。“对方首脑”是我们在谈判中需要特别留意的人物，但也不可因此而忽略了“对方组员”的存在。

谈判时，有时你无论再怎么努力也无法说服“对方首脑”，在这种情况下，就应该转移目标，向“对方组员”展开攻势，让“对方组员”了解你的主张，由他们来影响“对方首脑”。其过程也许较一般谈判辛苦，但是，无论做任何事，最重要的就是要能持之以恒，再接再厉，才能获得最后的成功。

当你无法说服“对方首脑”时，就要另辟蹊径，把攻击的矛头指向“对方组员”。这正如古时候的攻城略地一般，只要先拿下城外的要塞，就可以长驱直入了。

攻占城池，要先拿下对城池具有保护作用的要塞，如此一来，就如入无人之境了。同理，在无法说服时，便应改弦易辙，设法通过“对方组员”来动摇“对方首脑”的立场。

使用“攻击要塞”战术时，关键在于“有变化地反复说明”。很显然地，“对方首脑”已经不止一次地听过了你的主张，而现在，如果要再拿同样的说辞对“对方组员”展开游说，“对方首脑”自然感觉兴味索然。而“对方组员”也一样，对你一成不变的陈述方式，也不可能专心聆听的。所以，目的虽然相同，但是，在反复说明的过程中，就要特别留意其中的变化性，以免收到反效果。另外应注意的是，纵然你已经认真地说服了“对方组员”，但是，这却无法保证“对方组员”也会像你认真地说服他们般的去说服“对方首脑”。要是“对方组员”不肯这么做，即使你用尽了全力，“攻击要塞”战术还是难以奏效的。

（三）“白脸”“黑脸”

有一回，传奇人物——亿万富翁休斯想购买大批飞机。他计划购买 34 架，而其中的 11 架，更是非到手不可。一开始，休斯亲自出马与飞机制造厂商洽谈，但却怎么谈都谈不拢，最后这位大富翁勃然大怒，拂袖而去。不过，休斯仍旧不死心，便找了一位代理人，帮他出面继续谈判。休斯告诉代理人，只要能买到他最中意的那 11 架，他便满意了。而谈判的结果，这位代理人居然把 34 架飞机全部买到手。休斯十分佩服代理人的本事，便问他是怎么做到的。代理人回答：“很简单，每次谈判一陷入僵局，我便问他们——你们到底是希望和我谈呢？还是希望再请休斯本人出面谈呢？经我这么一问，对方只好乖乖地说——算了算了，一切就照你的意思办吧！”

要使用“白脸”和“黑脸”的战术，就需要有两名谈判者，两名谈判者不可以一同出席第一回合的谈判。如果两人一起出席，若是其中一人留给对方不良印象，必然会影响其对另一人的观感，这对第二回合的谈判来说是十分不利的。

第一位谈判者唱的就是“黑脸”，他的责任在于激起对方“这个人不好惹”“碰到这种谈判的对手真是倒了八辈子霉”的反应。而第二位谈判者唱的是“白脸”，也就是扮演“和平天使”的角色，使对方产生“总算松了一口气”的感觉。就这样，二者交替出现，轮番上阵，直到谈判达到目的为止。

第一位谈判者只需做到使对方产生“真不想再和这种人谈下去了”的反感便够了，不过，这样的战术，只能用在对方极欲从谈判中获得协议的场合中。当对方有意借着谈判寻求问题的解决时，是不会因对第一位谈判者的印象欠佳而中止谈判的。所以，在谈判前，必须先设法控制对方对谈判所持有的态度，如果是“可谈可不谈”，那么“白脸”与“黑脸”战术便派不上用场了。

前面已经提过，谈判在自己的地盘上进行较为有利，但是，在使用“白脸”与“黑脸”战术时，却以在对方的阵营中进行谈判为佳。不管第一位上阵的谈判者用什么方式向对方“挑战”，如果谈判是在对方的阵营中进行的话，基于一种“反正这儿是我的地盘”的安全感，对方通常不会有过度情绪化的反应。因此，当第二位谈判者出现时，他们的态度自然也不至于过分恶劣了。

相反地，若谈判是在自己的地盘进行，而对方又被第一位上阵的谈判者激怒了的话，便很可能拒绝再度前来，或者干脆提出改换谈判地点的要求。一旦谈判地点变更，对方便可能因此而摆脱掉上回谈判所带来的不悦，重新振奋起来，以高昂的斗志再度面对你的挑战。果真如此，那么“白脸”与“黑脸”战术的效果就要大打折扣了。

“白脸”与“黑脸”战术的功效源自第一位谈判者与第二位谈判者的“连线作业”。第二位谈判者就是要利用对方对第一位谈判者所产生的不良印象，继续其“承前启后”的工作。第一位谈判者的“表演”若未成功，第二位谈判者自然也就没戏可唱了。

（四）“转折”为先

“不过……”这个“不过”，是经常被使用的一种说话技巧。有一位著名的电视节目主持人在访问某位特别来宾时，就巧妙地运用了这种技巧。“我想你一定不喜欢被问及有关私生活的情形，不过……”这个“不过”，等于一种警告，警告特别来宾，“虽然你不喜欢”“不过我还是要……”在日常用语中，与“不过”同义的，还有“但是”“然而”“虽然如此”等，以这些转折词作为提出质问时的“前导”，会使对方较容易作答，而且又不致引起其反感。

“不过……”具有诱导对方回答问题的作用。前面所说的那位主持人，接着便这么问道“不过，在电视机前面的观众，都热切地希望能更进一步地了解有关你私生活的情形，所以……”被如此一问，特别来宾即使不想回答，也难以拒绝了。

（五）缓和紧张气氛

在谈判时，当问题本身颇为复杂，叫人难以开口，但却又非问不可时，通常便得使用“缓动”的技巧。说话的缓动技巧，具有防止对方发怒，使谈判得以顺利进行的作用。

在谈判过程中，我们有时难免会变得情绪化，有时则不得不提出某些涉及人身攻击的问题，有时又不可避免地与曾是你手下败将的谈判对手再度会面。在这样的情况下，你应该如何处置呢？这里举个例子说明。假设你现在的谈判对手，在不久之前，才和你谈过一个有关土地买卖的问题，当时对方觉得你所提出的价格非常合理，但事后却越想越不对，越想越觉得价格太低，自己吃了个大亏。在这种情况下，当这位谈判对手再度与你面对面，讨论另一个有关土地买卖的问题时，必然是心不平、气不和的。所以，无论你开出的价格再怎么合理，对方一定不肯轻易地同意。他之所以不肯同意，并非价格合不合理的问题，而是他已打定了主意，要以更高的价格把土地卖出，以弥补上一次的损失。

类似这样的例子经常发生。所以，当你发现眼前的谈判对手对你心存不平时，就不得不慎重处理，小心应付，而化干戈为玉帛的最好方式，便是一开始就诚恳、开门见山地向对方进行解释，以消除其蓄积于心中的不满与怨气，让一切能重新开始。

也许你可以这么说："上一次土地买卖的事已经过去了，现在想来，我确实有些抱歉，不过……"接着便要设法让对方明白，心中也不再怨恨不平，谈判便可以顺利地进行了。这就是所谓说话的缓动技巧。

（六）话中插话

"话中插话"的说话缓动技巧，具有改变整个谈判形势的力量。

【思考与讨论】

1. 在旅游采购的过程中如何体现谈判技巧？
2. 请分析景区、交通、饭店谈判技巧，并制订谈判方案。

【训练任务】

请运用商务谈判技巧，与景区、交通、饭店部门拟定学生北京5日暑期游采购方案。

【案例分析】

不可抗力改变旅游行程旅行社有无责任

14日，长春市民赵女士向本报反映：她参加长春市某旅行社北戴河、秦皇岛5日游（双飞），因飞机航班延误滞留机场，有114名游客取消了行程，但包括赵女士在内的27人认为计划已安排好，要求继续旅行。然而，飞机在行至山海关上空时，因雾大无法安全着陆，只得按原线返回沈阳机场。

在天上转了一圈的赵女士感觉非常郁闷，认为旅行社和航空公司应该向游客赔偿。旅行社表示，他们已与游客签订了全额退款协议，由此发生的购票、食宿预订费用由旅行社全部承担。

无独有偶，当日一批参加长白山旅游团的游客也遭遇了类似情况。长春市民朱女士等人在途经长白山的一座桥时，由于桥被雨水冲毁，无法到达长白山而中途折返。对于旅行社只承诺返给游客70元的长白山旅游票款（全程300元/人），朱女士等人表示不满，与旅行社发生纠纷。

问题：那么，上述两种情况，旅行社该负什么责任呢？消费者提出的赔偿合理吗？

项目六

旅游产品的市场推广

开篇案例

广之旅的品牌化之路

近年来，随着休闲旅游和自驾游的兴起，游客对旅行社的出行依赖大为降低。与此同时，国内旅行社的数量规模多年来持续膨胀。为争夺有限的客户资源，部分旅行社采用价格竞争的手段谋求生存，结果却陷入低价恶性竞争的泥潭而难以自拔。面对新的市场环境，旅行社怎样才能摆脱低价恶性竞争的市场梦魇，在凤凰涅槃之中获得新生，重新步入健康发展的快车道呢？广之旅国际旅行社（以下简称广之旅）的品牌发展战略，给了我们重要而深刻的启迪。

1. 以客为师，深化扩展品牌内涵

市场不变的法则就是永远在变。旅游消费者的实际需求是在变化的。企业只有不断研究消费者，不断开发新产品，推出新服务，才能保持市场竞争力。事实上，许多成功品牌都保持一种持续演进的状态，根据市场需求的变化及时作出与之相适应的调整。

广之旅在创新产品和服务的过程中，十分注重搜集市场信息，采取客户座谈会、意见咨询卡、问卷调查和电话访问等多种方式，随时掌握旅游市场的消费趋势，以此指导旅游线路新产品的开发。1994 年元旦，广之旅利用广州至曼谷通航之机，开辟广州至泰国直航团线路，改变以往赴新、马、泰必须取道香港的传统做法，降低了成本费用，以极具竞争力的价格吸引市场，创下一周内出团近千人的纪录。1998 年，广之旅出资十万元，向社会各界公开征集对旅游业、旅行社发展思路以及旅游服务质量等方面的意见和建议，就广之旅经营管理、服务质量、宣传策划、旅游线路和旅游行程安排等方面的问题，求教于广大市民和旅游消费者。该活动收到社会各界的来信近 2000 封，取得良好的社会反响。此次"以客为师"的做法，为公司的新产品开发决策，提供了重要依据。

2. 完善网络，提高品牌辐射能力

旅游品牌要切实转化为实实在在的业绩增长，除做好产品和服务外，还应结合独特的、富有成效的营销策略，通过铺设贴近消费者的渠道网络，强化品牌传播，达到促进销售的目的。

随着旅游市场的进一步开放，国内旅游市场最终会与国际旅游市场接轨。因此，广之旅主动出击，走出国门积极参与国际市场的竞争。通过参股和控股等形式，广之旅已先后在澳门、北京、泰国、法国等地建立了分支机构。一方面，在当地有针对性地进行促销，促进入境游的发展；另一方面，海外销售网络又成为公司旅游创汇的新增长点。而更重要的是，广之旅在海外设立分支机构，不但使旅游服务质量更有保证，而且使海外市场的消费者能进一步熟悉和了解广之旅品牌。事实上，泰国广之旅已成为泰国旅游局对外推荐的专门接待中国游客的25家旅行社之一。

3. 营销公关，参与社会公益活动

在广之旅的品牌崛起过程中，大规模的持续不断的营销公关，可谓功不可没。近年来，广之旅运用报纸、杂志、电台、电视和互联网，立体化、不间断地大量发布系列旅游广告，向顾客及时传递公司旅游产品信息。同时，策划"美在花城"等一系列大型活动，树立公司品牌形象。此外，还借鉴国外旅游同行的成功经验，率先进军电视领域，斥资数十万元分别与广东电视台合作推出"无限风光广之旅"栏目，与广州电视台合作推出"广之旅，哪里最好玩"栏目，丰富广东电视台的旅游资讯，引导广东游客的旅游消费。

此外，广之旅还通过参与旅游文化建设，努力塑造"旅游文化行家"的品牌形象。近年来，广之旅积极倡导和参与繁荣广东文化的各项活动。先后和《南方日报》合办"旅游百家谈"征文大赛，促进旅游理论研究和宣传；与省新闻工作者协会合办"广之旅杯"旅游好新闻大赛，推动广东省的旅游宣传事业；举办两次"广之旅杯"旅游摄影大赛，并将获奖作品在报章上发表及公开展览，借此推动高层次的旅游消费，倡导别具特色的旅游文化。这些活动形式多样，立意各异，除在社会上产生一定影响外，更吸引旅游界、新闻界、摄影界及社会各界人士积极参与。据统计，光是摄影大赛一项，就吸引全国各地摄影爱好者近千人参加。

在广之旅集团总部的大厅中央，有一只由中国质量协会颁发的服务品质最高奖——"中国用户满意鼎"。这是中国质量协会向中国旅游行业颁发的第一个"满意鼎"。它象征着国内旅行社业质量管理的最高荣誉，也是广之旅20多年来诚信经营和卓越管理的现实写照。

资料来源：上海市场营销网

知识目标

- 掌握旅行社产品价格制定的基本程序与方法。
- 掌握旅游销售市场的基本分析方法。
- 掌握制订旅行社销售方案的基本方法。

能力目标

- 能制定旅行社产品价格。
- 能编制旅行社市场分析报告。
- 能制订旅行社常规销售方案。

任务一　制定旅行社产品价格

【任务引入】

小王今年从某大学旅游管理专业毕业，进入广州一家较大的旅行社做导游，已经过了3个月的试用期，他的表现得到公司上下的一致认可，上个星期调到计调部上班，主要负责线路的策划和推广。近年来，广东的出境旅游发展非常迅速，特别是中东地区的旅游市场增长较快，面对这个巨大的市场机遇，公司要求计调部抓紧时间设计出中东风情旅游的整体产品方案，包括制定出具体的产品价格，并对整个广东出境旅游市场状况进行基本分析，最终制订出合理可行的销售方案。

【任务分析】

近年来，随着消费者各方面水平的提高和体育营销的大力推广，大型体育赛事逐步成为旅游市场开发的重中之重。亚运会第二次在中国举行，并且就在广州举行，对于在广州两小时经济圈内的河源更是有巨大的旅游市场。小王作为计调部主要负责线路策划和推广的工作人员，要对整体的亚运旅游市场进行基本判断，策划出旅行社线路，并制定出具体的产品价格。请各小组都设计出一条广州亚运旅游线路及提出报价，并说明定价的方法及理由。

【知识储备】

旅行社产品价格的构成非常复杂，旅行社产品是“后生产性”产品。整体设计好了，销售出去的实际上是一套旅行社产品生产方案，然后才是价格与价值的一一验证。生产旅行社产品过程中，代收代付几乎贯穿旅行社产品生产的始终。熟悉价格行情和讨价还价能力是旅行社产品设计人员必备的专业素质之一。

一、旅行社产品价格概述

制定符合市场需求的旅行社产品价格，应对其含义、影响因素及定价方法步骤有正确且完整的认识。

（一）旅行社产品价格的含义

旅行社产品价格是由旅游供给和旅游需求共同决定的，旅行社为旅游者提供的满足其旅游活动需求所购买的旅游产品的价格。

（二）旅行社产品价格的特殊形式

1. 旅行社产品差价

由于旅游行业的综合性和季节性强，同时也受到旅行社行业之间价格竞争的影响，旅行社产品差价以一种常态出现。同种旅行社产品由于季节、地点、质量以及购销环节等具体原因有一定的价格差异。一般的旅行社产品差价主要有季节差价、地区差价、质量差价、批零差价等具体表现形式。

2. 旅行社产品促销价

因为旅游需求在不同的市场条件下存在较大的差异，旅行社提供的产品也各有不同，不同产品不同销售方式也就直接致使旅行社在明码公布的门市价格基础上，基本上都会给消费者一定的折扣或者其他的优惠条件。同时随着旅行社竞争的激烈程度不断加大，旅行社为了使企业在市场当中保持竞争力、产品推广成功等，也都进行一系列的市场促销活动，这样也就出现了促销价这一特殊形式。

一般来说，旅行社产品促销价主要有 4 种形式：①常客积分促销价，也就是对于经常有业务关系的消费者个人和团体单位实行优惠折扣；②对到达一定购买量实行价格优惠；③特殊群体促销折扣，比如，同行业者、军人、教师、学生、本地市民、残疾人士等；④节假日及重要事件促销价格，如对于刚刚完成高考的高中生实行旅游线路优惠，三八妇女节的促销价格等。

（三）旅行社产品价格制定的原则

在旅行社企业中，特别是私营旅游企业中，一般由最高决策者或者决策层确立总的价格制定目标和原则，再由具体部门人员按定价目标和原则制定出不同产品价格报给最高决策者或者决策层审批确定，最后实行市场推广。旅行社产品价格制定主要的原则有以下几条。

1. 利润最大化原则

利润是市场经济中所有企业运营的直接目的，制定具体产品价格时自然就应该以利润最大化为原则。但利润最大化并不等同于制定最高价格，而是在一定市场周期内以各种不同的符合市场需求的价格出现，旅行社应该将追求利润最大化作为一个长期目标，不可盲目追求当前利益，从而直接导致定价不合理。

2. 销售量及市场份额最大化原则

旅行社要达到一定的盈利目标，就必须使自身的产品在市场当中达到一定的销售量或市场占有率。销售量提高的同时，市场份额自然也会相应提高。但旅行社在制定产品价格时不能盲目追求销售量及市场份额最大化，这样容易导致盈利微薄且价格恶性竞争的市场局面。

3. 应付行业竞争的原则

每个旅行社都会处在不同的市场状况和发展阶段之中，对于旅行社来讲，应付行业竞争往往是制定价格和及时调整价格的重要原则。中小旅行社由于本身市场实力有限，很多时候用价格来避开直接竞争，或用价格来进行直接竞争，而大型旅行社或者行业领袖在应付竞争时则会有更多的方式选择。

4. 产品质量保证的原则

不管旅行社如何追求利润和应付行业竞争，有一条根本原则是不管以何种价格策略面对市场，旅行社产品必须有质量保证，绝不可以牺牲产品质量来降低市场价格，从而形成价格恶性竞争。当旅行社长期经营时，高质量的产品和服务往往会给企业带来长期平均成本的降低，最终形成更为突出的竞争优势。

二、旅行社产品价格制定的影响因素

产品价格受到市场供求关系的诸多影响，从旅行社企业角度来看，影响旅行社产品价格制定的因素分为旅行社可控因素和旅行社不可控因素。

（一）旅行社可控因素

1. 旅行社产品的成本

成本是影响旅行社价格制定的最直接因素，它决定了旅行社产品在市场中运作的最低限度。旅行社产品的组合性特别强，导致旅行社的成本控制相对较复杂，很多旅游包价中的单项产品成本的变化对整体价格影响很大，但旅游包价的总成本是由旅行社企业控制的，从而有成本优势的旅行社往往可以制定出具有市场冲击力、有吸引力的价格。如一些旅行社由于自己合股投资建设了景区，就可以获得更低的门票价格，其旅游线路的成本就随之降低，从而获得同等条件下的更低旅游包价，这也是这几年来，旅游资源不断整合，旅游集团航母不断出现的直接原因。

2. 旅行社产品的定位

产品定位的目的是向目标消费者传递一种产品形象，而价格则是产品形象的一个直接代表。旅行社产品乃至旅行社的市场定位将对价格的档次起着直接作用。例如，一家旅行社的一条线路如果定位在高档消费者，故宣传也是要给消费者传递一种高品位、高身份的产品形象，而其不菲的价格就向目标市场传递了这样的信息。

3. 旅行社产品的特色

由于旅游产品的特殊性，“人无我有，人有我优，人优我特”的旅游产品肯定会吸引更多旅游者的注意，则其价格的制定拥有了有利条件，最终价格也通常比同类产品要高。

4. 旅行社产品的市场目标

旅行社产品的所有价格都要服从旅行社的市场目标，如果旅行社以迅速占有市场份额为目标的话，肯定会以低价策略进入市场，如果以高端市场为细分目标的话，肯定会以高价格策略进入市场。

（二）旅行社不可控因素

1. 目标消费者因素

目标消费者因素可以细分为很多不同因素，这里主要从以下两点来看。

(1) 目标消费者的购买能力。假如某一旅游线路能引起目标消费者的购买欲望，但价格超出了其购买能力,目标消费者自然不会购买。

(2) 旅游市场供求关系。旅游市场的淡旺季有很大的区别,需求量大的时候往往供不应求,此时旅行社产品价格必然也相应提高。

2. 政府及法律不可控因素

任何国家都拥有自己的经济政策,政府对旅游市场价格进行直接干预一般有两种情况:①为保护旅游者的利益,通过法律规定旅游产品的最高限价,从而限制某些从不正当竞争中牟取暴利的行为,如广交会政府对酒店价格的限制;②为保护和扶持旅游企业,限制恶性削价竞争而制定最低保护价。

3. 重大突发不可控事件

如 2017 年 8 月 8 日在四川省北部阿坝州九寨沟县发生的 7.0 级地震,使得九寨沟旅游业在一段时间内受到严重影响。而“9·11”恐怖事件、“非典”等重大突发不可控事件对旅行社乃至整个旅游产业也是极大的打击,曾经导致旅游市场一度低迷,而旅游价格也是久久不能抬头。

三、旅行社产品价格制定的基本程序

旅行社产品价格的制定不能盲目进行,而应根据目标市场消费能力、产品单个成本、市场环境等各种综合因素有步骤地进行。一般情况下,旅行社产品价格制定可以按以下 5 个步骤进行。

(一) 目标市场消费能力判断

由于目标市场的购买力是有限的,而且需求处于变化状态,所以对目标市场的消费能力判断将为设定旅游产品价格上限提供依据。如果制定的价格高于目标消费者的购买能力,顾客就无力购买,购买行为也就无法产生,销售目标也就不可能实现了。

(二) 旅行社产品成本估算

产品的成本估算是旅行社为旅行社产品寻找一个价格下限,只有处在旅游价格上限与下限之间的旅行社产品价格,才能使旅行社与目标消费者同时获得满足,从而实现交易。

(三) 市场环境分析

不同的市场环境下,旅行社产品的价格也会有所波动。在设定旅行社产品的价格下限之后,还不能立即确定市场价格,还应了解市场环境的状况,如竞争对手的价格水平和政府的限价措施等。市场环境分析还包括企业面临的各种外部机会和威胁,这些机会和威胁不但在营销方面,还在旅行社运行团队、旅行社资金运转等方面对旅行社产品价格产生影响。

(四) 定价策略的选择

根据不同的市场环境及目标消费者的阶段性需求特征,旅行社产品定价的策略主要有心理定价策略、促销定价策略及新产品定价策略等。旅行社必须根据不同的关键因素结合旅行社的经营目标来选择不同的定价策略，如旅行社线路经常采用吉利数字价格6或8，使用尾数的价格2999或3999等，就是运用心理定价策略，让消费者更容易接受。

（五）确定定价的具体方法

进行了以上4个步骤，综合考虑了旅行社的内外因素之后，就是确定定价的具体方法，定价的具体方法主要有成本导向定价法、需求导向定价法及竞争导向定价法。

四、旅行社产品价格制定的方法

价格制定方法的确定是旅行社价格制定的最后一个步骤，更是一个具体到量的步骤。定价的具体方法如下。

（一）成本导向定价法

成本导向定价法是以成本为中心和出发点的定价方法，在产品成本之上再加一定数量或一定比例的量，从而最终形成产品的价格。成本导向定价法主要有两类，即成本加成定价法和目标收益定价法。

1. 成本加成定价法

成本加成定价法是在产品的成本之上加上适当的加成百分比进行定价。其公式为

单位产品价格＝单位成本×(1＋加成率)

公式中，加成率是指预期利润占产品单位成本的百分比，时间不同、地点不同、环境不同及行业市场环境不同，加成率也不同。

2. 目标收益定价法

目标收益定价法力求为企业带来适当利润以弥补投资成本。采用目标收益定价法，首先要确定目标收益率及目标利润，预测总成本(固定成本加变动成本)，并预期销售量，最后确定产品的价格。其公式为

产品价格＝(总成本＋目标利润)÷预期销售量

目标收益定价法适合于在市场上占有率很高的大型旅游企业或具有垄断性的企业采用。

（二）需求导向定价法

以需求为中心的定价方法强调应依据消费者对产品价值的认知和对产品的需求来确定价格，而不是以生产成本为中心制定价格。需求导向定价法主要有两类具体方法，即理解价值定价法和差别定价法。

1. 理解价值定价法

理解价值定价法是指以旅游者对产品价值的理解价格和认知程度作为依据制定旅行社产品价格的定价方法。

理解价值定价法的主要根据：①旅行社产品和服务能给旅游消费者的利益回报；

②旅行社产品和服务的市场品牌形象；③旅行社具体产品和服务的独特性。

2. 差别定价法

差别定价法也叫区分需求定价法，是指旅行社可以对不同的顾客、不同的时间和地点，依据基本价格而确定不同的价格。

这种方法在具体实施时，主要有以下 4 种方法：①对不同的消费群体，可以有不同的价格；②对式样不同的同种产品，制定不同的价格；③不同的地理位置价格不同；④不同的季节、时间，可以有不同的价格。

（三）竞争导向定价法

竞争导向定价法即随着竞争状况的变化确定和调整价格，具体方法如下。

1. 率先定价法

率先定价法是指旅游企业根据市场竞争环境，率先制定出符合市场行情的旅游产品价格，为吸引游客而争取主动权的定价方法。

2. 随行就市法

随行就市法又称为流行水准定价法，是根据旅游市场中同类产品的平均价格水平，或以竞争对手的价格为基础的定价方法。

竞争导向定价法无论采用具体方法的哪一种，都必须认真地进行市场调查研究，在此基础上全面地分析竞争对手、竞争环境和企业自身条件等各方面情况，不能盲目跟随定价。

另外，旅行社因其行业特殊性，核算产品价格成本时应该注意以下几点：①对旅游者的报价中的每一个单项的价格，都不能高过该单项对游客的报价，要提醒相关合作者；②综合考虑单团规模，做大团；③不可忽视司陪人员费用；④季节变化给旅游产品成本带来的影响；⑤旅游供给局部的短缺与过剩给旅行社产品成本带来的变数。

五、旅行社产品的定价策略

（一）心理定价策略

心理定价策略是为刺激和迎合消费者购买旅游产品的心理动机的一种定价策略。它包括尾数定价策略、声望定价策略、价格线定价策略等。

1. 尾数定价策略

（1）奇零定价策略是旅游产品按照一个零头尾数结尾的非整数价格来定价。这种策略给消费者一种便宜的感觉。

（2）整数定价策略是采用合零凑整的方法制定整数价格。此定价法可以满足旅游者显示自己的地位、声望、富有等心理需要。

2. 声望定价策略

声望定价策略是根据旅游产品在消费者心目中的威望，制定较高价格的一种定价方法。名优旅游产品最适宜采用此法，因为消费者有崇尚名牌的心理，往往以价格判断质量，认为高价代表高质量。实施声望定价策略的条件：其一，旅游企业有较高的社会声誉，其旅游产品必须是优质的，并有不断的改进；其二，价格不能超过旅游者心理上和经济上的承受能力。

3. 价格线定价策略

价格线定价策略是指针对不同档次的产品，制定不同的价格。价格线非常明确地向目标市场呈现了产品档次的差别，在制定价格线时应充分考虑几种价格水平之间的配合。实施价格线策略应注意：①档次划分要适当；②价格差别既不能过大，也不能过小。

（二）促销定价策略

这是一种促销导向的定价策略，定价时要考虑企业促销活动的需要，使价格与促销活动相互协调。

1. 价格领袖策略

旅游企业在自己的产品结构中，把某些产品的价格有意定得很低，给予特价优惠，接近成本，甚至低于成本，并加大宣传。其目的是使消费者在购买这种产品的同时，购买其他产品，扩大销售，使总利润上升。

这种策略容易使顾客对产品的档次产生怀疑，形成一种低档产品的印象。

2. 专门事件定价策略

当企业进行专门的促销活动或逢重要的节假日，可以借机进行特价促销。一般来说，在旅游淡季采用这种策略更为适宜。

（三）新产品定价策略

1. 市场撇取定价策略

这是一种高价策略，是指新产品上市初期的定价较高，以便在较短的时间内获得最大利润的一种定价策略。

这种定价策略的优点十分明显：①可以在短时间内取得较大利润；②有较大的降价空间；③可提高产品的身价；④可以限制竞争者的加入。

这种定价策略的不足主要是因价格较高，销路难以扩大。

因此在选择使用市场撇取定价的时候，市场条件要满足以下3点：①产品独特性较强，是不易被模仿的新产品；②有足够的顾客能接受这种高价并愿意购买；③竞争者在短期内不易打入该产品的市场。

2. 市场渗透策略

市场渗透策略与市场撇取定价策略截然相反，是将新产品以低价格投放市场。其目的是迅速占领市场，取得较高的市场份额。

这种定价策略的优点是比较容易打开产品销路，扩大销售量。这种定价策略的不足是投资回收期较长，价格变化余地小。因此在选择使用市场渗透策略时，其适用条件也主要有3点：①目标市场必须对价格敏感；②特点不突出的旅游产品；③生产和销售成本必须能随销量的扩大而降低。

3. 满意价格策略

满意价格策略也叫适宜定价策略，是一种折中的定价策略，它介于市场撇取定价策略和市场渗透策略之间。它既能保证企业获得一定初期利润，又能为消费者所接受。

这种定价策略的优点是价格较稳定，在正常情况下，仍可获得一定的利润，避免不必要的竞争。这种定价策略的不足是保守、被动，缺乏适应性。

（四）价格调整策略

1. 折扣价格策略

折扣价格策略是根据不同的交易方式、数量、时间及条件，在基本价格的基础上加上适当的折扣形成实际售价的定价策略。目的是通过让价，稳定老顾客、吸引新顾客，从而加快资金周转。折扣价格策略的主要价格折扣形式如下。

（1）数量折扣。数量折扣是企业鼓励中间商或消费者大批量购买，根据购买数量大小给予不同的折扣，主要包括两种折扣形式：①一次性批量折扣，就是当旅游产品的购买数量或金额达到规定的要求时，可得到折扣优惠；②累计批量折扣，即根据一定时期内累计的购买总量给予的折扣优惠，这种折扣形式常见于酒店与其他企业之间。

（2）现金折扣。现金折扣是企业为鼓励旅游消费者早付款或者采用指定的付款方式而对快速付款或按指定方式付款的购买者给予价格折扣，主要有以下方式：①预订折扣，为鼓励消费者提前预订并缴纳预付款，旅游企业可以给予一定的折扣；②时间折扣，为鼓励消费者较早付款或在规定的日期付款，将给予一定的价格折扣；③付款方式折扣，因为刷卡等结账方式会带来相应的手续费用，很多旅游企业鼓励消费者采用现金结账，这样就可以给消费者相应的价格折扣。

（3）功能折扣。功能折扣是指旅游企业对旅游中间商或者是同行业者给予的价格优惠。因为不同的销售渠道具有不同的功能，带来的销售利益也不同，所以旅游企业给予的服务和价格折扣也不尽相同。

（4）季节折扣。季节折扣是指旅游企业对那些在旅游淡季购买旅游产品的旅游消费者给予的价格优惠，这一折扣形式可以使企业保持全年经营的相对稳定性，使淡旺季相对平衡。

2. 价格变更策略

当旅游企业的市场状况不佳或者面临市场各种竞争，企业又别无他法时，应主动进行价格变更，同时还要对价格变更后的市场状况和消费者反应进行分析及反馈。

旅游企业主动进行价格变更，一般是企业在感受到价格改变的必要性之后率先进行的价格变动。主要分为主动降价和主动提价两种形式。

（1）主动降价。主动降价的原因：①企业可能面临着生产和服务能力过剩的状况；②面临着日趋激烈的竞争，市场份额大幅下降；③企业为开拓新市场，通过削价的方式来扩大市场份额；④旅游企业决策者预期削价会扩大销售。

主动降价有可能带来的问题：①降低价格也未必会增加企业的总销售量；②降价之后，成本所占的比例会增大；③可能引起企业间的价格战；④不容易恢复原先的价格。

（2）主动提价。主动提价的原因：①产品成本增加，减少成本压力；②通货膨胀，减少企业损失；③产品供不应求，遏制过度消费；④利用旅游者心理，创造优质效应。

主动提价要把握好市场时机，主要的时机有：①产品在市场上处于优势地位；②产品进入成长期；③季节性商品达到销售旺季；④竞争对手产品提价。

(3) 购买者对旅游产品价格变动的反应。在一定范围内的价格变动是可以被旅游产品购买者接受的；提价幅度超过可接受价格的上限，则会引起消费者不满，产生抵触情绪，而不愿购买该旅游产品；降价幅度低于下限，会导致旅游产品购买者的种种疑虑，也对实际购买行为产生抑制作用。

在旅游产品知名度因广告而提高、旅游者可支配收入增加、通货膨胀等条件下，旅游产品购买者可接受价格上限会提高；在旅游产品购买者对产品质量有明确认知、收入减少、价格连续下跌等条件下，下限会降低。

旅游产品购买者对某种产品削价的可能反应：旅游产品将马上因式样陈旧、质量低劣而被淘汰；旅游企业遇到财务困难，很快将会停产或转产；价格还要进一步下降；产品成本降低。

而对于某种旅游产品的提价则可能这样理解：很多人购买这种产品，我也应赶快购买，以免价格继续上涨；提价意味着产品质量的改进；企业将高价作为一种策略，以树立名牌形象；卖主想尽量取得更多利润；各种商品价格都在上涨，提价很正常。

【思考与讨论】

1. 举例说明决定旅行社产品价格的主要因素有哪些。
2. 陈述旅行社定价的方法，并简要说明旅行社在什么情况下使用这些方法。
3. 选择当地一条经典线路对其定价策略进行分析讨论。

【训练任务】

请各小组选择当地一条经典两日游线路，并对当地全部旅行社对此线路的报价进行调查列表，并分析为什么旅行社有不同报价。

【案例分析】

对特殊旅行社产品定价策略失当，北京旅行社错失 F1 商机

F1 上海站比赛 26 日盛装开幕，十余万来自国内外的观众一起涌到上海，其中，北京的游客超过 2000 人。但遗憾的是，北京的旅行社却没能成功地组出一个“F1 赛事游”团，让人大跌眼镜。

F1 上海站比赛的观赛票在中国总共销售了 15 万张，在开赛前一个月就已全部售完，从 300 多元的站票到最高近 3 万元的贵宾围场票，分别由上海的多家机构负责分销，其中包括中国最大的国内旅行社——上海春秋国旅。它在北京的全资子公司——北京春秋国旅国旅向总社申请了 1027 张票，这是北京分到的散票量。

北京春秋国旅总经理杨洋介绍，1027 张票在 8 月底就已经售完，北京春秋想向总社追加时，发现上海总社的票都不够卖，无法追加。北京春秋国旅卖这 1027 张票可以得到

3%～18%的回佣,卖票赚了多少钱,杨洋并不透露,只告诉记者,卖满1000万元才能得到18%的回佣,卖满100万元只有3%回佣。按每张票最高3700元计算,北京春秋国旅的门票销售额最多也才380万元,能得到的回佣不过区区几万元。

此前在7月,北京春秋国旅曾向媒体表示要借助票源优势,对该社从北京出发的华东5日游添加F1赛场参观以及观赛项目,打造成"F1观光游",而昨天杨洋苦笑着说,北京春秋国旅基本没有组织人进行"F1观光游",目前走的还是普通的华东5日游。问其原因,他只表示"说来话长"。

记者向中青旅、国旅、港中旅等其他北京大社了解的情况也不容乐观。各社负责人纷纷表示,由于没有获得门票的代销权,缺乏首要的成团因素——观赛票,且向春秋国旅买票再卖成本更高,加上F1有一定专业性,所以他们根本没有过要开发F1相关旅游产品的想法。因而,虽然北京有庞大的F1迷群体,北京旅行社在相关旅游产品和配套服务的开发与运作上几乎是一片空白。

谈到这次几乎交了白卷的原因,杨洋对记者大吐苦水,北京春秋国旅拥有了卖票权之后不是不想赚钱,而实在是不确定因素太多。

上海当地的交通问题。本来以为可以像以前一样采用普通包车,每位游客每天20元即可,后来却发现上海临时规定每辆包车都需要购买专用通行证,每天场外400元、场内600元,而且不同车之间不能转用,如果用出租车,只能停在离赛场3千米的地方,游客只能步行,所以多出来的成本让旅行社措手不及。

酒店房价问题。普通三星酒店平时只要150元人民币,而F1期间疯涨到700～1000元,五星级酒店更是从260美元涨到600美元,对于需要提前向客人报价的旅行社来说实在是动作跟不上变化。

游客消费心理问题。真正有钱的、专业的车迷不会选择跟旅行社去看F1,会自己订好住宿和交通,不会在意价格。相当一部分人是公司买单,也不通过旅行社。

综合而言,旅行社需要在基础报价上加2000元才能保本,例如,原来的华东5日游报价需从1800元涨到3800元,这是令普通游客无法承受也无法理解的。此外,还有机票折扣变化和当地临时政策变化,都令北京的旅行社晕头转向,所以旅行社没有对F1专项旅游产品做宣传和包装。

但负责F1专项操作的上海春秋国旅副总周卫红却有不同的说法。周卫红介绍,北京很多大客户如HP、中石化、联通都是直接向上海春秋国旅买票,每家动辄几百张,所以北京专门前来的人至少有2000人,还不包括一些自助散客,但这些人中几乎没有人是被北京的旅行社组织来的。而与北京春秋国旅的无所收获相比,其总社上海春秋国旅却大赚了一笔,销售的票达到了1.2万多张,销售额达到1000多万元,销售额在上海众多分销商中排名第一。按18%的回佣率计算,上海春秋国旅卖票就赚了近200万元。此外,上海春秋国旅还接待了几千人的F1专项旅游,该社所开发的这条线路,是以普通华东5日游的报价为基础报价,游客再随意选择添加不同的票的等级,由于F1期间各项成本提高,华东5日游的报价翻了2～3倍。

问题:对比分析北京春秋国旅与上海春秋国旅的F1赛事特殊旅行社产品定价策略。

任务二 完成销售市场的分析报告

【任务引入】

广州每年都举行国际马拉松赛事(简称广马),已经成为展示广州、广东、中国经济社会发展的伟大成就的一张靓丽的城市名片。广马赛道主要沿珠江两岸设置,集中展示珠江两岸最具岭南特色的人文风情、最具羊城历史的风景名胜,最具时尚气息的文化潮流。面临这个巨大的市场机遇,公司要求计调部抓紧时间设计出2018年广马体育旅游的整体产品方案,包括制定出具体的产品价格,并对整个广州体育旅游市场状况进行基本分析,最终制订出合理可行的销售方案。

【任务分析】

小王作为计调部主要负责线路策划和推广的工作人员,要对广马体育旅游市场进行整体的基本判断,请各小组收集广马体育旅游市场的相关资料,提交简要的市场分析报告。

【知识储备】

一、市场环境分析

(一) 旅游市场宏观环境分析

旅游市场宏观环境是指旅游企业或旅游业运行的外部大环境。市场营销人员必须根据外部环境中的各种因素及其变化趋势制定自己的营销策略,以达到市场经营目的。在旅游市场营销中,宏观环境因素主要包括政治法律因素、文化因素、社会因素、经济因素、人口与地理因素及技术环境等几个方面。

1. 政治法律因素

一个国家或地区,总是要运用自己的法律行政手段,干预社会经济生活。因而政府的法令条例,特别是关于旅游业的立法,对旅游市场需求的形成和实现具有不可忽视的调节作用,而这些法律法规都是在旅游企业的控制范围外。

国家有关规定可能影响居民的收入状况或可自由支配时间。如有关带薪假期、旅游签证的问题等。

一国政府对旅游业影响最大的是其态度,积极的扶持态度会使旅游业得到快速的发展。诸如对旅游的资助、关税减免、长期低息贷款、信誉担保、免除收入及不动产、公共事业费减免、实行特殊的旅游者兑汇率,以及积极地提供各种优惠条件及鼓励投资者向旅游香港国际烟花音乐会演;香港缤纷冬日节;新春国际会演之夜;星光大道揭幕前奏。

据中国香港旅游发展局统计,香港为消除"非典"负面影响所进行的推广活动共花费约5亿港元。但是通过这一系列推广活动,截至2003年10月10日,在国际上为香港带来了总值10.43亿港元的宣传效益。不仅如此,旅游带动消费,为香港经济注入了一针强心剂,让香港在较短的时间里得以重生。

【任务分析】

各小组以香港为例,为其制订第三阶段在内地的旅游推广和销售方案。

【知识储备】

一、旅行社市场营销的管理过程

为保证旅行社市场营销目标的实现,最终实现企业利润,要求营销管理人员依据科学的营销管理理论,通过预测市场环境变化来调整企业行为,对旅游市场营销活动进行时间上、整体上的管理,同时由于旅游消费需求是连续不断的,因而这个过程也是不断循环运转的,这一管理过程可以划分为以下5个步骤:分析市场机会,选择目标市场,制定营销战略与策略,制订营销计划,实施和控制营销计划。

(一)分析市场机会

分析市场机会主要包括旅游市场环境分析、旅游消费者行为分析和旅游市场竞争者分析。

在当今的旅游市场中,机会可以说是大量而且随时随地存在,但是,并不是任何机会都适合于每一个旅游企业,每个旅游企业都还需要根据自身情况,开展市场营销调研,通过专业分析和预测评估,及时作出营销决策,这样才能达到良好的市场效益,同时使旅游企业自身处于市场竞争中的有利地位。

(二)选择目标市场

所谓的选择目标市场,是指旅游企业在整个行业市场中根据自身条件和消费者特征选定的重点服务的目标客户群体。由于旅游企业受到资源、技术和管理能力等多方面条件的制约,不可能占领所有市场,或满足所有旅游消费者的需求。只有根据自身的目标和内部条件等,选择对自己当前和以后一段时期内最为有利的一个或几个细分市场作为营销重点。选择目标市场主要有4个步骤:测量和预测市场需求,进行市场细分,在市场细分的基础上选择目标市场,最后实行市场定位。

(三)制定营销战略与策略

战略是长远的、全局的决策行为,是实现旅游企业市场营销目标应遵循的主要原则,主要包括旅游市场营销因素组合，市场营销资源配置和市场营销费用等方面的基本决策。

(四) 制订营销计划

计划是对未来工作的安排，为使营销战略得以贯彻落实，营销目标得以实现，营销部门还需制订营销计划，也就是销售方案。营销计划一般包括产品管理和发展计划，价格的制定与控制，销售渠道的管理和控制，促销与执行等。制订营销计划是旅游企业产品推广的一项重要工作，通常以书面的形式提供给管理者，并遵照计划执行。具体的营销计划书制订在下一部分中将具体阐述。

(五) 实施和控制营销计划

影响旅游市场的因素复杂多变，因而在实施营销计划的过程中会出现很多意外情况，旅游企业必须不断进行控制，作出调整，及时修正，确保营销目标的最终实现。

二、旅行社市场营销计划的制订与执行

营销计划是营销管理系统最重要的一项内容，是旅游企业战略具体执行的重要环节，通常以详细的书面形式表达，用于指导和安排旅游企业在一段时间之内的各种营销活动。规范化的营销计划书包括以下基本内容：营销计划概要(对主要战略目标做一个简单扼要的描述)，市场现状的分析，营销战略的选择以及具体促销活动的执行等。

(一) 旅行社市场营销计划的制订

营销计划在旅游企业经营活动中的作用日益明显，营销计划不仅为旅游企业经营提供了方向，还为旅游企业实现营销目标乃至总体目标规定了具体的逻辑步骤。在一般情况下，营销计划的制订可包括以下两个部分：现状分析和营销战略选择与执行方案。

1. 现状分析

现状分析是指一个旅游企业对于自身发展的优势、劣势和机会等因素，在现实状态下的分析研究，主要包括以下几个方面的内容。

(1) 背景分析。对旅游企业的自身情况进行分析，包括总收入、市场占有率、企业运营成本、收益率等。

(2) 外部环境分析。外部环境中的各种变化都可能对旅游服务企业产生正面或负面的影响，这些因素包括地方政治、经济、社会、文化、竞争及技术发展等各个方面。

(3) 竞争对手分析。主要分析有哪些竞争者，在接下来的一段时间内，他们可能会有哪些市场行动，是否会有新的促销活动。在营销计划中主要针对竞争对手的优势和劣势予以重点说明。

(4) 市场前景分析。主要是对原有和潜在的顾客的习惯、偏好、需求以及购买能力进行分析，并在此基础上，对整个市场进行判断和预测。

(5) SWOT 模型分析。主要是营销管理人员整合对旅游企业优势、劣势、机会和威胁的分析信息，在上述分析的基础上，确定什么样的产品、服务及促销活动等最可行和最有

基本、最直接的环境因素。这类消费者具有以下特征：①人多面广，购买旅游产品的旅游者可以包括各种类型、各个阶层的人员；②需求差异大，旅游者因性别、年龄、习惯的不同，对旅游的具体需求存在较大的差异；③多属小型购买，旅游者多以个人或家庭为单位，团体购买的数量相对较小；④购买频率较高，旅游者的购买量虽小但品种多样，频率较高，如家庭出游的次数就比较频繁；⑤多属非专家购买，由于大多数旅游者对旅游产品缺乏专门知识，他们对旅游产品的选择不属于专家购买；⑥购买流动性较大，旅游者的购买力和时间都有一定限度，对所消费的旅游产品都需慎重选择，这就造成旅游者对地区、企业及替代品的选择的流动性较大。

(2) 公司购买者。公司购买者是指为开展业务而购买旅游产品的各种企业或机关团体等组织。其特点如下：①购买者数量较小，但购买的规模较大。购买者大多数是企业单位，购买者的数量比个人消费者少得多，但购买规模较大，公司购买的需求弹性也较小；②公司购买属于派生需求，购买者是为了开展业务、扩大自身利益而购买，其费用往往是公司的经营成本部分，如企业奖励旅游就具备这种特征；③公司购买需求弹性较小，因为公司是为了开展业务或者企业文化建设而购买，费用由单位支付，所以公司购买者对旅游商品和服务的需求受价格变动的影响较小；④专业人员购买，公司有专门的购销人员，他们往往是具有相应专门知识、相对内行的人员，他们购买时重视产品和服务的质量，一般的广告宣传对他们影响不大，对此类购买者可采用高价优质旅游产品策略。

2. 供应者

为保证产品组合来源，旅游市场营销工作应保持与旅游资源供应者的联系。具体的旅游资源，对旅游饭店的商品供应者来说有旅游用品商店、水电、交通、物价、集贸市场等，对旅行社而言主要有旅游景区、交通运输、宾馆酒店、娱乐场所等。把握好旅游资源供应环境，不但有利于保证产品质量，而且有利于降低成本。目前许多旅游企业采取“定点”策略等，使吃、住、行、游、购、娱形成一条龙服务，相互提供客源，又相互优惠，收效颇佳。

3. 中间商对旅游业经营活动的影响

旅游中间商是指处于旅游生产者与旅游者之间，参与旅游产品流通业务，促使买卖行为发生和实现的集体与个人，包括经销商、代理商、批发商、零售商、交通运输公司、营销服务机构和金融中间商等。

旅游中间商在营销活动中的地位非常重要，它会在旅游活动的多个环节中出现。如某旅行社的外联人员出去联系业务，就会从谈成的业务中提成，在旅行社与旅游者之间扮演中间商的角色；旅行社进行公关活动时，也会邀请旅游中间商协助参与。

4. 竞争者对企业经营活动的影响

旅游市场往往是国际性市场，市场竞争会非常大，往往有众多经营同类产品的同行业者，并且，旅游产品的需求替代性强，潜在的竞争对手也多，竞争者的营销战略及营销推广活动的变化对旅游企业的营销工作肯定有明显冲击，旅游企业必须密切注意竞争者的任何变化，并作出相应的市场反应。

竞争环境的主要分析内容有：①旅游企业面临的主要竞争者和类型，包括同类旅游项目或者产品的竞争者、相互可以替代的旅游项目或产品之间的竞争者和争夺客源的竞争者；②竞争者的市场营销推广状况；③竞争者的内部管理状况。

5. 公众对企业经营活动的影响

社会公众是旅游企业市场营销微观环境中重要的分析因素。旅游企业管理所面对的社会公众是指对实现本企业目标有显现或潜在利害关系和影响力的一切团体、组织和个人,主要包括以下7类。

(1) 媒介公众。媒介公众主要是指报社、杂志社、广播电台、电视台、出版社等大众传播媒介。

(2) 金融公众。金融公众是指影响旅游企业获取资金能力的财务机构,包括银行、投资公司、保险公司、信托公司、证券公司等。

(3) 政府公众。政府公众是指负责管理旅游企业的业务和经营活动的有关政府机构。例如,旅游行政管理部门、工商管理、税务、卫生检疫、技术监督、司法、公安部门及政府机构等。

(4) 群众团体。群众团体是指消费者权益保护组织、环境保护组织以及其他有关的群众团体。

(5) 社区公众。社区公众是指旅游企业所在地附近的居民和社区组织。

(6) 一般公众。一般公众是指一般社会公众。他们既是本企业产品的潜在购买者,又是本企业的潜在投资者,旅游企业应力求在他们心目中树立良好的企业形象。

(7) 内部公众。内部公众是指旅游企业内部的所有职工。旅游产品生产与消费的同一性特点,使外部顾客参与旅游服务的生产过程,旅游企业职工同时扮演生产者、销售者、推销者、服务人员等多种角色。

旅游企业必须采取适当措施与各种公众搞好关系,因为这些不同公众都能促进或阻碍企业实现其市场目标。

6. 企业内部

旅游企业市场营销活动的进行不是单一孤立的过程,它要与企业内部的诸多职能部门,如财务、行政等企业各部门的工作紧密联系和相互配合。因此,旅游企业自身内部环境的优劣,反映了一个企业应对市场竞争和适应市场环境变化的能力。旅游企业的内部环境由企业组织结构、企业文化、企业资源等组成。

(三) SWOT模型分析

1. SWOT模型的含义

SWOT模型分析又称为态势分析法,它是由美国旧金山大学的管理学教授于20世纪80年代初提出来的,SWOT 4个英文字母分别代表:优势(strengths)、劣势(weaknesses)、机会(opportunities)、威胁(threats)。

SWOT分析就是旅游企业在选择战略时,对该企业内部的优劣势和外部环境的机会与风险进行综合分析,据以对备选战略方案作出系统评价,最终达到选出一种适宜战略的目的。SWOT分析的做法:针对某一旅游企业,依据企业方针列出对该企业发展有重大影响的内部环境与外部环境因素,继而确定标准,对这些因素进行评价,判定是优势还是劣势,是机会还是风险。

(1) 机会与威胁分析(OT)。随着经济、社会、科技等诸多方面的迅速发展,特别是世产品开发策略的核心是产品的全面创新，即在产品功能、包装、品牌上针对目标消费者的特征进行新产品的开发。

在市场独特需求巨大、旅行社实力较强、规模较大的情况下，可采用新产品开发策略。

新产品开发策略的优点是产品对旅游市场的适应性强，创新产品能够大大提高对消费者的吸引力，迅速有效地进入旅游市场；其缺点是开发成本较高、市场困难较多。

（二）定价策略

旅行社产品价格是旅游者参加由旅行社组织的旅游活动或获得旅行社为其提供的某项服务所需付出的费用总和，反映了旅行社对其产品在旅游市场上需求状况的理解。价格在旅行社市场营销组合中起到中枢作用，旅行社应该充分运用定价策略来赢得竞争优势。

旅行社在定价策略的运用上，主要通过控制影响旅行社产品价格的各种因素来进行，运用不同的产品定价方法并且根据产品所处的市场阶段作出价格调整应对市场需求变化。具体定价策略与方法在本项目的任务一中已经详细阐述。

（三）分销策略

旅行社旅游产品的销售渠道是指旅游产品的生产者将产品提供给最终消费者的途径。其中生产者指的是航空、餐饮、住宿酒店、租车、娱乐、度假地等旅游相关企业，而最终消费者指的是个体或团体旅游者。

旅行社旅游产品的销售渠道分为两大类：直接销售渠道和间接销售渠道。

直接销售渠道就是由旅游产品的供给者直接销售给消费者，两者之间不存在任何中介。间接销售渠道则是指在两者之间存在不同数量的中介。这些中介包括旅游经销商、批发商、代理商等企业或个人。

旅行社除了直接向旅游者销售旅行社产品外，旅行社的销售渠道策略主要有以下3种。

1. 密集销售渠道策略

密集销售渠道策略就是通过批发商把产品广泛地分配到各个零售商，以便及时满足旅游者需求的一种渠道策略。其优点在于广告效果好，方便旅游者购买。其不利的地方就在于花费的成本较高，对旅行社自身的接待能力和产品供应能力有较高的要求。

2. 选择性销售渠道策略

选择性销售渠道策略是旅行社只选择那些有支付能力、有推销经验以及服务质量优良的中间商在特定市场推销本旅游企业的产品。如广之旅对分店加盟的严格控制。采用这一策略的优点就是通过整合销售中间商，起到降低成本的作用。其缺点则是由于销售中间商的范围相对广泛性销售策略而言较小，因而有可能影响相关市场的产品销售。

3. 独家营销销售渠道策略

独家营销销售渠道策略是指在一定的市场区域内仅选用一家经验丰富、信誉良好的中间商来推销本企业的产品。这一策略的优点是除了可以进一步降低销售成本外，更主要的在于提高中间商的积极性和推销效率，利用二者利害关系，更好地相互支持与合作。

缺点则在于如果中间商经营失误，则有可能失去部分市场乃至整个目标市场。

（四）促销策略

旅行社市场促销是指旅行社以人员推销和非人员推销的方式，向目标顾客传递信息，并与之进行信息沟通，以达到影响目标顾客的行为，促进旅行社产品的销售及使目标顾客对旅行社的产品产生好感和信任的营销活动。旅行社促销的实质就是与目标顾客进行有效的信息沟通。旅行社的促销沟通组合包括人员促销、媒体广告、营销公关、销售推广等促销技巧。旅行社市场促销策略是在考虑旅行社的特定促销目标和特定预算的情况下，如何灵活运用这些促销技巧与目标消费者进行供求信息沟通。

1. 人员促销

在旅游市场上，人员促销因其选择性、灵活性高，能传递复杂信息、有效激发购买欲望、及时反馈消费者信息等优点而成为旅行社市场营销推广中不可缺少的促销手段。然而，旅行社市场营销中使用人员促销往往面临费用较高、培训难等问题，因此在使用这一促销手段时必须招聘有潜力的优秀人才，严格培训并加以有效的激励措施。

2. 媒体广告

媒体广告是一种高效的促销手段，是一门带有很强商业性的综合艺术。它可以将一个明确的信息传达给更多的人。广告因其媒体不同可以划分为电视广告、杂志广告、报纸广告、广播广告、网络广告和户外广告等。依据其覆盖区域不同又可划分为地区级、区域级、国家级、国际级媒体广告。旅行社在选择目标市场的媒体广告时，一般要考虑以下3个标准。

（1）成本因素。不同的媒体不同成本。旅行社根据自身营销费用预算来控制营销推广成本。

（2）媒体广告能够恰当表现产品的特征。不同的媒体广告对产品的表现效果是不同的，而且不同产品对其表现形式的要求也是不同的，旅行社的产品组合众多，更是要考虑不同产品采用不同的媒体形式表达。

（3）媒体档次要与该产品的市场定位相吻合。旅行社产品定位不同，媒体的选择应有所侧重。

3. 营销公关

公共关系是一种促进与公众良好关系的方式，其主要特点是有第三者说话，可信度高；最能赢得公众对企业的好感；影响面广、影响力大，利于迅速塑造被传播对象的良好形象；活动设计难度大，且组织工作量大；不能直接追求销售效果，运用限制大。

旅行社营销公关促销方法很多，根据营销公关活动内容的不同，一般有以下几种。

（1）新闻：发布或创造对旅行社或产品有利的新闻。

（2）演讲：包括记者招待会、研讨会、学术讨论会等演讲活动。

（3）出版物：旅行社要印制各种宣传品、制作各种视听光碟，还可通过业务名片、社徽、社服、纪念品等传播工具，来强化旅行社形象。

（4）展览会：包括国内、国际旅游博览会等。

（5）参加具有社会效用的活动：如大众文体活动、公益宣传活动、教育活动等。

从而在购买行为上就会呈现出很大差别。

在每一种文化中,还存在许多在一定范围内具有文化同一性的群体,称为亚文化群。如民族亚文化、宗教亚文化、种族亚文化和地理亚文化。

根据文化环境对人们购买行为的影响,企业应按照文化因素对整体市场进行细分,然后针对不同亚文化人群分别开发不同产品和制定不同的营销组合策略。

(3) 相关群体。相关群体是指影响一个人的意见、看法和价值观念的群体。其基本形式有两种:①个人具有成员资格并受到直接影响的群体;②个人没有成员资格只是间接受其影响的群体,或者叫“有共同志趣群体”。

相关群体对人们购买行为的影响表现在:①个人相信在群体影响下作出的购买决策可能失误较少;②个人担心不遵守群体准则可能会受到遣责;③个人希望通过与群体交往来提高自我形象。

根据相关群体对购买行为的影响,企业应重视对“意见领导者”施加影响。因为其建议与行为容易被人们接受和模仿。

(4) 家庭情况。家庭对个人生活习惯的培养和形成具有十分重要的作用,且这种习惯一旦形成,往往伴随其一生;家庭还是一个消费单位和购买决策单位,绝大多数消费品都是为满足家庭成员消费而购买并由家庭成员共同作出购买决定的。

社会学家根据“家庭权威中心点”不同,将家庭分为 4 种类型:丈夫支配型、妻子支配型、共同支配型和各自做主型。

根据家庭对消费者购买行为的影响,企业应了解目标顾客属于何种家庭类型,以便在产品设计和其他营销策略方面采取有针对性的措施;企业还应了解家庭成员在购买每一种具体产品时的参与程度,以便生产不同产品的企业分别制定不同的营销对策。

3. 心理因素

心理因素包括需要、感受、经验和信念。

(1) 需要。心理学家认为,消费者购买动机和购买行为来自尚未得到满足的需要,由于人类需要是多层次的,从而购买动机和购买行为也是多样的。

美国社会心理学家亚伯拉罕·马斯洛(A. H. Maslow)把人类需要分为 5 个层次:生理需要、安全需要、社会需要、尊重需要和自我实现需要。

人们行为的推动力来自没有得到满足的需要,当低级需要满足之后,人们就开始追求更高一级的需要;当一种需要得到满足之后,它就失去了对行为的刺激作用。

“需要层次理论”对于旅游市场营销的意义在于:企业应按照消费者的需要层次进行市场细分和选定目标市场,然后再根据目标市场需要制定相应的营销对策。

(2) 感受。感受是指人们利用眼、耳、鼻、舌、身等感觉器官直接接触物体而引起的内在反应。

消费者购买商品,首先要利用感觉器官进行接触,以获得对商品的初步认知,然后还要对所得到的各种信息在头脑中进行加工和综合,以形成对商品的整体印象,从而最终决定是否购买。

企业为刺激消费者在头脑中形成对自己商品的预期感觉和唤起初步需求,应以简明和有吸引力的广告语、新颖的广告画面与戏剧性的广告形式,将商品形状、颜色、质量等展示给消费者;在销售现场,应将商品属性充分展示出来,以便消费者利用各种器官都能够接触到商品。

(3) 经验。经验是指人们通过实际操作或使用某种商品而获得有关商品的知识。

经验会引起人们行为的改变,即消费者在实际购买和使用某种商品过程中,会逐步获得与积累有关商品的知识和经验,然后根据这些知识和经验调整以后的购买行为:或者按照习惯购买,或者改变原有习惯。

根据经验对人们购买行为的影响:①企业要善于向消费者提供其需求的诱因或提示物;②要针对顾客需求开发和生产产品,以使顾客在最大限度上满意;③要努力强化消费者购买后的满意感和弱化其购买后的不满意感。

(4) 信念。信念是指人们对于某种事物所持的态度和看法,或者说是人们在思想上是否相信某事物。

有的信念建立在知识基础之上,能够验证其真伪;有的信念建立在成见或偏见基础之上,不能验证真伪。

消费者对某种产品的信念影响着企业或产品在顾客心目中的形象,并进而影响和决定其购买行为。具体的信念类型有 6 种:求新、求名、求美、好奇、选价、崇拜权威。

根据信念对购买行为的影响:①企业应弄清不同购买者的信念,以设计出符合其需要或信念的产品;②如果发现顾客信念是错误的,或阻碍了其购买行为,企业应通过广告和其他手段改变或纠正其习惯态度和信念;③企业应努力培养消费者对本企业产品或品牌的信念。

4. 个人因素

个人因素包括个人生理特点、心理特征以及社会角色等。

(1) 个人生理特点对旅游消费者影响较大,如年龄及健康状况。年龄本身对旅游购买行为并没有实际意义,但年龄的差别往往意味着生理和心理状况、收入及旅游购买经验的差别。

几乎任何一项旅游活动都要耗费体力和精力,因此,旅游者的身体健康就成为旅游购买行为的直接影响因素。身患重病的人很难进行旅游活动;而身体状况不佳者,也只能在体力允许的范围内选择旅程较短、耗时较少的旅游项目。

(2) 个人心理特征直接地影响着旅游购买行为的最终时间。特别是对不同类型的旅游产品每个消费者的接受心态和分析心理是不一样的,还有旅行社可以根据消费者个人心理特征设计策划旅游产品,迎合消费者的心理需求。比如,生态旅游的盛行就是因其满足了城市居民对环境的心理需求。

(3) 社会角色的影响更是全方位的。例如,不同的人在社会中从事着不同职业,不同职业具有不同的职业特征和客观要求,对旅游产品的价格、特色都提出了不同需求。特别是职业在很大程度上决定了一个人的收入水平,也决定了一个人闲暇时间的多少。同时在社会关系、家庭关系中,每个消费者承担的社会角色也不一样,对旅游购买行为的决策地位也是不一样的。

5. 消费者购买行为的分类

(1) 经常性的购买行为。消费者只愿意花费很少的时间和精力,并且往往只有一个

任务一　制订旅游团的接待计划

【任务引入】

根据翔飞旅行社“北京双飞五天贵宾团”的行程计划，为某校教师（1008012 团游客人数为 20 人，其中 60 岁以上老人 2 人，12 岁以下儿童 2 人，全陪 1 人，成员特殊要求：老人三餐备白粥）8 月的出游做一份旅游团队接团计划单。

【任务分析】

接待计划是组团社委托各地方接待社组织落实旅游团活动的契约性安排，是导游人员了解该团基本情况和安排活动日程的主要依据。

接团工作的开始，往往是旅游者真正意义上旅游的开始，此后，旅行社将从多方面为旅游者提供服务，旅游者与旅行社的接触也随之增加。旅游者将根据旅行社为其提供的各类服务的质量，对旅行社作出评价，因此接团工作的好坏，直接关系旅行社的知名度和美誉度，进而影响旅行社的企业经济效益与社会效益。为此，旅行社必须严格按服务流程进行接团管理，同时协调好与相关单位的合作，以顺利完成接团任务。

【知识储备】

一、准备阶段

（一）接团计划的管理

接团计划是旅行社落实各项旅游服务的文本，是组团社与接团社的结算依据。接团管理的关键是要管理好接团计划。

1. 制订接团计划

当接团社接到组团社发来的预报计划传真，或者是接待部从外联部得到预报后，首先应根据团队的基本情况和要求制订出一份周详的接待计划，包括游程安排、团队成员基本情况及团队要求 3 部分。其中，游程安排须写明全程游览路线、出入境日期、地点、车次或航班、出境机票的票种，国内旅游点之间使用的交通工具种类及抵离时间、地点，各地主要游览项目等。团队成员背景资料应显示每个团员的姓名、性别、年龄、职业、宗教信仰等。团队基本情况和要求应包括组团社名称、旅游团名称、代号和计算机序号，领队姓名，国别和语种，收费标准或团队类别等级，各住宿地宾馆名称，团队成员特殊要求和结算方式等。

计划制订后要进行分类，确定不同的工作重点。例如，以医疗保健、宗教朝圣、商务会议等目的来旅游的专业旅游团，除做好一般的旅游活动安排外，要尽早和有关部门取得联系，安排好专业活动的时间、地点、用车，甚至要做好为会议团编印会议通知、在饭店或机场设服务台等事宜。

2. 合理安排旅游日程

接待部门注意进行合理的日程安排，导游人员在具体接团过程中，也可做适当变更。安排日程时要注意以下几点。

(1) 日程安排留有余地，有张有弛，安排一种活动量大的项目后，要安排另一种轻松的游览或提供一段休息时间，这样可使旅游者体力、精力得到恢复，提高游兴，也可避免因太劳累而出现患病等问题。

(2) 考虑到旅游团自身的特点，若是旅游团中以老年人居多，要注意不要安排过多项目，节奏要放慢；年轻人多的旅游团则可多安排一些项目，每个景点停留的时间可不必太长。如果旅游团有特殊要求，还要进行一些不同的项目安排，如接待宗教朝圣的游客，去寺庙或教堂的活动安排要偏重。

(3) 适当为旅游者空出一些自由活动的时间，如下午或晚上时间，这样可以让旅游者能更深入地了解当地居民生活。注意不要安排旅游者到治安条件不好、复杂混乱的地方自由活动。

3. 做好预订工作

按照接团计划向票务科发送机票、车票、船票的订票通知单；按计划要求预订各团队的住房，并与饭店核对自订房计划；按团队抵离时间安排市内用车；按计划要求合理安排团队的订餐、购物和活动；按团队要求安排文艺节目及其他娱乐活动。最后将所有经过落实的计划汇总，向有关接待部门下达接待计划通知，接待计划格式如表 7-1 所示。

表 7-1　旅游团队接待计划单

旅游团队接待服务计划（日程表）

____（团号）团队一行____大____小共计____人，此团地陪____人，全陪____人，领队____人。

<table>
<tr><td rowspan="2">序号</td><td>组团社</td><td colspan="5"></td><td>全陪姓名</td><td></td></tr>
<tr><td>团号</td><td colspan="5"></td><td>电话</td><td></td></tr>
<tr><td>人数</td><td>大小</td><td rowspan="4">宾馆用餐</td><td>早</td><td></td><td>机票确认</td><td></td><td>地陪姓名</td><td></td></tr>
<tr><td>宾馆</td><td></td><td>午</td><td></td><td>下站机票</td><td></td><td>电话</td><td></td></tr>
<tr><td>标准</td><td></td><td>晚</td><td></td><td>下站车票</td><td></td><td>司机姓名</td><td></td></tr>
<tr><td>酒水</td><td></td><td>合计</td><td></td><td>演艺门票</td><td></td><td>电话/车牌</td><td></td></tr>
<tr><td>日期</td><td>星期</td><td>早餐地点</td><td>上午活动</td><td>午餐地点</td><td>下午活动</td><td>晚餐地点</td><td>晚上活动</td><td>购物安排</td></tr>
<tr><td></td><td></td><td></td><td></td><td></td><td></td><td></td><td></td><td></td></tr>
<tr><td></td><td></td><td></td><td></td><td></td><td></td><td></td><td></td><td></td></tr>
<tr><td></td><td></td><td></td><td></td><td></td><td></td><td></td><td></td><td></td></tr>
<tr><td></td><td></td><td></td><td></td><td></td><td></td><td></td><td></td><td></td></tr>
<tr><td colspan="2">飞机或火车班次</td><td colspan="2"></td><td>到达时间</td><td></td><td colspan="2">接团发车时间</td><td></td></tr>
<tr><td colspan="2">飞机或火车班次</td><td colspan="2"></td><td>离开时间</td><td></td><td colspan="2">送团发车时间</td><td></td></tr>
<tr><td>备注</td><td colspan="8"></td></tr>
</table>

计调员（签名）：________　　审批（签名）：

问题的范围、性质、原因而进行的小规模调研。一方面是收集相关资料进行经验分析;另一方面是向熟悉情况的人士征询意见。

2. 描述性调研

描述性调研是企业通过详细的抽查和分析,客观地反映旅游市场情况,清楚地描述市场特征,提出多方面的有针对性的假设。

3. 因果性调研

因果性调研通过调研确定企业各种变动因素间的关系。一方面是认清影响企业的关键因素;另一方面是测定这些因素影响企业经营的数量关系。

4. 预测性调研

预测性调研可以通过专家和有经验的人士,对事物的发展趋势作出判断,并可以在描述性调研或因果性调研的基础上进行分析和计算,预测未来变化的量值。

(三) 旅游市场调研的步骤

1. 确定问题和目标

确定问题是进行市场调研的基础和前提。确定的问题是否准确是市场调研是否成功的首要条件。

2. 开发信息源

第一手资料是为特定的目的而收集的原始信息资料;第二手资料是调研人员较能直接以资料性质掌握分析的资料。

3. 收集信息

收集信息包括显性资料与隐性资料的收集,应注意以下几点。

(1) 被调查者恰好不在,必须与他们重新联系。

(2) 被调查者拒绝合作。

(3) 被调查者作出带有偏见性或不诚实的回答。

(4) 被调查者带有偏见或不诚实。

4. 分析信息

营销调研人员把资料制成表,并且画出单向或双向的频率分布图,对主要变量要计算出平均数和离散程度。信息分析方法包括单因素分析法、双因素分析法、多因素分析法3种。

5. 提交调研成果

营销调研人员不应该将大量的数据和复杂的统计工作交给管理层。

(四) 旅游市场的预测

凡事预则立,不预则废。市场预测是旅游企业在广泛调研的基础上,根据充分的信息资料和经验,经过系统严密分析和逻辑推理,对市场变化作出定性的或者定量的判断,保证企业竞争的主动性。

1. 旅游市场预测的概念

旅游市场预测是指根据既有的市场事实,利用已经拥有的知识、预测技术和经验,对影响市场变化的各种因素进行研究、分析、判断和估计，以掌握市场发展变化的趋势和规律。旅游市场预测主要包括：①对市场的客源流向预测；②对市场营销预测；③对顾客人均消费额的预测；④对产品的价格和利润预测等。

2. 旅游市场预测的基本原则

(1) 连贯性原则：把市场出现的关键事件的来龙去脉弄清楚。

(2) 类推原理：合并同类项，同理可推。

(3) 相关性原理：尽量详细列举出关键点的影响因素。

3. 旅游市场预测的内容

(1) 生产者的预测。生产者的预测包括企业各个部门，尤其是对顾客服务的一线生产部门，要定期预测下一个阶段的生产能力，如生命周期、客房出租率、餐位周转率、员工出勤率、资金周转额、接待量、生产费用、生产成本与利润、市场占有率等。

(2) 消费者的预测。消费者的预测包括市场需求量、潜在需求量、人均消费额、顾客的消费习惯、顾客的构成，以及他们的兴趣、爱好和他们对产品价格的承受力等。

(3) 竞争者的预测。竞争者的预测通过各种合法手段来获取竞争对手尽量多的隐性信息。

4. 旅游市场预测的方法

1) 旅游市场的定性预测法

该方法是根据企业的实际情况，对企业发展的性质、方向和程度作出判断，也被称为判断预测或调研预测。

对预测者的要求：经验、理论、业务掌握的情况和分析判断的能力。

定性预测具体方法如下。

(1) 经理人员判断法。该方法就是将旅游企业销售、财务、人事和业务部门的经理级人员集合起来，通过个人了解的专业市场信息和对市场的理解、把握，将个人的学识、经验和观点结合起来，作出可信度和准确性比较高的市场预测。该方法适用于短期和中长期的预测，但由于没有一个系统的因果关系分析过程，经理人员无法借助成型的分析框架进行理性的、有条理的分析，往往预测的结果只是他们的主观看法和感觉，且受经理们的常识和经验丰富程度的影响。

(2) 营销意见综合法。该方法就是利用一线的销售和营销队伍进行预测。适用于即期和短期的预测，而且通常适用于那些市场比较集中、稳定，客户关系比较紧密的情况。

(3) 消费者购买意向调查法。该方法就是通过对目标消费者的购买意向进行调查，统计分析，对消费者的购买能力、购买特征等进行定性描述。这一方法收集原始资料多，参考性强，但工作完成时间较长。

(4) 专家意见法。专家意见法也称专家背靠背法，或者德尔菲法。该方法特别适合于长期预测。在预测过程中，选择合适的专家，一般 5～50 人，将要预测的问题告知所有参加本次预测的专家，专家采用匿名方式根据自己掌握的信息和知识，结合自己的经验进行分析预测，并反馈至预测小组，预测小组进行必要的整理后反馈给专家，如此循环，一般经过 3～4 轮的信息反馈，直到各专家达成比较一致的意见为止。

该方法的难点在于专家的选择上。如果选择背景、倾向一致的专家，预测结果可能有

表 7-3 ××市接待质量调查表

××旅行社　　　　　　年　　月　　日

姓名				国籍（地区）				性别			
年龄	①20 岁以下　②21～35 岁　③36～50 岁　④51～66 岁　⑤66 岁以上										
旅游目的	①观光　②公务和会议　③休闲度假　④探亲访友　⑤奖励 ⑥修养　⑦体育　⑧探险　⑨其他										
	住宿酒店评价			用餐评价		用车评价			导游服务评价		
	设施	环境	服务	卫生	环境	态度	技术	车况	讲解	态度	能力
好											
中											
差											
其他											
客人签名：				联系电话：					年　月　日		

（三）处理旅游者的表扬与投诉

表扬是旅游者对接待人员工作的肯定，旅行社可以对优秀接待人员及其事迹进行宣扬，在工作人员中树立榜样，促进人员素质的提高。投诉则是游客表示的对服务质量的不满，正确处理投诉不但可以补救工作失误，取得游客谅解，而且可以教育工作人员。对犯有严重错误的导游人员，旅行社还要作出必要的处罚。

四、团体旅游接待管理

（一）团体旅游接待服务的特点

1. 团体旅游接待

团体旅游接待是指旅行社根据销售合同规定的内容，对旅游团在整个旅游过程中的交通、住宿、餐饮、游览参观、娱乐和购物等各项活动提供具体组织和安排落实服务的过程。

2. 团体旅游接待服务的共性特点

团体旅游接待服务的共性特点有计划性强；技能要求高；协商工作多。

（二）团体旅游接待服务的程序

团体旅游接待业务包括旅游团抵达前的准备，旅游团抵达后的实际接待和旅游团离开后的总结 3 个阶段。旅行社接待服务主要是通过导游实现的。

团体旅游接待服务程序包括领队接待服务程序、全程导游员接待服务程序、地方导游员接待服务程序 3 种类型，每个类型的接待程序涉及以上 3 个阶段。

（三）团体旅游接待过程的管理

1. 准备接待阶段的管理

（1）建立核对与校对团单制度。

（2）处理紧急变化。

2. 实际接待阶段的管理

（1）建立请示汇报制度。

（2）接待现场抽查与监督。

3. 总结阶段的管理

（1）建立接待总结制度。

（2）处理旅游者的表扬和投诉。

五、大型和特种旅游团体接待服务管理

（一）大型旅游团接待服务的操作规范

1. 大型旅游团的操作要点

（1）编制接待体制图，明确各部门工作要点，包括一般事故与紧急事故对策。

（2）制定与各相关接待单位的联络事项、要求、时间及配合细则。

（3）详尽的相关资料或对方信息。

（4）整支团队的行程示意图。

（5）各旅游区简介、特色资源、风土民情等。

2. 团队抵达前的组织和准备工作

（1）检查接待计划的落实情况。

（2）挑选、配备适量的导游员，要求每个导游员根据日程计划，准备有针对性的导游词。

（3）要求统一服装、标牌、胸卡。准备好导游旗、话筒、对讲机（或手机）等途中用品。

（4）配备随团医生，准备好各种药品。

（5）仔细研究确认游览点所需时间及车辆出入，统一指挥调度，使其运行畅通。

（6）确定客人就餐时的桌号及桌上放置的标志，重点客人和我方领导应有桌签。

（二）特种旅游团接待服务的特点与管理

特种旅游团是指该团成员具有同一体质特征或同一特殊旅游目的的旅游团。

1. 老年团

老年团团员体力弱、怕寂寞、爱听讲解，老人怀旧、盼尊重。因而对其接待管理以安全与劳逸结合为重点，要指派责任心强、耐心好的导游员带团。

2. 残疾人旅游团

残疾人旅游团成员行走不便，自尊心特强。对其接待要事先踩点弄清是否有障碍通道，要选派身强力壮、慎言、责任心强的导游员接待。

(2) 正文,即报告的主体。一般包括详细的调研目的,详细的调研分析方法,分析判断的结果描述与剖析、建议等。

(3) 结尾,这是全部分析报告的结束部分。凡是写有前言的市场分析报告,都要有结尾与之相对应,起到归纳与综合意见的作用。或者用于重复观点,加深决策者的认识。

(4) 附件,包括原始信息数据的分析、图表及附录等内容。

2. 市场分析报告的基本要求

(1) 要针对市场目的回答所提出的问题。

(2) 分析报告主题突出、结构合理、文字流畅、重点突出。

(3) 要客观地分析问题,并提出解决的意见和看法。

(4) 全篇报告应打印成正式文稿,字迹工整、清楚,方便阅读。

(二) 市场分析报告撰写的起草过程

市场分析报告的起草顺序与其问题结构的顺序正好相反,即从准备有关的图表和附件入手,进而草拟分析报告的正文,最后再撰写分析报告的摘要。

在草拟市场分析报告正文之前,市场分析人员应对报告的文体结构、章节、段落有一个大概的框架,这需要反复地思考和构思才能形成。在起草时要有条理和系统地集中阐明市场调研分析结论及其论据,注意要突出重点,避免平铺直叙、面面俱到。分析报告初稿形成后应进行认真审查,仔细进行修改,使报告更加完整和丰满。

(三) 市场分析报告中的图表使用

市场分析报告的撰写要充分利用各种图表的功能。因为图表不仅仅可以向阅读者提供一个简明、系统的资料,还可以使阅读者迅速地利用图表进行直观的对比和分析,一目了然地了解调查工作的成果。结合图表与文字,在说明市场现象的某种数量关系及其变化趋势等问题时,可以收到更为明显的效果。

(四) 市场分析报告撰写中容易出现的问题

调研主题不突出,偏离主题或资料堆集;问题结构安排不当,结构层次不清;论据不够充分,市场调研资料不足,或对市场调研过程的说明不充分;定量分析不足或过量,数据过多或不足,图表过多或不足;资料使用不当;对数据资料的理解或解释不当。

【思考与讨论】

1. 举例说明决定旅游消费者购买行为的主要因素有哪些。
2. 进行市场调研和预测的时候,我们应该如何提高自己的市场敏感度?

【训练任务】

1. 对珠三角旅游消费者的特征进行分析讨论。

2. 选择当地一家地接社，对其所处的市场环境进行分析讨论。

【案例分析】

深圳国旅成功打造"新景界"

经过对市场的周密调查和分析，针对行业自身的特点和存在的问题，深圳国旅决定推出"新景界"品牌战略。何谓新景界？"新景界"源于"新境界"，其定位为"新时代，人性化的专业旅游"。

其内涵：以新的服务理念、服务模式和崭新的形象展现在社会面前，提供高品质和富有特色的产品与服务，既是传统意义上的旅游服务企业，又是新型旅游文化的创造者、开拓者和传播者，更是现代生活方式的创造者；它强调人性的自由、自在、自我，强调对生态环境和特色文化的保护，强调人与自然的和谐新境界，强调生活的质量和品位，推崇积极向上的生活态度；它既充分尊重人，更强调大自然生态环境，注重人和自然的沟通，激发人的灵性和潜力，重新创造有意义的人生体验。

新景界全方位推出新旅游概念、新形象推广、新产品包装、新服务体系、新促销举措；所有的媒体宣传、公关活动都围绕"新"字展开，一改旅行社在人们心目中无新意、无特色、无差异、无保障的陈旧印象，其推广口号：一样的旅游，不一样的新景界！

在品牌理念的指导下，新景界细分市场并规划了不同子品牌，推出的一系列产品均获得了成功，如"寻源香格里拉""千名长者温馨结伴游港澳""深圳情侣，阳朔有约"等品牌线路产品。

问题：结合案例中新景界的市场行为，讨论新景界市场分析定位的过程及优势。

任务三　制订合理的销售方案

【任务引入】

为恢复中国香港的旅游，振兴香港经济，继"动感之都，就是香港"第一阶段为期两年的推广之后，香港旅游发展局又开展主题为"香港，乐在此爱在此！"的第二阶段全球推广活动。

2003 年 10 月 11 日，中国香港旅游发展局内地总监在北京宣布，为使香港旅游业得以全面复苏，该旅游发展局再次投入 1.4 亿港元，将在 10 月 13 日，推出以"香港，乐在此爱在此！"为主题的第二阶段的旅游系列活动。由"香港旅游大使"成龙担纲演出的旅游宣传片也将在内地主要城市电视台同步播出。

"非典"过后，为实现旅游业的迅速复苏，香港政府及业界投入了 4 亿多港元，推出了"好客月"活动。为配合"香港，乐在此爱在此！"为主题的第二阶段的旅游系列活动，香港旅游发展局与内地旅游业界联袂为消费者准备了以下旅游产品：以家庭为主题的"亲子在此"旅游线路；以美食为主题的"细味在此"旅游线路；以购物为主题的"心动在此"旅游线路等；为自助游的旅客准备的"大屿山一日游""直升机环港游""璀璨香江夜游"等线路；

投资。

2. 文化因素

文化影响造就和支配着人们的生活方式、消费结构、主导需求及消费方式。

人类在某种社会生活，久而久之，必然会形成某种特定的文化，包括教育水平、宗教信仰、审美观念、价值观念、道德规范及世代相传的风俗习惯等。

文化因素对消费者的需求和购买行为的影响是很重要的。个人爱好不同，消费习惯不同，从而导致需求不同。旅游市场经营受教育水平、宗教信仰、传统习惯等文化因素的影响很大。

就文化而言，旅游市场营销人员应当具备两类知识：一类是关于某种文化的具体知识；另一类是抽象知识。抽象知识要求具有一定深度的洞察力，要站在旅游者的角度考虑到底什么样的旅游才是受欢迎的。

3. 社会因素

(1) 相关群体。所谓相关群体，是指能影响一个人的态度、行为和价值观的群体，如家庭、邻居、亲友和周围环境等。

(2) 家庭。家庭分为两种具体形式，即核心家庭和扩大家庭。家庭从生命周期上可以分为空巢家庭和满巢家庭。购买者家庭成员对购买者购买行为的影响最强烈。家庭旅游的促销对象主要是核心家庭。

(3) 地位阶层。社会阶层可以定义为按个人或家庭相似的价值观、生活方式、兴趣及行为等进行分类的一种相对稳定的等级制度，各个阶层对市场上某种商品的需求是变化的，也是相对稳定的。

地位阶层甚至比购买力更能决定消费者购买商品数额的大小。对此，市场营销人员必须弄清楚哪些产品有变成地位标志的可能性，以便采取相应的市场营销对策打入新市场。

4. 经济因素

经济因素是影响旅游企业市场推广的重要因素，它直接关系到市场状况及其变动趋势。本国或本地的经济衰退会使用于商业或娱乐业、旅游业的消费大大缩减，国际经济事件也会对旅游业产生影响。一般来说，影响旅游市场营销推广的经济因素主要包括以下4个方面。

(1) 经济规模。要估计某一国旅游市场的潜力，营销人员要了解有关的经济因素的规模及变化速度。主要了解国民生产总值、人均国民生产总值、收入分配、个人消费模式等有关购买力的变量。

(2) 经济发展阶段。不同的国家经济发展阶段不同，人们对旅游这一现象的认知和接受程度也不同。一方面，经济比较发达的国家，其交通便利、通信发达、设施完善、资金雄厚，出门旅游的人数就多。另一方面，发达的经济本身就可以为国家或本地区增加吸引力，吸引别国或地区以学习、考察为目的进行旅游。相反，一个贫穷落后的国家，战火纷飞、设施落后，纵使有再美的风景，旅游消费者也会望而却步。

(3) 外贸收支及货币汇率。这是反映不同国家货币之间的比价，对国际旅游需求的变化起重要的作用。如旅游客源国或地区的货币升值，而旅游目的地国商品价格（包括旅游价)又未相应提高,则前者的居民去后者旅游时支出的货币就会减少,从而促使前者居民对后者的旅游需求增加;反之,前者的货币对后者的货币贬值了,则会减少该国的居民对后者的旅游需求。

(4) 个人收入。生活水平的提高,带薪假期的出现,使人们产生出门看看世界的想法。个人收入,尤其是个人可自由支配的收入更是决定旅游消费者购买力和支出的决定性因素。旅游市场营销人员要了解这部分目标市场的消费者如何分配他们的可支配收入及其消费模式。可支配收入是指扣除消费者个人缴纳的各项税款后可用于个人消费和储蓄的那部分收入。一个消费者的可任意支配收入增多,用于旅游或其他文娱活动的开支也较多。

5. 人口与地理因素

影响旅游企业市场营销的人口环境、地理环境因素是多方面的,通常包括人口数量、自然构成、增长速度、教育程度、地区与地区间流动程度、地方资源特色、地方人文深度等。

(1) 人口因素。在收入接近的条件下,人口的多少决定着市场总的容量。随着经济的发展,大众旅游意识的增强,出行的人数必然会增加,入住饭店的次数也会增加。人口的增加会形成强大的市场潜力,这是旅游市场营销活动中应予以重视的因素。

一般而言,城市居民旅游的人数相比乡村要多,这主要是因为城市居民收入水平较高,旅游的经济条件和意识都相应较高,所以逐年加快的人口城市化必然会带来整个旅游市场的各方面变化。

人口结构中的年龄结构、性别结构及职业结构都深深地影响着旅游市场,也影响着旅游企业经营策略与产品设计策划的方向。比如,“银发游”在近年内得到巨大发展,女性早已成为旅游消费者中最为重要的消费群体,同时旅游企业为不同职业的群体提供符合不同职业特点的特色旅游产品。

(2) 地理因素。旅游客源与地理学的地理距离是有密切关系的,随着地理距离的增大,客源就会逐渐缩减。因为旅游地理距离扩大,就意味着旅游费用和时间的增多,所以,国内旅游人次总是多于国际旅游人次,中短程国际旅游人次多于远程国际旅游人次。如近年兴起的“边境游”等形式,就是这一特征的体现。

6. 技术环境

科技的发展不但造就了许多新的行业、新的市场机会,而且在同一行业各企业、部门科技应用的多少、适宜与否都直接影响企业的市场营销,旅游行业亦然。运用新科技还可以提高竞争优势,比如,现在大部分旅行社都实现了网络管理,基本上都采用旅行社管理软件来进行业务操作,大大提高了工作规范程度及办事效率。

(二) 旅游市场微观环境分析

旅游企业营销人员及高层决策人员应定期对面临的微观环境及其因素进行分析,以便认清形势,适应环境的变化,从而根据微观环境及其因素的变化,灵活地调整企业的营销策略,使企业的市场营销活动得以顺利地开展。

1. 购买者对企业营销活动的影响

(1) 旅游购买者。旅游购买者是指最终旅游消费者,是影响旅游企业营销活动的最效果。

2. 营销战略选择与执行方案

在旅游企业进行了完整而且详细的分析之后，接下来的阶段就是决定采取什么战略、战术来实现企业目标。

(1) 市场细分和目标市场。营销计划应简要说明要采用的市场细分方法和市场划分的基础，要对选取的目标消费群体进行剖析。

(2) 市场定位。建立旅行社的产品形象，并初步提出推广策略。

(3) 营销组合。为市场营销组合中的产品、价格、渠道等各个因素制定具体策略，并提出在促销过程中如何组合。

(4) 营销战略。分析产品所处的生命周期阶段对战略有什么影响，以及针对每个细分市场建立全面的营销途径等。

(5) 营销目标。用定量的标准去衡量整个营销计划，或每一个目标市场的营销目标，如具体的销售量、销售收入、市场占有率、营销渠道的覆盖范围等针对性指标。

(6) 执行方案。营销计划中最关键的一部分就是要把以上 5 点所分析的内容转化为执行方案，直接按照日程表来进行。

(二) 旅行社市场营销计划的执行

旅游市场推广的营销计划与方案的制订还仅仅是营销推广过程的开始，一次成功的营销推广不仅要有一份成功的计划方案，也更应涉及很多详细的工作安排和如何执行。许多营销推广计划失败的原因都在于不够详细，过于模糊或不确定，使得各种营销活动的工作人员概念混淆或不知道自己的工作职责，造成过多的无效支出和整个计划实施的延误。

旅游企业营销计划的管理是在多个部门协同的基础上完成的，成功实施旅游营销计划和营销战略一般要经过以下步骤。

1. 制订详细的行动方案

行动方案是实施营销策略具体的、详细的步骤计划。除应当详细说明各种营销行动和任务之外，还要将每个员工所承担的工作责任落实，并明确具体的执行时间表，如表 6-1 所示。营销行动方案是基层员工的工作目标，更是营销计划全部过程具体实施的基础。

表 6-1 时间表和行动日程样式

时间表和行动日程：			年度：					页数：1
项目	负责人	活动	1月	2月	3月	4月	5月	6月

2. 营销预算

各种营销活动策略和营销活动的开展大多需要花钱，在营销计划预算内容中，每一项特定活动的成本都要确定，这也涉及营销资金的分配问题。营销预算要求清晰地提醒企业“钱要花在哪里，怎么花，花多少”。预算在计划中通常是一个独立的阶段，在高层领导的审批、核查并经过必要的修改后，该营销预算就成为整个营销活动的重要财务依据，也是执行过程中一种重要的控制手段。

3. 实施情况预测与控制程序

在营销计划方案执行开始前就要对实施情况进行预测，如有必要还可以专门制订相应的控制计划，这是营销管理的职能之一，也是保证营销计划成功的关键环节。

4. 效果评估

评价营销计划方案是否成功的指标和方法最直接的就是看其目标的完成程度，如我们可以评估营销计划在实施的过程中有哪些方面或方法达到了预期的效果，哪些又需要重新调整。当然，有效地评价营销计划方案建立在具体的、科学的测量技术、预期结果和绩效标准的基础上。完善的评估程序不仅能判断正在实施的营销计划是否能够达到预期目标，也对未来营销的调整提供了参照与指导。

三、旅行社市场营销策略

（一）产品策略

旅行社营销产品要适合旅游市场需求，旅游产品的设计、产品包装及商标、新产品开发等，都必须符合特定市场的需求及目标消费者的购买特征与偏好。与此相适应，旅行社产品营销策略主要有以下几个方面。

1. 产品适应策略

产品适应策略是一种对旅行社现有产品进行适当变动，以适应旅游市场不同需求的策略。这一策略的核心是对原有产品进行适应性更改或部分更改，即一方面保留原产品合理的部分；另一方面对某些部分做适当调整，以适应目标消费者的不同需求。通常产品更改包括功能更改、外观更改、包装更改及品牌更改等。

产品适应策略的优点是增加产品对旅游市场的适应性，有利于扩大销售，增加企业的收益；其缺点是增加更改费用，提高了产品成本，同时产品的创新性大大下降。

2. 市场扩张策略

市场扩张策略是一种对现有产品不做任何变动，直接在市场范围上进行扩张，从而占有新市场的策略。这一策略的核心是在原有销售基础上的规模扩张，即在产品功能上保持原有面貌，基本不做任何变动，不增加产品开发成本，只是将现有产品扩张到更为广阔的市场。

在市场空间巨大、市场需求同质的情况下，旅行社在旅游市场营销中往往采用市场扩张策略。

市场扩张策略的优点是可以获得规模效益，把生产成本和营销费用保持在最低水平；可以壮大企业的社会影响，在旅游市场上以同样产品，同样广告包装形成巨大的宣传综合效应。该策略的缺点则是由于市场针对性不强而对旅游市场的适应性较差，不能反映消费者的需求差别。

3. 新产品开发策略

新产品开发策略是一种全面开发设计新产品，以适应特定旅游目标市场的策略。新界经济全球化、一体化过程的加快，全球信息网络的建立和消费需求的多样化，企业所处的环境更为开放和动荡。这种变化几乎对所有企业都产生了深刻的影响。正因为如此，环境分析成为一种日益重要的企业职能。

环境发展趋势分为两大类：一类表示环境威胁；另一类表示环境机会。环境威胁指的是环境中一种不利的发展趋势所形成的挑战，如果不采取果断的战略行为，这种不利趋势将导致公司的竞争能力受到削弱。环境机会就是对公司行为富有吸引力的领域，在这一领域中，该公司将拥有竞争优势。

(2) 优势与劣势分析(SW)。识别环境中有吸引力的机会是一回事，拥有在机会中成功所必需的竞争能力是另外一回事。每个企业都要定期检查自己的优势与劣势，这可通过"企业经营管理检核表"进行。企业或企业外的咨询机构都可利用这一方式检查企业的营销、财务、制造和组织能力。每一要素都要按照特强、稍强、中等、稍弱或特弱划分等级。

当两个企业处在同一市场或者说它们都有能力向同一顾客群体提供产品和服务时，如果其中一个企业有更高的盈利率或盈利潜力，那么，我们就认为这个企业比另外一个企业更具有竞争优势。换句话说，所谓竞争优势，是指一个企业超越其竞争对手的能力，这种能力有助于实现企业的主要目标——盈利。但值得注意的是，竞争优势并不一定完全体现在较高的盈利率上，因为有时企业更希望增加市场份额，或者多奖励管理人员或雇员。

竞争优势可以指消费者眼中一个企业或它的产品有别于其竞争对手的任何优越的东西，它可以是产品线的宽度、产品的大小、质量、可靠性、适用性、风格和形象以及服务的及时、态度的热情等。虽然竞争优势实际上指的是一个企业比其竞争对手有更强的综合优势，但是明确企业究竟在哪一个方面具有优势更有意义，因为只有这样，才可以扬长避短，或者以实击虚。

2. SWOT 分析的步骤

SWOT 分析分为 3 个步骤：①罗列企业的优势和劣势、可能的机会与威胁；②优势、劣势与机会、威胁相组合，形成 SO、ST、WO、WT 策略；③对 SO、ST、WO、WT 策略进行甄别和选择，确定企业目前应该采取的具体战略与策略，如图 6-1 所示。但最关键是做好第一步工作，具体如下。

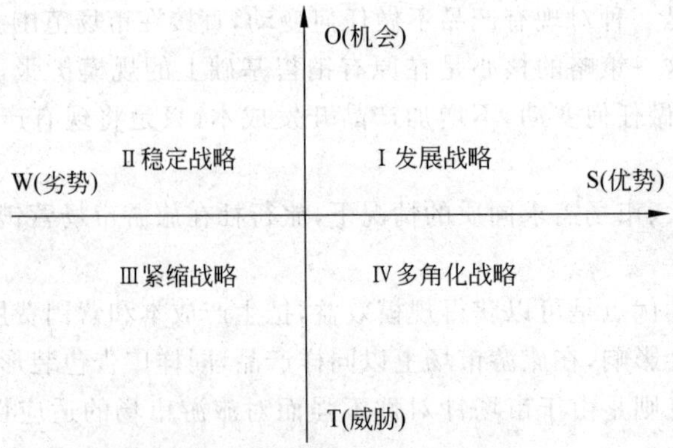

图 6-1 SWOT 分析战略选择矩阵

(1) 分析竞争优势(S)。竞争优势是指一个企业超越其竞争对手的能力,或者所特有的能提高公司竞争力的东西。一般竞争优势可以是技术技能优势、资产规模优势、人力资源优势、产品特色优势等。

(2) 分析竞争劣势(W)。竞争劣势是指某种企业缺少或做得不好的东西,或指某种会使企业处于劣势的条件。可能导致内部劣势的因素主要有缺乏具有竞争意义的产品特色、关键的市场领域正在丧失等。

(3) 分析企业面临的潜在机会(O)。市场机会是影响企业战略的重大因素。企业管理者应当确认每一个机会,评价每一个机会的成长和利润前景,选取那些可与企业财务和组织资源相匹配、使企业获得竞争优势的潜力最大的机会。

(4) 危及公司的外部威胁(T)。在企业的外部环境中,总是存在某些对企业的盈利能力和市场地位构成威胁的因素。企业管理者应当及时确认危及企业未来利益的威胁,作出评价,并采取相应的战略行动来抵消或减轻它们所产生的影响。

二、旅游消费者购买行为分析

(一) 旅游消费者购买行为影响因素

1. 经济因素

经济因素包括消费者可支配收入、储蓄、资产和借贷能力等。

经济学家认为:经济因素是影响消费者购买行为的首要因素,决定着人们是否购买及购买的规模和档次;消费者都是理性的,其购买遵循“边际效用最大化”原则。

从经济角度分析消费者购买行为,企业要重视以下两点。

(1) 企业应根据顾客收入水平决定投资方向、投资规模、生产商品档次以及定价策略和技巧等。

(2) 企业应通过不断提高产品质量和降低产品价格,在最大限度上满足顾客的边际效用,从而实现更大的销售额。

2. 社会因素

社会因素包括社会阶层、文化环境、相关群体和家庭情况等。

(1) 社会阶层。社会阶层是指具有相似社会经济地位、共同利益和共同价值观念的人组成的群体,其划分依据有5个:职业、收入来源、居住地区、财产状况和受教育程度。

社会阶层对人们购买行为的影响表现在:①基于希望被同一阶层成员接受的“认同心理”,人们常会依照该层级的消费模式行事;②基于不愿往下掉的“自保心理”,大多抗拒较低层级的消费模式;③基于人往高处爬的“高攀心理”,人们往往喜欢做一些“越级”的消费行为,以满足“一刹那”的虚荣心理。

企业应根据人们所处的社会阶层对整体市场进行细分,然后针对不同阶层的购买特点和消费习惯,分别开发不同的产品和制定不同的营销对策。

(2) 文化环境。文化是指一个国家或地区世代相传而形成的以一定哲学、宗教和处世方式为中心的综合体,它是由一系列标准或规范构成的。

生活在不同文化环境中的人们,认识事物的方式、行为准则和价值观念等各不相同,

4. 销售推广

销售推广是一种短期内刺激销售的活动，如展销会、优惠酬宾等。其主要特点是吸引力大，能把顾客直接引向产品；刺激性强，激发需求快，能临时改变顾客的购买习惯；有效期短，如持续时间过长，不利于塑造产品形象；组织工作量大，耗费较大，而营销面窄。

【思考与讨论】

1. 分组讨论旅行社的市场营销管理有什么特点。
2. 陈述旅行社市场营销计划在制订和执行过程中分别要注意什么问题。

【训练任务】

随着国庆"黄金周"的到来，结合当地旅游市场现状，请各小组针对国庆"黄金周"制订一份当地旅行社促销方案。

【案例分析】

"酒香也怕巷子深"的时代，没钱没人的传统中小旅行社如何做营销

2017年春节将至，旅游企业的开年营销大战也正式打响。今年红包、甩卖依然是OTA和旅行社的基本营销方式，通过"春节旅游年货线上线下大促销""写春联，送福字，拿红包"等营销活动烘托节日气氛，吸引流量。此外，今年OTA春节还推出新玩法："旅游十年货"专线，这条专线主要是针对中老年用户群体，在全国主要城市精心挑选年味代表性极强的年货大街，将旅游与传统年货相结合。据悉，今年携程、途牛、同程分别推出老年游品牌。从这里可以看出，从一个群体产品入手进行单点突破，对于大单品的产品卖点挖掘和塑造，同时加深消费者对产品在情感层面的需求，也传达了价值观层面的品牌精神。

综合来看，相较之下虽然传统旅行社在不遗余力地对新的营销方式进行发展和探索，但是参与者并不多。主要原因是旅行社以中小型为主，其资本、人力都不够充足，往往也是力不从心。那么，在营销时代中小旅行社只能观望吗？

问题：对比分析中小旅行社与OTA的营销策略差别。

项目七

接待旅游团队

开篇案例

地震中的导游

陈军，导游，四川阿坝州人。地震发生当天他正乘坐H02920号游客大客车从成都大酒店载客26人赴九寨沟，当天下午2：28分，车行驶到距汶川20千米处，名叫七星关的地方，顿时，天空一片漆黑、狂风四起，大客车左右晃动。机智冷静的陈军马上意识到是地震了，他说："当时我看到游客们泪流满面，一张张惊慌的面孔，我想这里只有我和司机是四川人，比较了解地形，一定要确保这26名游客的安全！"地震发生的下午，按照行程计划，游客到达茂县，陈军立即找当地农民救援。在农民倒塌的房子废墟中，他们挖出了25千克大米和一口大锅，用这些粮食维持大家的生命，度过了被困期间最艰难的3天。5月15日晚，打听到汶川通信恢复后，陈军冒着风险往返步行14个小时，给所有游客的家人拨打了平安电话，双脚全部发肿起泡。经过11天生死考验，26名游客安全到达成都。

知识目标

- 了解旅行团的接待计划。
- 熟悉选派合适导游的方法、途径。
- 了解后勤保障要素。
- 熟悉成本核算及控制。

能力目标

- 能编制旅游团接团计划单。
- 能科学管理及合理分配导游员任务。
- 能为旅游团接待做好后勤保障工作。
- 能为旅游团接待成本进行核算及控制。

人参与的购买行为，即购买行为是习惯性的或惯例化的。

(2) 选择性的购买行为。消费者愿意花费较多的时间和精力，并且有较多人参与的购买行为，即消费者在实际购买前要先花费一些时间和精力来弄清一些问题，以便减少购买风险，然后才实施购买的行为。

(3) 考察性的购买行为。消费者愿意花费更多的时间和精力，并且有更多人参与的购买行为，即消费者在实际购买前要花费很多时间和精力弄清许多问题，以便减少或避免购买风险，然后才实施购买的行为。

（二）旅游消费者购买过程分析

消费者从不了解某种商品到经常购买某种商品，要经过哪些步骤，在这些步骤中企业要做好哪些工作，才能使之向下一步发展，直至经常购买我们的商品？要想弄清这些问题，就需要研究消费者的购买决策过程。

1. 引起需要

从理论上讲，需要的引起有两个方面的原因。一方面原因是内在的，是由生理所决定的，如肚子饿会产生对食物的需要，渴了会产生对水的需要，这些是由生理变化所决定的。这些方面，企业是改变不了的。

引起需要的另一个原因是外在的刺激。比如，你看到某个人穿着非常漂亮得体的服装，这个外在的刺激使你对这种服装产生了希望拥有的欲望。对企业来讲，就要通过适当的方式刺激顾客，使之了解、喜欢你的产品，并产生购买欲望。如加大宣传力度，以刺激顾客产生购买的欲望。

2. 收集信息

在市场营销中，经过研究，发现消费者购买决策的第二步是收集信息，所以你要了解目标消费者接收信息的通道。消费者信息的来源有许多种，如报纸、杂志、电视、口碑等。了解了这些，在做广告宣传时，对广告媒体的选择也就有针对性了。比如说给出租车司机做宣传，那么他接收信息的主要通道可能就是交通台，他在收听路况信息的时候，同时也就接收了其他有关信息，那么在选择广告媒体时就应以交通台为主。

3. 比较评估

作为消费者，可能会从不同的渠道收集很多信息。他收集大量的信息之后要做什么？要对此进行分析，作出决策，这就是比较评估。

针对顾客的比较评估阶段，企业应该做些什么？在这个阶段，消费者需要大量的能够打动他的信息。那么，能够打动他的信息是什么呢？经过对众多竞争对手的产品的比较，消费者当然愿意接受那种性能和价格让他比较满意的产品，那种能给他带来更多利益的产品。所以，企业在宣传中，要注意突出自己产品的优点，尽量让顾客多了解自己产品的优点，方便消费者进行判断和选择。

4. 实际购买

实际购买是消费者购买决策中的第四步。这个时候，企业应该注意，前期的工作尽管成功了，但也一定要把握好这个实际购买的阶段。要做到热情接待、周到服务，让顾客在非常温馨的交易情境下接受你的商品。因为在这个实际购买的过程中，顾客依然可能作出否定购买的决策。因此，必须按照顾客接受的最佳状态、最佳时机考虑接待方式。

5. 购后感受

实际购买的完成并不是企业营销行为的结束，作为企业，还要关心、了解消费者的购后感受，这是购买过程的最后一个步骤。购后感受分为购后的近期感受和远期感受。

企业既要追求近期感受，也要追求远期感受。如果顾客没有良好的近期感受，他可能买都不买；如果没有远期感受，他买完了之后也会后悔，甚至会做反面宣传。因此，要通过商品的质量、良好的售后服务体系的构建，来为顾客营造一种良好的、长期的购后感受。与此同时，也要通过良好的近期促销，恰当的促销手段，让顾客获得良好的近期感受，达到顾客满意和理解，让顾客感到物有所值。

三、旅游市场调研与预测

旅游市场调研是指旅游企业运用科学的方法，有目的、有计划，系统地、客观地收集旅游市场的有关资料数据，并进行整理和分析研究，总结市场的变化规律并预测未来的方向，为旅游企业管理者了解市场环境，发现经营问题和盈利机会，提供可靠依据的活动。

（一）旅游市场调研的内容

1. 市场研究

市场研究包括市场潜在需求量、消费者分布及消费者特性研究。

2. 产品研究

产品研究包括产品设计、开发及实验，消费者对产品形状、包装、品位等喜好研究，现有产品改良建议，竞争产品的比较分析等。

3. 销售研究

销售研究包括总体行销活动研究、设计及改进。

4. 消费购买行为研究

消费购买行为研究包括消费者购买动机、购买行为决策过程及购买行为特性研究。

5. 广告及促销研究

广告及促销研究包括测验、评估商品广告及其他各种促销的效果，寻求最佳促销手法，以促进消费者的有效购买行为。

6. 行销环境研究

行销环境研究包括研究人口、经济、社会、政治及科技等因素的变化对市场结构及行销策略的影响。

7. 销售预测

销售预测研究大环境演变，对市场销售量作长期预测与短期预测，为长期经营计划及短期经营计划的拟订提供参考。

（二）旅游市场调研的类型

1. 探测性调研

探测性调研是对旅游企业发生的问题缺乏认识，甚至是在一无所知的情况下，为弄清如接待计划发生变更,应按业务流程逐一下达变更通知。

（二）安排合适的接待人员

接待计划制订好以后,应根据旅游者的国籍、年龄、特殊要求等精心配备合适的导游人员,若选择不当,则可能造成接待中的失误。所以,旅行社接待部门的领导要能全面了解导游人员的性格、能力、外语水平、身体状况等情况。如果接待学术团,应选择在相关领域有一定知识、经验丰富的导游人员,这样可使导游人员与旅游者有更多相同的话题,让旅游者在旅游过程中更轻松愉快。对一些重点团队,旅行社更不能掉以轻心,一定要选派接待经验丰富的导游;对特别重要的团队,除选派优秀导游外,旅行社各级主管还可直接参与接待。针对不同的对象,适当地挑选接待人员,有利于为旅游者提供更好的服务。

（三）适时的检查与监督

旅行社接团管理人员还要注意对接团计划进行检查或抽查,特别对重点团队及新手制订的计划要更为注意,以改进不足之处;及时落实房、餐等预订;同时还要对准备工作做得不充分及经验不足的导游人员进行督促与指导,以利于接团工作的顺利进行。

二、接团阶段

接团阶段是旅行社接团工作管理中最重要的部分,由于导游人员独自在外带团,流动作业,接待部门往往很难对接团质量加以有效控制,而一些问题与事故的发生也往往产生于这一阶段。所以,接团阶段的管理是整个接团管理中最困难的一部分,旅行社接待部门应重视加强对这一阶段的管理。其主要内容如下。

（一）建立请示汇报制度,抽查或检查接团工作落实情况

接团工作独立性强,后勤人员特别是导游人员应具有较高的独立工作能力与应变能力。接团人员尤其是对业务不够熟悉的新导游在遇到计划变更和发生事故等情况时,要及时向旅行社请示汇报,以让问题得到及时正确的处理。旅行社要制定合适的请示汇报制度,既给接待人员一定的权力,保证工作及时完成,又要有一定的限制,以免由于个人能力所限造成处理不当。

（二）抽查监督接团计划的落实情况

旅行社管理人员还可以随时与接团人员或者相关商场、饭店联系,了解检查接团工作的进展,保证服务质量;还可以亲自到旅游景点或饭店等地检查导游人员接团情况,向旅游者了解接团质量与计划的安排,获取各种反馈信息。这种方法可直接、快速地了解接团计划的落实情况,并有利于改进接团服务质量。

（三）及时处理出现的问题和事故

接团过程中,由于种种原因,常会出现一些责任性或非责任性事故,如漏接、错接、误

机、旅游者丢失证件财物、走失或患病死亡等。旅行社一方面要制定标准化服务规定，避免事故发生；另一方面，事故发生后要帮助接团人员处理这些问题，涉及计划变更的，旅行社要做好退订、办理分离签证等手续，并及时通知下一站接待社，以维护旅游者利益，尽可能地减少损失。

三、结束阶段

结束阶段的管理主要是对接团的经验和教训加以总结，以提高工作效率与服务水平。

（一）建立健全接团总结制度

为提高今后的服务质量，旅行社应建立完善的接团总结制度。如要导游人员写接团工作汇报，内容包括团队基本情况、旅游者特点及表现、接团中发生问题的原因及处理措施、工作中的收获与经验教训、留有什么有待解决的问题等。发生重大事故，要将有关事故的全部调查材料及善后处理措施、意见等整理成文、归档，以备查询。接团管理人员还可以对陪同日志和《接待记录表》（如表 7-2 所示）进行抽查，及时了解接待情况，以便发现问题，采取补救措施。

表 7-2 接待记录表

××旅行社旅游团陪同记录表 编号

城市	旅游团名称	总编号	客源地
旅游团人数	成人 儿童 2 周岁以下 2～11 周岁		
住宿情况	间数 其中 单人 双人 3 人 其他		
用餐情况	餐标		
交通情况	抵达 月 日 时 分，乘坐 次机/车/船抵达		
	离开 月 日 时 分，乘坐 次机/车/船赴		
主要活动项目			
行程变更情况	原计划 人数 时间 饭店 变更		
全陪情况	所属社 人数 住房		
备注			

地陪： 全陪： 年 月 日

（二）及时收集反馈信息

旅行社可分发给导游人员《质量调查表》（如表 7-3 所示），请游客填写，收集游客对接待服务中食、宿、行、游等活动的意见和建议，了解旅游者对服务质量的直接感受及旅游需求，对旅行社制订的计划及服务水平加以改进。

趋同的倾向;如果选择背景、个性完全不同的专家,有可能会由于个人固执已见而致使循环难以结束。

2) 旅游市场的定量预测法

该方法是根据准确、系统、全面的调查统计资料和经济信息,运用统计方法和数学模型,对企业发展规模、水平、速度和比例关系进行预测。

对预测者的要求:查阅统计资料、基本的统计分析方法的掌握。

定量预测具体方法如下。

(1) 时间数列预测法。具体包括以下两种:

① 移动平均法。移动平均法是以一个数列局部资料的平均数作为外推预测的依据,选择包括本期在内的 n 个时期的数值,把计算出的平均数作为下一个时期的预测数。

第一,简单移动平均预测法。如果认为 n 个时期数值对预测数是同等重要的,给予同样的权数,求得的平均数称为简单移动平均数。这种以简单移动平均数作为下一时期预测数的方法称为简单移动平均预测法。这里,时期个数 n 根据预测者的实践经验和分析加以确定,一般地,$n=3$ 或 $n=5$。其计算公式为

$$\hat{y}_{t+1} = \frac{y_t + y_{t-1} + y_{t-2} + \cdots + y_{t-n+1}}{n}$$

式中,n 为时期长度;$\hat{y}_{t+1}$ 为下一期预测值;t 为本期;$t-1$ 为上期;y 为实际值。

第二,加权移动平均预测法。加权移动平均预测法就是根据距离预测期的远近,给几个时期的各个数值以不同的权数。由于离预测期越近的数值对预测期的影响越大,所以给近期项数以较大的权数,远期项数以较小的权数,把求得的加权平均数作为下一期的预测数。其可以表示为

$$\hat{y}_{t+1} = \frac{y_t f_t + y_{t-1} f_{t-1} + \cdots + y_{t-n+1} f_{t-n+1}}{f_t + f_{t-1} + \cdots + f_{t-n+1}}$$

式中,f_t 为第 t 期的权数,且 $f_t > f_{t-1} > \cdots > f_{t-n+1}$。

当现象发展变化比较平稳时,用加权移动平均预测法进行预测比简单移动平均预测法更接近实际。由于加权移动平均预测法计算比较烦琐,并且权数的确定缺乏客观依据,近年来已逐渐被指数平滑预测法所代替。

② 指数平滑预测法。指数平滑预测法是加权移动平均预测法的一种改良,应用十分广泛。它所用的权数采取指数的形式,基本算式可简化为本期实际值与本期预测值的加权平均数,因此又称为"指数平滑移动平均预测法"。其基本形式为

$$\hat{y}_{t+1} = \alpha y_t + (1-\alpha)\hat{y}_t$$

式中,$\hat{y}_t$ 为第 t 期的实际值;α 为平滑系数。

平滑系数 α 根据需要而设定,其值在 0~1。α 值的大小直接影响着预测的结果。当 α 值越小时,y_t 的权数越小,预测值主要取决于上期的预测值;反之,当 α 值越大时,预测值则主要取决于上期的实际值。从选择的方法上看,应取预测误差较小的 α 值。

(2) 回归预测法。具体包括以下两种。

① 一元线性回归预测法。只考虑一个因素的变动对预测对象的影响,称为一元回归分析。如果两现象的变化呈现出一定的比例,则称为一元线性回归。其应用的条件:两

个变量之间确实存在显著的直线相关关系。

$$\hat{y} = a + bx$$

式中，x 为自变量；$\hat{y}$ 为因变量；a 和 b 为待定参数。

根据最小平方法的原理，由下列标准方程组解出 a 和 b 的值：

$$\begin{cases} \sum y = na + b\sum x \\ \sum xy = a\sum x + b\sum x^2 \end{cases}$$

解联立方程组，得：

$$b = \frac{n\sum xy - \sum x\sum y}{n\sum x^2 - (\sum x)^2}$$

$$a = \frac{\sum y}{n} - b\frac{\sum x}{n} = \bar{y} - b\bar{x}$$

② 多元线性回归预测法。在许多情况下，影响事物变化的因素不止一个。例如，劳动生产率的提高可以降低成本，原材料单耗的降低也可以节约成本。设 y 代表单位成本，x_1 代表劳动生产率，x_2 代表单耗，则：

$$\hat{y} = a + b_1x_1 + b_2x_2$$

利用最小平方法可以求出 3 个标准方程式：

$$\begin{cases} \sum y = na + b_1\sum x_1 + b_2\sum x_2 \\ \sum x_1y = a\sum x_1 + b_1\sum x_1^2 + b_2\sum x_1x_2 \\ \sum x_2y = a\sum x_2 + b_1\sum x_1x_2 + b_2\sum x_2^2 \end{cases}$$

把已知数代入方程中，就可以求出参数 a、b_1、b_2 的值。如果影响 y 的因素有 n 个，则 x 与 n 个因素之间可配合成：

$$\hat{y} = a + b_1x_1 + b_2x_2 + \cdots + b_nx_n$$

四、市场分析报告的撰写

通过对调研资料的整理分析，调研人员需要对研究结果作出判断。一般来说，调研结果要用书面的形式向决策者进行报告，这就是我们通常说的市场分析报告。

（一）市场分析报告撰写的基本内容与要求

市场分析报告一般有两种形式：一种是专门性的分析报告，是专供旅行社的市场营销人员所阅读的，内容比较详细和明确；另一种是一般性的分析报告，是供旅行社的上级或者主管部门的领导所阅读的。不论是哪一种形式，市场分析报告多应包含以下基本内容和遵循以下基本要求。

1. 市场分析报告的基本内容

(1) 引言，包括标题和前言。前言中应该明确调研的时间、地点、对象、范围及目的，并说明调研的主旨与调研的方法。

3. 宗教旅游团

宗教旅游团有许多禁忌，对一些问题较敏感。应选派立场坚定、宗教知识丰富的导游员接团。

4. 入境探险旅游团

入境探险旅游团成员往往见识多、胆子大，不易听从导游员的劝告与指挥。探险必然存在风险，接待管理要重点抓好合同中有关安全责任、风险、事故处理的文本措辞及接待过程中的安全预防措施；要派出责任心特强、体力好、外语过硬的导游上团。

（三）旅行社会展服务管理

1. 会展旅游的特点

（1）会展活动规模比一般旅游团大。

（2）会展活动细节比一般旅游团队复杂。

（3）会展参加人员比一般旅游团队层次高。

（4）会展活动需要专业队伍操作。

（5）会展活动比一般旅游团队利润高。

2. 旅行社致力于提供专业化服务

目前，我国旅行社在规模上可分为大型旅行社、中型旅行社和小型旅行社。将来这3类旅行社的发展方向为大型旅行社集团化、中型旅行社专业化、小型旅行社网络化。大型旅行社在整个市场内通过重新组合实现集团化后，市场上一些中等规模的旅行社应相应调整其经营方向，避开其在经营标准化产品方面的比较劣势，实现专业化经营，以便最大限度地满足特定细分市场旅游者的需求。中型旅行社专业化主要体现在所经营的产品上。中型旅行社应针对某些细分市场，对某些产品进行深度开发，形成特色产品或特色服务。在未来，中等规模旅行社专业化发展是一种必然的理性化选择：专业化经营集成本优势与产品专业化优势于一身，解决了这类旅行社因规模较小形不成规模经济、因而也难以直接与旅行社集团竞争的问题。而对行业来说，专业化的特色经营起到拾遗补阙的作用，中型旅行社专业化开发会使旅游产品更加多样化，从而增强旅游产品的总体吸引力。

3. 会展业务操作要点

会展业务操作的要点包括：①申办；②签约；③计划和活动推广；④募集赞助；⑤签到注册；⑥现场管理。

【思考与讨论】

为更好地接待团队，我们还可以怎样对旅游团进行分类？

【训练任务】

根据任务引入的相关内容，做一份旅游团队接团计划单。

【案例分析】

环节出差错　赔偿理应当

一天，旅行社老总接待了一位怒气冲天的投诉者。这位郑女士自称身患绝症，到国外旅游是人生最后一次愿望，想不到旅行社欺骗了她，并且"温柔地斩了她一刀"。旅行社老总接过郑女士手中的旅游合同一看，才明白是怎么回事。

原来，该旅行社早就和一家外企签订了一份"泰国逍遥七日游"的旅游合同。按合同规定，原定在泰国芭提雅观看人妖歌舞表演的节目放在曼谷进行(因为该企业的大多数人都已经到过泰国，只不过想看看曼谷的人妖表演是怎么回事罢了)，又因该旅游团只有12名游客，为此，旅行社同意另外8名散客参团进行。之后，旅行社及其销售网点照常挂牌对外收客，但与散客签订的旅游合同却是原来的旅游路线(郑女士就是其中一位散客)。因此，该旅游团出现了两种不同的接待计划。最后，郑女士气愤地说："按旅游合同规定，在泰国芭提雅观看举世闻名的人妖歌舞表演，但到泰国后你们却安排在曼谷观看，这分明是在搞欺骗行为。因为，在芭提雅观看的表演才是正宗的。"

旅行社老总听后二话不说，立即通知财务部门把泰国的人妖歌舞表演的门票全额退还给郑女士。

问题：通过以上案例，请分析在制订旅游接待计划时应注意什么问题。

任务二　选派合适的导游员

【任务引入】

全国模范导游甘玲在平时的接待工作中，不仅耐心、细心，不厌其烦地讲解，还为游客提供个性化服务，形成了独特的讲解风格，为不同国家、不同地区、不同职业的游客带来了欢乐。

近年来，单身或者离婚的旅游者比较多，他们常一个人来旅游，心情不好，性格孤僻。甘玲在为他们提供服务时，不是光顾自己讲，还注意他们的反应，想办法让他们多说话，让他们能够宣泄自己的郁闷，她的努力收到很好的效果，许多客人感觉在桂林的日子非常愉快。一次，甘玲接待了一个以色列旅游团，客人对桂林前面的中国3个城市地陪都不满意，并且发生过争执。到桂林后，甘玲以诚恳的态度、热情的服务、客观的介绍，留给客人很好的感受。例如，在往返龙脊的路上，客人七八次要求停车照相，甘玲都能做通司机工作，请司机配合停车，在确保安全的情况下满足客人需要。以色列领队和客人都非常满意甘玲的工作，写信到旅行社要求甘玲以后专门接待以色列团，以后许多重要的以色列团也指名要甘玲接待。

从毕业到现在，甘玲已经做了21年导游，接待超过2000批海外游客，他们大多来自世界各地的英语国家，甘玲优质的服务深得外宾的认可，年年都得到大量的表扬。每次旅游结束评价导游服务时，客人在"意见表"上大多数填写的都是"优秀"，优秀率高达98%。

【任务分析】

在旅行社接待工作中处于第一线的关键人员是导游员，他是导游工作的主体；在旅游活动中，导游员处于中心地位，起着导演的作用。一次旅游活动的成功与否，往往取决于导游员的工作。

导游员的素质决定着导游服务的质量，导游服务质量的高低则在很大程度上决定了旅游产品的使用价值，而旅游者往往就是根据其使用价值来购买旅游产品的。很多统计数字表明，卓有成效的导游工作不但可以使游客满意归去，而且可以起到良好的宣传作用，许多游客之所以到某国、某地旅游是由于有亲身体验的亲友的举荐。

反之，导游服务质量不高，则会使旅游者无法产生重游的欲望；而他们的抱怨和责怪，必将会使他们周围潜在的旅游者听而却步。所以导游服务的优劣，影响着东道国旅游产品的销售。

综上所述，导游服务在旅游综合服务中占有极其重要的地位，导游员在旅游接待工作中起着关键作用。导游员的工作不但关系着旅行社、地区和国家旅游业的声誉，而且关联着旅行社、地区和国家旅游业的发展。为了强调导游员的作用之重要，国际旅游界将导游员称为"旅游业的灵魂""旅行社的支柱"和"参观游览活动的导演"。

【知识储备】

一、导游服务的性质

导游服务是导游人员代表自己所在的旅行社，接待或陪同游客旅行、游览，并按照组团合同或约定的内容和标准向其提供的旅游接待服务。服务范围包括导游讲解服务、旅行生活服务与市内交通服务。

导游服务因国家和地区的不同，其政治属性也不同。在资本主义制度下，导游人员由于长期受资本主义社会环境影响，资本主义思想熏陶，在向游客提供导游服务时，往往会自觉或不自觉地传播资本主义人生观、价值观和伦理道德，使导游服务有形或无形地带有资本主义色彩。

我国的导游服务工作在本质上有别于其他国家。我国的导游服务工作是一项为祖国的社会主义建设和国内外民间交往服务的旅游服务工作。它以游客为服务对象，以协调旅游活动，导游讲解、帮助游客了解中国为主要服务职责，以语言和文化沟通为主要服务形式，以增进相互了解和友谊为主要工作目的，以"热情友好、服务周到"为服务座右铭。

总之,导游服务的政治属性在世界各国或地区都是存在的,只是在不同的社会制度下,政治性质不同而已。此外,世界各国的导游服务还具有以下共同属性。

1. 社会性——社会群体活动

导游本身是一种社会现象,它服务的对象是一个社会群体,这些群体又在旅游过程中同其他不同的人群发生着关系。因此,导游员是旅行社与旅游者之间、旅行社与其他旅游企业之间第一线的联络人员,在旅游服务各环节之间起着承上启下、连接内外、协调左右的重要作用。

2. 文化性——传播文化

导游服务是传播文化的重要渠道,各个景区景点的历史背景、文化底蕴、美学价值、形成原因等各种文化结晶和科学知识都需要通过导游在旅游活动中加以解说与传播。

3. 经济性——一项经济活动

导游服务是导游人员通过向游客提供劳务而创造特殊使用价值的劳动。经济性主要表现在:直接创收;扩大客源;促销商品;促进经济交流。

4. 涉外性——国际旅游特性

导游面对的游客不仅有国内的,也有国外的,因而他们是中外交流和文化传播的使者。旅游活动中可以通过导游将中国的传统文化、民俗、经济等各方面的现状呈现给外国游客,使他们更喜爱中国,从而发挥民间外交的作用。

二、导游人员的素质要求

作为一名导游员,必须具备优良的素养,比如,良好的职业道德、优良的心理素质、合理的知识结构、多方面的综合能力等,这些方面是导游员为游客提供优质接待服务的前提条件。只有这样,导游员才能既充分发挥自身的积极性以使自己能够胜任导游服务这项工作,又能充分满足游客的各种需要,使游客享受到高水平的导游接待服务。下面分别予以讨论。

(一) 良好的职业道德

导游员良好的职业道德素质的主要内容是热爱祖国,情操高尚,遵纪守法,爱岗敬业,其中最重要的是遵纪守法,爱岗敬业,热爱导游工作,为游客提供真诚的服务。导游工作非常辛苦,如果没有良好的职业道德,很难胜任这项艰苦的工作。唐·肖特在有关自己旅游生涯的一本书中,对旅游团领队(导游)的工作做了一个十分坦率的评价,他说:“在社交场合碰到一位旅游陪同,就他曾经游览过的名字奇特的远方愉快交谈是一回事;而看到他在很远的某个港口工作,当地饭店职员把他团队的全部护照放错地方,一位从杜布克来的善良老妇哮喘病突然发作,一位来自纽黑文的心不在焉的教授找不到自己的眼镜,因此不得不把菜名和观光日程念给他听,这些时候,就是另外一码事了。没有比在旅游业中做陪同更辛苦的了。他必须对远离家乡的人的冒险和兴奋之情、对与人打交道的工作怀有一种特殊的爱,并且将心理学家、教师、护士和社会顾问的才智集于一身。”

不了解导游员工作的人会认为"导游员的工作就是陪同客人游山玩水，吃吃喝喝，不用花钱就可以周游中国，甚至到国外跑跑，蛮不错的"。其实，其中的辛劳却是常人难以想象到的。少行李，丢护照，客人生病，各种各样甚至是苛刻的要求，要解决好这些问题需要导游付出大量艰辛的劳动，而且还需要相当多的学识与智慧。每一位优秀的导游都是任劳任怨地工作着。客人突然生病，导游要陪着上医院，有时还要陪夜，忙到凌晨两三点，第二天还要接着带团旅游。一位优秀的导游，常常忙得吃不好饭，睡不好觉，根本顾不上自己的小家。可见，导游员必须有很强的事业心，必须具有献身精神，才能做好导游工作。这些要求导游员既要以所从事的导游工作为自豪，又要甘于平凡，耐得住辛苦，更要善于合作。只有这样，导游员才能胸中有游客，一心为游客着想，时刻以游客的利益为重，才能使其与游客之间的距离的缩短有了基础。导游员自身的素质高，就能受到游客的尊重；导游员真诚对待游客，也会受到游客的尊重。

对一个导游员来说，还有什么能与得到游客由衷的敬重相比呢？这里分析一个导游员对待回扣问题的案例。大家都知道，有一些商店的人专门找旅游团导游员，做导游员的工作，要求往自己的商店带游客，条件当然是高额回扣。但是导游员坚决不答应，这时商店的人就将一个红包塞给了导游员，希望导游员"关照"。这位导游员当着游客的面将红包退还了，说自己与游客相处得亲如一家，怎能做对不起家里人的事。实际上这正是一个合格的导游员应有的表现，是一个合格的导游员具备良好的职业道德的反映，只是在当前的情况下，这样的导游员太少了。对这样的导游员，游客怎能不心生敬意？怎能不积极主动地配合导游员的工作？这样的导游员的导游工作怎会不是高质量的完成的？

（二）优良的心理素质

导游员还要有良好的心理素质。思维方面，注意培养自己的思维能力，使自己的思维尽可能敏捷、缜密，尽可能具有深度、广度，具有灵活性、独立性、清晰性；尽可能避免思维肤浅、粗疏、狭隘、呆板、因循和紊乱。意志方面，使自己尽可能具有自觉性、果断性、自制力和坚韧性等积极品质，尽可能克服盲目性、冲动性、脆弱性、顽固性等消极品质。情绪方面，导游员一定要善于控制自我情绪，善于冷静地进行思考，保持自信、沉着以及心态持久的平衡，目的是在各种情况下都能作出积极的、恰当的情绪反应，避免消极的、不恰当的反应，更要避免在导游过程中有烦躁、不耐烦、敷衍了事等消极表现。吴正平先生总结出了旅游工作者进行情绪状态自我调节的 14 种方法：想象控制法、想象演习法、联想矫正法、姿态矫正法、全神贯注法、矛盾取向法、延缓反应法、自我强化法、补偿调节法、宣泄调节法、深层分析法、自我暗示法、放松训练法、简易入静法等。导游员在导游过程中经常会出现一些不顺畅的事情。这时候，导游员特别要注意控制自己的情绪。这一点十分关键，否则，自己出现不良情绪反应是小事，控制不住游客的情绪、使事态扩大、给导游工作造成不良影响才是大事。

（三）合理的知识结构

导游工作的综合性要求导游员的知识结构比较特殊，总的要求是导游员的知识结构必须具有合理性。其合理性一方面要求导游员的导游基础知识、导游专业知识、与导游业务相关的边缘性知识必须齐备，形成三位一体的格局；另一方面还要求导游员不断地吸收新知识、不断地进行知识更新。导游基础知识要求功底扎实，涉猎广泛，包括历史、地理、语言、文学、写作等学科的知识。导游专业知识要求重点掌握，娴熟运用，包括旅游学、口才学以及宗教、建筑、民俗、民族等文化学科的知识。与导游业务相关的边缘性知识要求密切关注，力图拓展，包括社会学、心理学、公共关系学、新闻传播学等学科的知识。导游员掌握了一定的导游边缘性知识，在解决实际问题时就有可能找到新的思路，其综合能力就有可能得到充分发挥。导游员在解决实际问题的能力上有差别，原因是多方面的，但其中的一个原因就是导游员在边缘知识的掌握和运用上存在着明显差别。一般来说，对导游边缘知识掌握得比较好的导游员，他们的视野往往比较开阔，点子往往比较多，解决实际问题的能力也比较强。

（四）多方面的综合能力

导游工作的综合性也要求导游员具有多方面的综合能力。导游员的综合能力包括用智能力与实践能力两种。用智能力方面，主要是要不断提高观察力、思考力、理解力、想象力和记忆力。在这些能力之中，最重要的是提高思考力，就是要充分发挥出创造性思维的才能，能够有效排除思维障碍，拓展思维空间，在能够进行正向或单向或静态或单线式或趋同性思维的同时，也能够善于进行逆向或多向或动态或发散式或求异性思维。这样对在导游过程中遇到的一些突发性问题就能够游刃有余地加以解决。实践能力方面，主要是不断提高交际能力、表达能力、应变能力、组织协调能力及身体适应能力。交际能力，对导游员来说是一种相当重要的能力。导游每天都要与各种各样的游客打交道，必须具有一定的社会活动能力，善于交际，既要能够接近别人，又要使自己容易被人信任，只有这样才能与游客建立良好的人际关系，与游客之间的心理距离就会自然缩短。表达能力，对导游员来说是另一种更加重要的能力，包括书面表达能力与口头表达能力。书面表达能力中最重要的是编写导游词的能力。口头表达能力中最重要的要求就是精通业务，能说会道，把握较高的导游技巧。导游员引导游客参观游览，并要不断地进行解说，如果没有较强的口头表达能力以及较高的导游技巧，就会无法胜任其导游工作。应变能力，对导游员来说也是一种十分重要的能力，是指冷静、灵活地处理突发情况或意外情况的能力。导游过程中，实际情况往往会与原计划有些出入，导游员也会经常面对一些意外情况，这就需要把原则性和灵活性结合起来，在不违反原则的情况下，进行有效的变通处理。也就是说，导游员在遇到不利的情况时，能够遇事不慌，处世冷静，顺利解决各种棘手的问题。在实际导游过程之中，导游员往往会遇到两种常见的情况。

第一种是常常会发生与旅行团旅游计划不相符合的情况。这时候需要导游员能够迅速地部分修正旅行团预订的旅行计划。这时候如果导游员缺乏必要的应变能力，就很可能会死守条条框框，不知变通，使导游工作遭遇困难。而如果导游员能够在不违反旅行社工作原则的情况下，将原则性与灵活性结合起来，进行积极的变通处理，不利的工作情况就会很快往有利的方向转化。

第二种是有时会出现一些突发性和意外性的事件，需要导游员在比较短的时间内拿出解决的对策，有时候一种解决方案不行，有可能需要拿出几种不同的解决方案。如果导游员具有比较强的应变能力，就往往能够将一些突发事件游刃有余地处理圆满，从而赢得游客的理解与尊重。

总之，导游是一项言行并重、苦累交加的工作，导游员是中国民族历史文化的重要传播者。因此，要想成为一名优秀的导游员，必须具备高尚的道德品质、热情的服务态度、健康的身体状况、坚韧的工作毅力、渊博的文化知识、充实的审美修养、活泼的个性气质、娴熟的表达技巧和较强的观察与应变能力。一言以蔽之：良好的综合素质。

三、旅行社与导游员之间的管理关系

一般来说，导游员与旅行社之间的合作关系有以下 3 种情况。

1. 全职导游

全职导游是指与旅行社签约、专门为该旅行社从事导游带团工作、以带团为职业的导游人员。旅行社为保证旅行社出团质量和拥有较稳定的导游团队，一般会选择雇用少数全职导游，并同其签约，从而使他们成为这个单位的正式员工。旅行社为他们提供相应的基本工资和福利待遇，出团时再根据具体情况给予一定的出团补贴。由于旅游行业工作的淡旺季十分明显，因此，这些全职导游在淡季时往往兼做一些旅行社的其他工作，或参与旅行社组织的技能及业务培训，闲时练兵，忙时用兵，以确保不断进步。

2. 一职多能的人员

一职多能的人员是指不属于导游员岗位，如在计调、外联、经理等岗位工作的人员，但他们既具有完成本职工作的资格，又拥有导游人员资格证书。因此，在旅行社旺季来临时，这类人员可与导游员一样执行带团任务。

这部分人员具备多种能力，平时在旅行社做管理或其他工作，在旅游旺季，导游人数存在大量缺口的时候，会放下手头的工作去带团。这部分人员因为具有极大的可塑性和适应性，因而是旅行社很受欢迎的人才。

3. 挂靠和兼职导游

在大部分旅行社，这两类导游员的比例较高，甚至远远超过全职导游的数量。由于这些导游仅仅挂靠在旅行社名下，或同时为多个旅行社打工，所以他们和旅行社之间的劳动关系比较松散，双方仅仅是在出团时才发生一定的经济关系和管理关系。每项出团任务结束后，双方之间的合作关系即宣告结束。过去，这样的现象很普遍，但新劳动合同法的实施将在很大程度上改变这一状况。

四、导游人员的聘用和甄选

导游员的服务在旅游者实现其主要旅游目的方面起着极为重要的作用，在旅游中，游客的主观感受比较强，好导游往往能做到以理服人、以情感人，完美实现旅游产品的价值。因此，选聘合格、优秀的导游员就显得尤为重要。一般的导游员选聘可从以下 6 个方面考虑。

（一）顾客至上

以客人为主，为客人周到地想、周到地做，做到让客人安心、放心、开心。其中做是最重要的，并且做要做到细节上。如在机场接到客人后，因为有的飞机时间比较长，那么，导游应在客人比较能集中的地方让客人上厕所。能够做到顾客至上的导游员，才会想客人之所想，急客人之所急，其本人才能获得客人的认可，进而旅行社才可能获得客人的认可。

（二）以旅行社利益为导向

如在旅途中导游员有时无法联系到旅行社，而客人要改行程，可能增加费用；有责任心的导游会让全部客人写明更改原因，以免引起不必要的法律纠纷，这是以法律的角度来维护旅行社的利益，同时也应在增加的费用中考虑到让旅行社有利润。只有大河有水，河渠才会满，旅行社与导游员的利益是息息相关的。

（三）做人谦虚、认真

导游带团中所代表的是公司的形象，不可随便给客人承诺。对自己做不了主的东西导游员可委婉地告诉客人，这个事情需要向公司确认后再答复您。谦虚的导游不怕生疏，要的是一种上进心和学习心。具备这种做人的基本素质的员工会是旅行社的培养对象，因为真正谦虚的导游员也比较稳定，不会在学到一点后就跳槽走人。

（四）做事谨慎、老练

导游员不管在工作中遇到怎样的问题，都能把事情处理圆满。如有些客人提出不合理要求，导游员能够有礼有节地拒绝；对于合理的要求，导游员能够让客人写下书面说明，让事情不至于产生任何遗留问题，这对旅行社而言也少了诸多麻烦。

（五）保持学习的状态

导游员需要掌握的知识较多，只有保持学习的状态才能保证前进的态势；否则，不进则退。

（六）保持平常心

导游员在工作中能做到把挣钱作为最终目的，而不是唯一目的。导游员可以通过带团获得收入，但让自己满意的前提是能让客人满意和旅行社满意。

五、导游人员的管理措施

（一）培训与考核

1. 培训：日常培训＋年审培训

日常培训可安排在旅行社淡季进行，培训工作包括敬业精神的培训、服务意识的培训、导游业务的培训、政治思想的培训、导游知识的专题培训等，同时还要在导游人员中开展导游业务的定期交流，提高导游人员的接待能力。年审培训则主要服从旅游行政管理部门的安排,但旅行社应做好学习动员工作,并为员工参加培训提供便利条件。

2. 考核:考试十年审

对导游的考核应作为一项长期的工作常抓不懈。除了旅游局组织的年审外,每一个旅行社都应建立一套行之有效的考核方法。考核应从日常全面考核和专项技能考核两个方面入手,才能形成对导游的客观评价。旅行社对员工绩效的考核体系的科学、公正与否将是旅行社人力资源部或经理人需要认真思索的问题。通常来讲,在日常的管理中,旅行社应根据导游的表现、游客的反馈意见、对公司安排的服从程度等几个方面做好日常考核记录,年终再进行统一的技能考核,将考核结果同对导游的任用、薪资高低相挂钩,使之成为有效的激励措施。

(二)合同化管理——企业根据劳动法实行

对导游员实行合同管理是促使导游员依法为旅游者提供导游服务的保证,是提高服务质量的重要措施,可以增强导游员的责任感,自觉为旅游者服务。

(三)技术等级评定

除了主管部门可以对导游实行等级评定以外,企业内部也可以通过这种方式促进管理,提高质量。如某些旅行社通过评星的方式对导游员进行内部定级,不同星级的导游员在旅游团的接待级别、出团补贴及福利等方面会有所区别,以此建立"能者上,平者让,庸者下"的竞争机制。

(四)加强检查与监督——一般采用顾客意见表的形式

旅行社难以监控导游员带团期间的事宜,为此,旅行社可事先印制一些专门针对导游员的游客意见表,由导游员在旅程结束时带回公司,将游客的意见反馈回来,这样对其行为将会有一定的限制作用。当然,为进一步监督,还可安排专人对游客进行电话回访,既了解了导游的工作情况,又做好了该团的售后服务工作,一举两得。当然,旅行社内部还应有专门针对导游的管理条例和管理制度,一切按章办事便有章可循,有据可依。

【思考与讨论】

导游挑团、拣团怎么办?

【训练任务】

由于现实的经济利益问题,国内的旅行社,尤其是中小旅行社,绝大部分是不养专职导游的,如果你是旅行社导游主管,你如何看待这个问题并制订导游管理的方案?

【案例分析】

评定星级导游,保证接团质量

针对专职导游数量较多,带团水平参差不齐,全陪多于地陪,优秀地接导游人数过少等问题,山东中铁国旅开始在企业内部实行导游星级管理。谈及在社内进行导游星级评选的初衷,该旅行社业务总监说,主要是为进一步加强导游队伍建设,提高导游服务质量。不同星级的导游带团补助不同,高星级导游每天带团补助标准为80～120元,而未参加星级评定的导游执行每天20元的带团补助标准。且高星级导游享有优先带团权。在该旅行社,导游的日常管理隶属于导游管理部,社内各项业务部门需要导游,必须向导游管理部进行导游服务内部采购。实行该管理方式以前,一般导游和优秀导游在服务费上没有区别,这导致了业务部门在监督导游带团服务时缺少积极性,疏于管理。星级管理实行后,业务部门如果选用星级导游,支出成本就要相应增加,但带团质量更有保障。业务部门既然多花了钱,对导游服务的监督力度也加强了,最终会促进整个旅行社服务质量的提高。

操作方式:星级导游不是终身制,而是根据带团质量和业务能力每半年对导游进行一次星级评定。评定主要考虑以下几方面内容:通过对参团游客上门回访或电话回访了解带团导游的服务情况;带团导游全年获得口头、信件等表扬的次数;导游使用部门的反馈信息;业务考核评价以及导游全年带团的数量等。为做好评定工作,公司对导游进行业务知识培训,涵盖了公司介绍、旅游专列安全预案、旅游突发问题处理及导游基础知识等。为提高业务水平,还重点培训济南导游词,赴趵突泉公园实地培训讲解。2008年7月,经过两个月的精心准备,山东中铁国旅对公司内持有导游证或旅行社经理资格的人员进行星级评定。公司组成5人考评小组,对参评导游进行了认真的笔试和口试。考核内容包括自我介绍、导游词业务、才艺表演、现场问答4个方面。出于提高导游技能的考虑,在评定现场又增加了考官点评环节,点评导游参评过程中暴露出的问题。考评中针对全陪和地陪导游做了不同的程序安排。地陪导游的导游词业务考核,以自选和抽签的形式,选择两个景点讲解。全陪导游增加了笔试。全陪导游的导游业务讲解,考查济南介绍和趵突泉公园导游词。在评定过程中,公司还发现了一些适合地接业务的好苗子,考评小组对他们提出了新的要求,在口试内容中重点强调旅游过程中的安全问题。最后,评选出地接导游五星级1名,四星级2名,三星级8名,二星级3名,一星级2名;全陪导游五星级空缺,四星级3名,三星级7名,二星级15名,一星级6名,总计地接星级导游14名,全陪星级导游31名。

实行该管理后,星级导游的带团补助标准大大增加,而这一成本需要旅行社自行消化。而且,为了留住优秀导游人才,就要不断提高他们的待遇水平,让员工对企业产生较强的归属感。另外,导游星级评定只是内部评定,社会上并没有统一的标准,会有一个较长的过程,这段时期旅行社要不断加大投入,而效益却不明显。尽管如此,山东中铁国旅仍然表示会将该评定推行下去。

问题:请问,你如何看待该社的评星制度?

任务三　制订后勤保障的控制方案

【任务引入】

有人说，后勤就是保姆，可有可无，因为导游员已经足以做好团队接待工作，这种说法完全错误。某旅行社有一个日本团，计调部在派车时，只考虑车况还可以，司机也常做外团，因此就派辆新的金龙车。等到地陪上团时，发现该旅游车是一辆黄色的旅游车，而做旅游的人应该知道，日本人是忌讳黄色的。当初可口可乐和百事可乐竞争日本市场，就是因为百事可乐饮料包装盒是黄色的，而可口可乐的易拉罐包装盒则是深受日本人喜爱的红色，从而导致了百事可乐进军日本市场的失败。所以作为计调，应该知道我国主要客源国的概况及其忌讳。

【任务分析】

后勤工作是旅游活动顺利进行的重要保障，是接团工作的重要组成部分。旅行社后勤工作的主要任务是落实接团计划、处理变更事项等。同时，良好的后勤保障，可以使一线导游人员免去后顾之忧，全身心地为旅游者服务。特别在目前，我国旅游接待设施还不够完善的情况下，后勤工作尤为重要。

【知识储备】

一、后勤工作的范围

1. 落实接团事宜

后勤人员在收到关于旅游团活动的接待计划后，必须认真研究团队的服务项目与要求。如组团社名称、联络方式、旅行团名称、代号、人数、收费标准、组成人员情况，交通、餐饮、住宿要求及有无特殊需求等。然后尽快和饭店、交通等部门或单位联系，以确保旅游团交通、住宿、参观游览项目等要求的落实。若遇活动日程、活动项目变更，后勤人员应及时通知有关部门，处理好各种预订变更事宜。

2. 与导游人员密切配合

后勤人员要掌握本部门旅游团的活动日程和与导游人员联系的方法，以便协助处理好导游人员委托的各种接待事务及旅游过程中发生的问题和事故，若有团队抵离时间和人数变更等情况，也要及时通知导游人员。

3. 及时收集相关信息

后勤人员因工作之便，常常与机场、饭店、景点、商店等单位联系，可从中及时收集有关价格变动、质量高低等信息，应及时记录整理并汇报给部门经理。

4. 建立部门档案

后勤人员要建立3种部门档案，即接待材料、游客对接待人员的反馈信息及本部门人员的考核表。其中，接待材料主要包括导游人员手中的接待计划、各种通知、活动日程表、接待情况表等内容，要及时整理归档，以便需要时查找。信息反馈主要是指游客对接待人员的书面反馈信息、表扬或投诉信件及有关问题或事故的处理记录。处理记录应包括问题或事故的发生时间、地点、原因，有关人员名单及处理经过等。考核表主要包括考勤表、接待工作时间表等。

二、后勤人员的素质要求

后勤工作是接团工作的有力保障，联系广泛，工作紧张、繁杂，任何小的差错都会给旅游者的活动带来不好的影响，甚至会给旅行社带来经济损失，所以后勤人员应具备良好的素质，具体如下。

1. 良好的思想意识

后勤人员应有爱岗敬业精神，熟悉外事工作的方针、政策和纪律，注意保守秘密，秉公办事，不得以权谋私。

2. 熟悉业务，有较强的公关能力

后勤人员应熟悉旅行社内部各部门的工作情况，与其他工作人员协作共事，相互配合；还要熟悉导游人员的工作程序与规范，与之密切合作；同时，还要有较强的公关能力，与交通、饭店、景点等单位建立良好的合作关系。

3. 身心健康，独立工作能力强

后勤人员应身体健康，适应旺季超负荷的工作量；头脑冷静、心理健康、工作细致，能及时处理突发情况，并勇于承担责任。

三、后勤人员的管理

对旅行社后勤人员管理的主要途径如下。

(1) 加强职业道德培训，提高后勤工作的质量，为游客提供及时、周到的交通、住宿等服务，以解后顾之忧。

(2) 培养后勤人员的协作意识和业务能力，让后勤人员能协调好与旅行社内部员工及其他单位的关系。

(3) 根据后勤工作的特点，制定必要的规章制度与纪律。如相应的工作程序、奖惩制度，并认真检查与执行。

(4) 搞好内部各个环节的岗位责任制。

【思考与讨论】

旅行社的后勤人员应具备哪些素质？

【训练任务】

凡参加翔飞旅行社长线旅游团的团友都将获得旅行袋一个(手提或肩背任选一款),旅游帽一顶,旅游歌本一册,提供每人每天两瓶矿泉水。若本班同学参加了本地区一日游带团,你作为后勤将如何为该团做好后勤保障工作?

【案例分析】

广州、东莞各大旅行社因长线游团量较大,为保证乘机出省的游客顺利抵达机场,专门安排有送机人员。送机人员每天往返于旅行社与机场之间,日复一日,单调而枯燥,特别是遇到飞机延误或晚点,送机人员还得安抚游客,接受抱怨。久而久之,送机人员自身也出现送机抵触心理,甚至对怨气冲天的游客不理不睬。

问题:送机人员应如何正确对待自己的工作?旅行社对其又应该如何进行管理?

任务四 完成成本控制的措施和报告

【任务引入】

随着居民可支配资金的增多,更多的居民选择出行来放松心情、增长见识。但是在线旅游(Online Travel Agent,OTA)巨头的低价介入,让传统旅行社的盈利受到了一定的挑战。旅行社的固定成本居高不下,人力成本、旅行线路数据收集不能做到OTA那样,有着在线的数据的分析系统;不能随时根据数据调整线路;加上传统文档管理,繁多且杂,耗费更多的人力,造成运营成本居高不下。旅行社外部成本削减难以施展,就只能从削减运营成本入手,这就产生了低价团、购物团等迫不得已牺牲服务质量保生存的做法。游客的权益难以得到保障,也可能造成纠纷,以至于有可能赔偿。

为顺应“互联网+合同”的潮流,传统旅行社的流程就是用户自己去旅行社选定线路,签订合同,合同留底备份。其中合同的管理和运输就会产生一定的浪费。日积月累的合同需设置一个专门的合同管理部门。但是,如果全体旅行社使用电子签名和电子合同这一项互联网服务,将会节约很可观的合同管理费用和合同采购费用,也会降低纸张浪费。根据《中华人民共和国电子签名法》第十四条规定:“可靠的电子签名与手写签名或者盖章具有同等的法律效力。”

【任务分析】

各小组要完成学习团的成本控制措施和报告,必须先了解旅行社成本费用的直接构成,才能有的放矢地根据每个团的实际情况进行合理必要的成本控制,保障旅行社的利润。

【知识储备】

一、我国旅行社成本费用管理现状和存在的主要问题

1. 我国旅行社成本费用的基本构成

我国旅行社成本费用主要由营业成本、营业费用、管理费用、财务费用所构成。旅行社的营业成本是指为组织接待旅游者而发生的直接费用部分,包括已计入营业收入总额的房费、餐费、交通费、文娱费、行李托运费、票务费、门票费、专业活动费、签证费、陪同费、劳务费、宣传费、保险费和机场税等代收费用。旅行社的营业费用是指旅行社各营业部门在经营中发生的各项费用,包括广告宣传费、展览费、邮电费、差旅费、保险费、燃料费、水电费、运输费、装卸费、清洁卫生费、低值易耗品摊销、物料消耗、经营人员的工资(含奖金、津贴和补贴)、职工福利费、服装费和其他营业费用。

旅行社的管理费用是指旅行社组织管理经营活动而发生的费用,以及由企业统一负担的费用。旅行社的管理费用主要包括企业管理部门的工资、工会经费、职工教育经费、劳动保险费、待业保险费、劳动保护费、董事会费、外事费、租赁费、咨询费、审计费、诉讼费、税金、燃料费、水电费、折旧费、修理费、无形资产摊销、低值易耗品摊销、交际应酬费、坏账损失、上级管理费和其他管理费。旅行社的财务费用是指为筹集资金而发生的费用,包括旅行社在经营期间发生的利息净支出、汇兑净损失、金融机构手续费及筹集资金而发生的其他费用。

2. 我国旅行社实行的成本费用的主要核算方式

旅行社成本费用的核算通常是根据经营规模和业务范围的情况由旅行社自行决定的。目前,我国旅行社采用的成本费用核算方法主要有 3 种类型:第一种是单团核算,是指旅行社以接待的每一个旅游团(者)为核算对象进行经营盈亏的核算。单团核算有利于考核每个旅游团的经济效益,有利于各项费用的清算和考核,有利于降低成本。第二种是部门批量核算,这种核算方法是以旅行社的业务部门为核算单位,以业务部门每月接待的旅游团的批量为对象进行经营盈亏的核算。按部门批量核算有利于考核各业务部门完成经济任务指标的情况。第三种是等级核算,是以接待的旅游团(者)的不同等级为核算对象进行经营盈亏的核算,如豪华等级、标准等级、经济等级。等级核算可以提供不同等级的旅游团的盈亏状况。

3. 我国旅行社成本费用管理中存在的主要问题

从我国旅行社成本费用管理的实际情况来看,最主要的问题是没有建立一套完整的行之有效的事先控制成本费用的机制。从以上 3 种核算方式的实际运行情况来看,共同的缺点都是在旅游团结束后,根据旅游团的实际支出进行成本费用核算。虽然都能核算出旅游团的盈亏结果,但是对旅游团的成本费用开支,都做不到事先有效的严格控制。旅游团的操作运行一般情况下是由旅行社的专职计调人员控制的,旅行社的陪同或导游因不了解自己所接待的旅游团的收费情况和各项开支费用标准,以及该团的利润情况,从而在接待旅游团中不能有意识地控制该团的各项开支;旅行社的领导对旅游团的各项开支

费用不能做到心中有数;旅行社的财务部门事先也不知道各个旅游团的各项开支费用和利润情况。实际上旅游团的有些开支处于无控制状态中。这就造成了旅行社的营业成本开支不能事先得到有效的控制,使旅行社的营业成本不能降低,旅行社的经济效益不能提高。

二、控制和降低旅行社成本的有效途径

在旅行社成本费用的管理中,成本是影响旅行社经济效益的一个重要因素。

在营业额一定的前提下,营业成本越低,经济效益就越高;反之,营业成本越高,经济效益就越低,甚至会造成直接的亏损。分析旅行社成本费用的构成和成本费用核算的全部过程,可以清楚地看到,旅游团单团利润是构成旅行社利润的核心,旅游团单团成本是构成旅行社成本费用的核心。因此,加强旅行社成本费用管理的核心环节,就是要加强对旅游团单团利润和成本费用的管理。加强旅游团单团利润和成本费用的管理的首要问题是控制旅游团的成本费用。事先有效地控制旅游团的各项费用支出和有效地降低旅行社的营业成本,必须实行旅游团单团利润的预算与决算。

(一)实行旅游团单团利润预算与决算的重要意义

旅游团单团利润的预算是指旅行社以组织或接待的每一个旅游团(者)为核算对象,在接团前或团队出发前,由旅行社各部门的计调人员,根据该团的收入、支出标准核算出该团的利润、利润率,并编制出该团的各项开支预算,由旅行社的财务部门审核后,经旅行社的领导批准(大中型的旅行社可以将权力直接下放给各部门的经理),作为指令性的预算计划,由陪同或导游在接待旅游团中具体负责贯彻执行。

旅游团单团利润的决算是指旅行社在旅游团接待计划结束后,由陪同或导游根据旅游团单团利润预算的内容和项目,对旅游团的实际开支进行核算后,经部门经理、财务部经理审核,由旅行社领导批准后进行报账的环节。实行旅游团单团利润的决算,是单团利润预算的必要环节和配套步骤,为考核旅行社内部各部门及工作人员完成任务指标、进行奖惩,提供了真实可靠的依据。

实行旅游团单团利润预算与决算,可以使旅行社的领导和财务部门得到事先控制旅游团成本费用的主动权,对于降低单团成本费用从而达到降低全部旅游团成本费用的目标提供了有力的保障,对提高企业的经济效益有着十分重要的意义和积极作用。

实行旅游团单团利润预算与决算,有利于陪同或导游明确自己所接待的旅游团的收费情况、开支标准、利润,从而主动地控制旅游团的各项费用的开支;有利于旅行社领导及时了解和掌握每个旅游团的盈亏情况,控制成本;有利于强化旅行社全体职工单团成本控制的观念,促进全社职工形成经营的思想理念,达到全面提高企业经济效益的目的。

(二)实施旅游团单团利润预算与决算的内容和方法

根据旅行社成本核算的需要,可将旅游团单团利润的预算与决算的内容划分为以下3种。

1. 出国旅游团单团利润预算与决算

根据出国旅游的收费情况和实际开支的项目内容,制表和编制预算进行监控,其内容包括提示部分,如团队名称、团号、人数、旅游线路、旅游天数、起止日期;收费部分,如每人收费标准、共计收费、其中已收费、欠费;支出部分,如国外接待社费用、国际机票费;国内接待社费用,国内房费、餐费、交通费、护照费、签证费、保险费、联络费、手续费、卫生检查费、出境名单费、其他费用、其他代收款、陪同费;利润部分,如利润、利润率、利润分配。

2. 出省(市、县)旅游团单团利润预算与决算

出省(市、县)旅游团单团利润预算与决算包括自联的国内旅游团、自联的国外来华旅游团。根据出省(市、县)旅游团和国外来华旅游团的收费情况,实际开支的项目内容,制表和编制预算进行监控,其内容包括提示部分,如团队名称、团号、国别、人数、旅游线路、旅游天数、起止日期;收费部分,如每人收费标准、共计收费、其中已收费、欠费;支出部分,如付接待社的接待费用、交通费用、房费、餐费、保险费、联络费、手续费、陪同费、其他费用;利润部分,如利润、利润率、利润分配。

3. 地接团单团利润预算与决算

地接团单团利润预算与决算包括国内、国外横向团,及自联的异地团。根据地接团的收费情况,实际开支的项目内容,制表和编制预算进行监控,其内容包括提示部分,如团队名称、团号、国别、人数、旅游线路、旅游天数、起止日期;收费部分,如每人收费标准、共计收费、其中已收费、欠费;支出部分,如付接待社的接待费用、房费、餐费、门票费、交通费用、进山费、文娱费、行李托运费、保险费、联络费、手续费、陪同费、其他费用;利润部分,如利润、利润率、利润分配。

旅游团单团利润决算的表格、内容设置完全与单团利润预算相同。其核算方式主要以预算所列的开支成本费用的内容和每一项开支标准为依据。在接团完毕后,由该团的陪同或导游将实际开支项目填入,按照旅行社规定的团队报销的审批程序进行审核。对于超过预算的费用,要由当事人写出书面说明,由旅行社领导视情况予以认定。属于接待中合理的开支给予报销,而属于因陪同未经批准自作主张或因过失导致增加的费用则不予报销。

三、实施旅游团单团利润预算与决算应注意的问题

(1) 要选拔具有市场开拓精神和丰富实践经验的人员担任市场策划人员。对旅行社需要的服务产品尽可能进行统一采购,以达到降低成本的目的。同时要选拔具有实际经验和认真负责的计调人员,从事旅游团单团利润预算的工作,确保预算的准确性。

(2) 实施旅游团单团利润预算,具有指令性和严肃性,陪同或导游必须在带团中按此预算执行,不准随意突破预算。对于个别陪同巧立名目、编造虚假情况、突破预算开支的情况,要进行严肃查处。树立起预算在旅行社业务管理中的权威性。

(3) 由于旅游行业的特殊性,旅游团在旅行中有时会发生一些不可预见的情况,因此需要增加开支,会出现突破旅游团单团预算的情况。对这类问题旅行社必须作出规定,按

旅行社规定的报销程序,逐项审核、报销。同时,作为旅行社审批报销的领导,要在对旅游团开支费用突破单团预算的情况进行调查核实后,根据实际情况区别对待,作出正确的处理。对于因陪同的过失造成的费用开支,应由陪同自行承担;对于属于协作单位的问题及产生的费用,旅行社应同协作单位协商处理。

【思考与讨论】

以所在地旅行社的长线游产品接待标准为例,结合该产品的实际情况,旅行社应该如何做好成本控制。

【训练任务】

请结合具体案例对长线旅游产品与短线旅游产品进行利润分析。

【案例分析】

河源万绿湖桂山两天一晚游

四星豪华团:280 元/人(全包价)。

五星贵宾团:380 元/人(全包价)。

行程安排如下(1 早 4 正)。

D1:河源接站,乘船游览万绿湖,体验不一样的游览方式——船游桂山;住市区(含中、晚餐)。

D2:早餐后,乘车赴龙川佗城,参观学宫、越王井,返回市区,土特产总汇;送团(含早、中、晚餐)。

价格包含:车费,导服,餐费,房费,景点第一门票,汽车接送,旅行社责任险。

价格不包含:飞机接送费,单房差,自费项目,返程汽车、飞机票及代办费。

备 注:本线路只收 15 人以上团体或散客。

问题:从利润角度分析,为何旅行社要满 15 人以上成团?

任务五 成本结算与账目填报

【任务引入】

市民朱先生与北京某旅行社签订了国内旅游合同,“想让一家人在海南过新年,感受一下异地的除夕气氛”。旅途中,由于组团社未能及时将团款结算给地接社,除夕之夜,朱先生一家险些被海南当地旅行社赶出宾馆。组团社与地接社的合作结算应该如何保障游客的权益?

【任务分析】

在旅行社行业中，除少数新建旅行社和部分信誉较差的旅行社外，在向其他旅行社及各种旅游服务供应部门或企业采购旅游服务时，必须采取现金支付的方式外，多数旅行社都利用商业信用进行结算。因此，在旅行社之间和旅行社与其他旅游服务供应部门或企业之间，产生了大量因赊购而造成的应收账款和应付账款。旅行社结算业务就是指对应收账款和应付账款的结算。

【知识储备】

根据旅游季节及旅游过程中发生的不同情况，旅行社的结算业务，分为正常情况的结算业务和特殊情况的结算业务。

一、旅行社正常情况的结算业务

旅行社之间的正常情况的结算业务，分为综合服务费的结算和其他旅游费用的结算两大部分。

（一）综合服务费的结算

综合服务费的结算业务包括审核结算内容和确定结算方式两方面的内容。

1. 审核结算内容

旅行社财务人员在审核综合服务费的结算内容时，应对照旅游计划和陪同该旅游团（者）的导游员所填写的结算通知单，对所需结算的各项费用进行认真审查。旅行社之间结算所涉及的综合服务费一般包括市内交通费、杂费、领队减免费、地方导游费、接待手续费和接待宣传费。当旅游团内成年旅游者的人数达到 16 人时，应免收 1 人的综合服务费；旅游者所携带的 1～12 周岁（不含 12 周岁）的儿童，应按照成年旅游者标准的 50％收取综合服务费；12 周岁以上（含 12 周岁）的儿童、少年旅游者按照成年旅游者标准收取综合服务费；2 周岁以下的儿童在未发生费用的情况下，不收取综合服务费。如果发生费用，由携带儿童的旅游者现付。

2. 确定结算方式

旅游者在一地停留时间满 24 小时的，按 1 天的综合服务费结算；停留时间超过 24 小时、未满 48 小时的部分和停留时间未满 24 小时的，按照有关标准结算。目前，我国旅行社主要采用的结算方式有中国国际旅行社的结算标准（以下简称国旅标准）、中国旅行社的结算标准（以下简称中旅标准）和中国青年旅行社的结算标准（以下简称青旅标准）3 种。其具体结算标准如下。

(1) 国旅标准。国旅系统采用的结算方式，是按旅游者用餐地点划分综合服务费结算比例。

(2) 中旅标准。中旅系统采用的结算方式，是按抵离时间分段划分综合服务费。

(3) 青旅标准。青旅系统采用的结算方式，是按旅游者停留小时划分综合服务费结算比例。

(二) 其他旅游费用的结算

这里所说的其他旅游费用，包括旅游者的房费、餐费、城市间交通费、门票费和专项附加费，其中后 3 项费用统称为其他费用。

1. 房费的结算

房费分自订房和代订房两种。自订房房费由订房单位或旅游者本人直接向饭店结算。代订房房费由接待旅行社结算。房费的计算公式为

房费＝实用房间数×实际过夜数×房价

在实际经营中，旅行社一般为旅游团队安排双人房间。有时，旅游团队因人数或性别原因可能出现自然单间，由此而产生的房费差额可根据事先达成的协议由组团旅行社或接待旅行社承担。旅行社应按照饭店的规定在旅游团队(者)离开本地当天 12 时以前办理退房手续。凡因接待旅行社退房延误造成的损失由接待旅行社承担；如果旅游者要求延迟退房，则由旅游者直接向饭店现付房差费用。

2. 餐费的结算

餐费的结算有两种形式：一种是将餐费(午、晚餐)纳入综合服务费一起结算；另一种是将餐费单列，根据用餐人数、次数和用餐标准结算。餐费的计算公式为

餐费＝用餐人数×用餐次数×用餐标准

3. 其他费用的结算

如前所述，其他费用是指城市间交通费、门票费和专项附加费。在结算这些费用时，旅行社应按照双方事先达成的协议及有关的旅游服务供应企业和单位的收费标准处理。

(三) 付款方式

旅行社之间结算业务多采用汇付方式进行。汇付方式分为电汇、信汇和票汇 3 种类型。

1. 电汇

电汇是指组团旅行社要求其开户银行拍发加押电报或电传给接待旅行社所在地的开户银行，指示解付一定金额给接待旅行社的付款方式，是我国旅行社目前使用最多的一种汇款方式。

2. 信汇

信汇是指组团旅行社要求其开户银行将信汇委托书寄给接待旅行社的开户银行，授权解付一定金额给接待旅行社的汇款方式。我国旅行社已很少使用这种汇款方式。

3. 票汇

票汇是指组团旅行社要求其开户银行代其开立以接待旅行社所在地开户银行为解付行的银行即期汇票，支付一定金额给接待旅行社的汇款方式。

二、旅行社特殊情况的结算业务

旅行社在组团或接团过程中往往会遇到一些特殊的情况，并相应地反映到会计核算中。旅行社应根据不同的情况分别加以妥善处理。

（一）跨季节的结算

我国的旅行社多以每年的12月初至转年的3月底作为旅游淡季，其余的年月份作为旅游旺季或平季。旅游者在一地停留的时间恰逢旅游淡季与旺季交替时，旅行社应按照旅游者在该地停留日期的季节价格标准分段结算。

例如，某旅游团一行，于3月30日6:05抵达T城游览，并于4月2日8:33离开该城前往J市。该旅行社淡季团体包价旅游的综合服务费标准为每人天85元，平季和旺季综合服务费95元。那么，T城的接待旅行社应收的综合服务费：85元×(1＋33%)＋95元×(1＋33%)＝239.40元。

（二）等级变化的结算

1. 因分团活动导致等级变化

旅游团在成行后因某种特殊原因要求分团活动，并因此导致旅游团等级发生变化时，应按分团后的等级收费或结算。结算的方式有两种：一种是由旅游者现付分团后新等级费用标准和原等级费用标准之间的差额；另一种是接待旅行社在征得组团旅行社同意后按新等级标准向组团旅行社结算。

2. 因部分旅游者中途退团造成等级变化

参加团体包价旅游团的旅游者，在旅行途中因特殊原因退团，造成旅游团队因退团后人数不足10人而发生等级变化时，原则上仍按旅游团的人数和等级标准收费与结算。退团的旅游者离团后的费用由旅游者自理。

3. 晚间抵达或清晨离开的旅游团队结算

包价旅游团队在晚餐后抵达或早餐后离开某地时，接待旅行社按照人数和等级标准向组团旅行社结算接送费用。其计算公式为

接送费用＝人数×计价标准

例如，B市的一家旅行社接待一个马来西亚旅游团，全团共有成年旅游者14人，于6月21日晚21:30抵达B市机场。该团在B市游览1天后于6月23日清晨5:25未用早餐即乘飞机离开B市前往S市。该旅行社到飞机场的接送费为每人次5元，该旅游团的综合服务费为每人天105元。那么，这家旅行社应得的综合服务费和接送费收入：

105元×14(人)＋5元×2(次)×14(人)＝1610元

【思考与讨论】

广东有部分旅行社开始实行小费制度，如广之旅规定游客每人每天应付导游5元，南

湖国旅规定游客每人(包括儿童)每天应付导游 10 元,等等。请分析实行小费制对旅行社的成本核算有什么作用。

【训练任务】

调查并对比你所在的城市与外地旅行社在导游报账时的规定及流程有何不同。

【案例分析】

导游管理制度

一、导游服务标准

导游服务标准如表 7-4 所示。

表 7-4 导游服务标准

	类　别	本公司导游(导服)	外部导游(导服)	备　注
1	组团省内游	80 元	80～100 元	视导游带团经验和客人的反馈意见及是否持有导游证
2	地接广深珠团无导服	100 元	100 元	具体见下面说明
3	省外团做全陪	50 元	50 元	本公司导游视是否有导游证:无导游证或第一次去目的地带团,则无导服,只提供食宿、往返交通费;有导游证的,属正常上班时间,无导服,属休息日,则按 50 元/天
4	接送机	50 元	50 元	本公司导游,属正常上班时间,无导服;休息时间为 50 元/次(视时间而定,原则上白天 50 元/次;晚上 22:00 后 80 元/次)

说明:① 跟团无导服,其房费自理。另全陪有购物分成,则无导服;

② 购物,人头费及购物的 50%(凭商店购物单)交回公司;购物须经游客及领队同意,次数原则上一天进一个购物点,如超过两个,则须报公司,经经理同意后方可执行;

③ 自助游门票利润的 50%交回公司;

④ 如游客提出更改行程或增减人数,须报公司,由该计调操作,导游有义务请游客签同意更改证明,增减的利润放到此团中,不属于导游个人所有,而公司可视导游的表现酌情给予奖励;如违反行业规范,如迟到、住店没按要求登记成团,由导游承担相应损失。

二、导游带团规定

(1) 出团前接受计调分配的各项任务,按照接待计划、行程,安排和组织旅行团和游客的参观游览。

(2) 负责向旅行者讲解、传播中国文化。

(3) 配合和督促有关部门安排旅行者的交通、食宿,保护旅行者的人身、财产安全。

(4) 填写出团日志，反映旅行社的意见和要求，以便改进公司的服务质量(在行程中各方面是否正常及额外加了什么景点，突发事情等写份详细出团后报告，交给经理)。

(5) 在行程结束后，分发一份《客人意见反馈表》给客人，收集每支团队的意见及要求客人留下联系地址、手机号码、邮箱(以便每逢节日赠送礼品及问候)。

(6) 耐心解答客人的咨询，协助处理旅途中遇到的问题。

(7) 对客人礼貌、耐心。细心进行服务，严格遵守导游职业道德规范，不断提高导游的素质，维护公司声誉，确保团队质量。

三、导游报销程序

(1) 导游所支费用需凭计调成本单及经理签字后到财务支取。

(2) 报销时，及时填写团队结算单报账(团队结束后 2 小时内报销，逢晚上 10:00 后团队结束时，其报销可延迟到第二天早上)。

四、计调及导游责任

(1) 导游出团所带的东西，一定要保管好，包括导游旗(20 元)、导游杆(10～20 元)、旅游帽(3 元)、工作证(10 元)、喇叭(160 元)等，如有丢失，则按原价赔偿，并警告一次。

(2) 每次出团需带《客人意见反馈表》，如没有《客人意见反馈表》，则不支付导游费，计调要负连带责任。

(3) 根据《客人意见反馈表》：①如客人投诉严重，调查属实后，则无导游费，计调无提成；②如造成经济损失，根据其责任大小，纯属导游所引起的，导游需承担经济损失，如纯属计调所引起的，计调需承担经济损失；③如《客人意见反馈表》反映非常好，则可根据实际情况进行嘉奖，奖金在 50～200 元；④导游在带团过程中，遇到突发事件，处理得非常好，并能挽回公司的损失和节省应有的开支或给公司带来意外利润，则可根据实际情况进行嘉奖。

问题：请分析该旅行社导游报账管理制度是否完善，有无需要完善的方面。

项目八

旅行社信息化建设与管理

开篇案例

随着旅游业的不断发展，更多游客愿意通过网络获取需要的旅游资讯。当游客需要到广西旅游或者从事商业活动时，只需登录广西旅游信息服务平台：广西 12301 旅游呼叫中心、广西旅游在线(gx12301.com)网站、广西 12301 旅游咨询服务点、广西旅游官方微博等，即可了解大量与广西相关的旅游信息，让游客足不出户就能综合各种信息合理设计自己的出行线路，安排旅游时间。

利用网络优势构建完善的旅游信息交流平台。近年来，广西旅游局充分利用网络优势，构建了完善的旅游行政管理部门、旅游企业、游客之间的信息交流平台。首先是建立了专门的广西旅游政务网、广西旅游资讯网，及时发布重要活动和政务信息，围绕吃、住、行、游、购、娱 6 大要素进行分类整理，并设立各种特色专栏，为游客提供了方便快捷的服务；其次是与通信运营商、多媒体信息技术等公司合作建设广西数字景区及全球眼实时景区展示系统，全景式的展示广西旅游，游客只需轻点鼠标，就可尽享旅游信息，图片、文字、视频等丰富的表现形式，大大提升了旅游的吸引力。广西旅游政务网荣获了 2010 年年度中国优秀政府网站奖及 2010 年年度优秀目的地网站奖等奖项。

建立与完善广西 12301 旅游呼叫中心。2010 年，12301 广西旅游服务热线正式由广西旅游局独立运营，广西旅游局利用国家旅游局专项资金专门配备了专业的办公场地及标准的呼叫中心机房，在国家旅游局统一部署下升级了 12301 数据库及系统平台，使得旅游企业可以利用广西旅游在线这一全区旅游信息化平台报送更新信息并同步到 12301 数据库。目前，12301 广西旅游服务热线共有 8 台服务器，开通 5 个座席，提供 7×24 小时全天候旅游咨询服务。

加紧建设广西旅游咨询服务中心。2009 年 4 月，广西旅游局选定了南宁游客集散中心及南宁琅东汽车站设立两个咨询点，12 月月底正式对外提供旅游咨询服务。未来 3 年内，该局将在外省进入广西境内的高速公路主要入口服务区及区内高速公路主要停靠服务区、在游客集散地和人流活动大的汽车客运站、在南宁和桂林的机场及火车站、在著名的大型旅游景点、景区等逐步建立300个左右的统一标识、格调和内容设置的咨询服务点，咨询服务点进行全区联网统一管理，从而形成全区的旅游咨询服务中心。

利用广西旅游官方微博开展网络营销。以前的旅游网络营销主要是依托旅游局的官方网站，以发布旅游业内政策和资讯为主。利用微博开展网络营销，互动性明显增强，语言活泼亲切，更加便于交流和互动。2010年，广西旅游局在新浪、腾讯、网易、天涯、搜狐开通了官方微博，每天更新旅游信息，内容囊括广西旅游的方方面面，同时在新浪网创立广西旅游微博群，将分散的旅游管理部门、旅游企业微博集合到统一的页面，打造一个互动咨询平台。目前广西已有140多家旅游企业使用微博并积极利用微博开展营销活动。

知识目标

- 了解信息技术在国外、国内旅行社中的应用。
- 了解我国旅行社在信息技术应用过程中存在的问题。
- 掌握旅行社网站策划理念及使用方法。
- 掌握旅行社管理软件的设计理念及功能使用。

能力目标

- 能运用 Internet 收集并改进旅行社网站。
- 能熟练操作旅行社管理软件和业务管理软件。

任务一　制订维护网站信息的方案和流程

【任务引入】

康辉集团信息化建设起步于2009年11月，在河南郑州新密吹响了康辉集团电子商务发展的号角，确定了由集团公司提供统一的信息化业务平台，各分公司通过使用平台完成业务流程再造和管理提升，使企业从“能人＋经验”的经营模式向“流程＋体系”的业务模式转变。在各子公司完成产品研发、产品采购、产品销售、业务操作、财务管理信息化的基础上，通过统一平台完成子公司与子公司、子公司与集团公司的产品相互采购，完成大研发、大采购、大销售的目标，并以此为基础打造康辉在线电子商务平台，全面提升康辉集团整体业务水平的基本方针。

2010—2012年，公司主要在集团下属子公司进行平台推广，先后在河南、西安、四川、甘肃、湖北、济南、天津、深圳、江西、南京、广西、新疆、青岛、苏州14家分社进行了康辉在线平台的实施工作，先后推出了电子合同和额度管控等新功能，帮助子公司完成了较为初级的信息化。2013年和2014年，伴随着湖南新康辉、福建康辉和集团本部相继采用康辉在线，深圳康辉出境部门的上线，新疆康辉、甘肃康辉全面与集团电子商务中心深度合作，康辉在线迎来了一个全新的时代，得到全面使用。

自2012年以来，通过康辉在线平台销售、受理和操作的业务所带来的营业额分别以10亿元和8亿元的幅度在增长。2014年10月，集团电子商务中心开始微网站、微门店、微名片的开发与应用，并于2015年2月6日在湖南新康辉率先上线，通过短短几天微名片的转发和分享，微网站的访问量就达到上万次，单人微名片日访问量达到了200多次。在此基础上，我们将进一步实现微信粉丝与康辉在线平台会员系统、用户系统、分销系统的对接，开发微会员、微预订、微支付、微分销、微操作，实现一部手机完成产品推广、销售、操作的所有功能。2015年，集团电子商务中心将推出全新改版的新省级子公司网站，网站与微信、呼叫中心、在线客服等共用一套会员系统，而强大的会员系统也将助力各子公司开发直客市场。

【任务分析】

上述案例可以看到作者为我国旅游电子商务的发展提供了两种典型的盈利模式的分析，具有代表性的旅游网站都为国内旅游电子商务发展提供了不同的经验和模式，同时也代表了今后旅游电子商务发展的趋势和方向。请熟悉行业网站的基本情况，运用信息收集能力，列出20个旅游信息、旅游政策、知名旅行社、旅游协会网站，并说明其提供的主要内容及功能。

【知识储备】

一、旅行社信息化建设

旅行社企业信息化是指在旅游操作、管理、经营、决策等各个层次、各个环节和各个方面，采用现代信息技术特别是网络技术，充分开发和广泛利用旅行社与企业内外信息资源，伴随现代企业制度的形成，建成与国际接轨的现代化旅行社的过程。就是一个旅行社为完成既定的信息化管理目标，使用的一种可重复利用、能够降低管理成本的标准化的系统框架或方案的集合。就目前我国旅行社的现状来看，我国的旅行社普遍属于规模小、作坊式的中小企业，信息化建设尚处于初期的发展阶段。在信息革命充斥世界的今天，旅行社如何进行体制改革、规范市场、实现产业集聚化和企业分工体系的重建等一系列问题形成了现实的内部环境。

旅行社通过信息化管理可以实现管理层对员工工作更精准的管理和控制。利用推进信息化建设的契机，使用旅行社内部管理软件将旅行社的财务管理、产品采购和产品销售等各种业务环节和部门，利用系统的制约特性减少员工在这些环节上的“暗箱操作”，避免了旅行社被计调和票务操作人员操纵的局面。信息化系统为管理者进行企业决策提供了量化依据。管理者可以通过信息化系统对客户、产品、财务进行统计分析，找出薄弱环节，预测市场走向，从而作出科学的决策。信息化系统可以提高办公效率。通过内部管理软件再造旅行社业务流程，摒弃了原来很多低效重复的环节，从而极大地提高了企业的办公效率。除此之外，通过信息化管理还可以达到减少办公耗材、降低经营成本、加强员工沟通交流、树立企业的品牌、提高知名度的目的。

二、国外旅行社信息化进程

国外旅行社业信息化进程始于20世纪50年代。1959年，美利坚航空公司和IBM开发了世界上第一个计算机预订系统——SABRE。SABRE最初用于改善电话和电传的使用，提高业务管理的效率，后来逐步演变为一个复杂的计算机预订系统。此后，各航空公司迫于竞争的压力都逐步开发了自己的计算机预订系统。到了70年代，随着美国推出航空管制取消法案及游客选择机票范围的日益扩大，计算机预订系统（Computerized Reservation System，CRS）延伸至旅行社代理商，并开始在旅行社业发展中独领风骚。经过多年的不断完善，至今已形成APolof、Sdaei、Abacus等多个著名的国际预订系统。其终端已遍及销售客票的各航空公司销售点及各个旅行社，并辅之以开票机（Ticket Machine）和统一结算票款的银行清算系统（Banking Settlement Plan，BSP），形成一个包括订座、出票及结算的庞大、高效的航空客票销售系统。在CRS不断完善的基础上，除机票以外的其他旅游产品，如饭店客房、车票、游船票、机场接送及其他服务项目也可以通过它销售，从而使旅行社的整个销售都实现信息化和自动化。

从20世纪50年代开始，CRS开始向全球分销体系（Global Distribution System，GDS）过渡。GDS是应用于民用航空运输及整个旅游业的大型计算机信息服务系统。随着互联网的日益普及，GDS已经通过互联网遍及世界各个角落。依托开放平台，通过与旅游等领域的商务运作，实现了民航和旅游等信息的整合，从而能够为出行者提供包括旅游线路策划、景点选择、机票预订、汽车租赁、网上支付及其他后续服务等一条龙、全方位的服务。美国于1994年开始实行“无票旅行”方式，乘客使用航空公司发出的一张晶卡直接办理登机手续。至1996年7月，美国已有53%的旅行社提供无票旅行服务，21%的旅行社上了互联网。1997年年底，美国共有56%的旅行社接通互联网或加入商业性网络服务。在上网的旅行社中，有42%在网上建立起自己的主页，占旅行社总量的25%。目前，几乎所有的美国旅行社都使用GDS，整个欧洲大约40%的旅行社拥有GDS。可以说，欧美国家旅行社信息化建设已经步入繁荣阶段。1996年7月，美国运通与微软合作，开发了名为AEITravel——美国运通互动旅行（American Express Interactive Travel）的网上预订系统。从此，公司致力于旅游电子商务，开始了由传统旅行商到在线旅行商的方向性转变。

到1999年中期，美国运通预订网已拥有240个长期合作的网上企业客户。AEITravel网上预订系统致力于了解其不同的顾客群，并分别设计方案迎合不同的期望和需求。同时，AEITravel还帮助那些原来总是通过电话选择航班的商务旅行者，让他们按照计算机屏幕上一目了然的优惠项目来调整他们的旅行时间。这能使旅行者平均节省20%的旅行费用。

2007年6月11日,美国运通商务旅行公司开始投入使用一个能与多个GDS兼容的电子机票系统,以便实现机票自动退票和变更服务,该系统中的Quick Exchange(快速交换)功能使用了Worldspan的Rapid Reprice技术,将被整合入美国运通的TravelBahn Distribution Solution(TravelBahn分销解决方案)及中央票价数据库中,实现对未使用以及可退款机票的查询功能。2008年2月21日,Sabre旅游网络公司(Sabre Travel Network)宣布,计划在2008年6月之前推出一个社区网络平台,为运通公司的商务旅行项目提供一个沟通的论坛,初期平台将通过运通商务旅游(American Express Business Travel)推出。

三、中国旅行社信息化建设的历程

旅行社是利用规模效应而产生的较低成本和建立服务与产品的差异性来提高企业竞争力的。旅游信息化,可将食、住、行、游、购、娱等诸多信息组合起来,形成旅游产品,销售给游客。这个过程中,在游客真正实施旅游之前,旅游企业间和旅游企业与游客间,信息流和资金流涉及得多,物流很少,这些特征很适合用电子商务的方式去实现。电子商务的低成本、支付电子化、信息高效传递、宣传覆盖面广等特性将大大提高传统旅游企业的工作效率。

(一)业务系统

旅行社的信息化历程大都是从内部业务管理方面开始的。旅行社管理系统,如旅游易、天港城、金棕榈早已在各旅行社尤其大社发挥重要作用。目前国内信息化应用较成功的旅行社包括广东中旅、上海春秋、中青旅、上海国旅等,这些旅行社多实施了旅行社BPR管理系统、订房订票系统、客户关系管理系统等。还有一些特殊的小型系统,针对地接、购物等几个旅行社经营上关键的控制环节,做出来的小型功能模块管理软件,如地接通。通过这些类似于OA的系统,旅行社可以规范有序地完成计调线路上线、前台销售查询、团队操作、财务审批、资源存档等一系列旅行社业务流程,对于拥有多门市(直营或加盟)的大社来说,必不可少。

(二)公司网页

在2005年左右,一轮大规模的旅行社网站建设的热潮中,旅行社纷纷建立起了功能简单的公司网页,展示型的网站主要包括Flash首页、旅行社简介、线路介绍等板块,主要的目的是在售前,可以借助网上主页和电子邮件在市场上进行宣传,游客可借助网上搜索工具快速找到需要的旅游产品信息。公司网页对每个旅行社来说都是必不可少的,是一个对外的窗口,对于推出自己的品牌和企业文化意义重大。这个时期的旅行社网站跟旅行社内部的业务系统是两套并行的系统,两套系统之间没有实现自动对接。旅行社的信息和网站的信息需要业务员通过内部系统进行交流对接以后,由网络部门进行上传。传统旅行社都是首先使用内部业务系统,再另外搭建网站的。很多没有能力进行内部业务系统升级的旅行社,都存在内外两套系统并行操作的反复运作。2010年以后出现了基于网络架构开发的旅行社管理系统，如天港城、金棕榈。旅行社同行间的分销系统、分销平台等也在市场上纷纷出现。这些新开发的管理系统，则是以建设好企业网站为目的，然后倒过来整合旅行社内部管理系统。网站的功能也日益强大，在网站上实现了电子商务功能模块，网上订购、网上支付、产品分销，还可以实现旅游产品模拟体验，售后的信息反馈更及时，可以对消费者的行为进行有效分析。

（三）第三方平台

对于自身没有优势资源和产品的小旅行社，也受限于没有足够人手和资本去建立与维护公司网页，则可借助第三方平台去构建属于自己的网页。诸如携程、途牛、去哪儿、同程等均已通过自身的用户优势，开通了供应商平台和零售平台。借助其零售平台，旅行社可非常方便、一目了然地采购所需线路产品，然后将注册后所生成的专属于自己的网页通过自己的渠道宣传出去，顾客可方便地浏览、咨询及最终完成交易。虽然成本低，操作便捷，但没有自己的独特性，仅仅成为这些大平台的供应商，旅行社无法真正地向旅游者展示自己的差异化品牌，导致了更加惨烈的价格战，从平台内部迅速扩展到各个平台之间。

（四）自媒体营销

从博客、微博到微信。尤其是微信营销已成为最新潮、最有效、最简单的新时代销售方式，被称为微商。各大旅行社都已建立了自己的微信公众号，在手机客户端建立网页，销售线路产品。有的是直接与公司网页后台链接，只要更新了网页，也相应更新了微信网页；作为旅行社员工，尤其是销售人员，则利用微信朋友圈转发公司线路产品给身边的亲朋好友，实行全民营销。事实证明，这种方式对于中小旅行社来说，可以用最低成本达到最大销售效益。

（五）多平台综合整合系统

市场新推出的一个四网合一软件，可以将旅行社的官网、微信微网、易信微网、手机客户端 APP 用一个操作后台统一管理，快速方便地打通新时代所有销售渠道。利用日渐成熟的网络自营销的技术手段，中小旅行社获得了与大型 OTA 相同的技术支持，使得旅游者真正回归到旅游服务体验上来，中小旅行社能够比较好地实现和满足消费者本地化、特色化、精细化、个性化的旅游需求，中小旅行社品牌、服务的差异化价值就能得到彰显。

四、旅行社信息化建设战略

（一）专业化

专业化战略是指企业通过从事符合自身资源条件与能力的某一领域的生产经营业务来谋求其不断发展。其优势在于：企业可集中各种资源优势于最熟悉的业务领域，从而开发培育出具有竞争力的产品；便于企业整合战略的运作，实现规模化生产，取得行业内的成本优势，使企业品牌与产品有机融合。从竞争的角度看，在目前线上旅游竞争激烈、游客需求越来越高的形势下，旅行社业务的专业化能够以更高的效率，为某一狭窄的战略对象服务，从而在较广阔的竞争范围内超过对手，可使企业盈利的潜力超过行业内的普遍水平。这种战略最适合目前众多的中小旅行社，也是中小旅行社得以持久生存的必然选择。

（二）集团化

旅游企业信息化管理模式中的集团化是一种产业集聚形式。依靠旅游业信息化、网络化基础，中小企业可以分阶段推进，实现产业集聚，逐步建成信息化管理战略联盟，构建旅游企业的战略航母。

产业集聚是产业发展演化过程中的一种非常现实的经济地理现象，它是指由一定数量的企业共同组成的产业在一定地域范围内的地理集中，它可以是某种特定产业及其相关支撑产业或属于不同类型产业的集中。在旅游产品与服务方面，其特性和生产、消费的高度同一性，使得有协作意愿的旅行社在吃、住、行、游、购、娱 6 要素方面，在同一个经营目的下的集合成为可能，从而提升区域旅游竞争力，促进区域旅游的发展。这种集聚效应的发展，随着市场经济的不断深入，使旅游产业必将表现出不同程度的一体化态势，并逐渐打破行政区划的界限，实现连横资源的重新整合和区域旅游功能要素的配套，向构建区域旅游圈的目标迅速前进。

（三）合作化

旅游企业与新兴的旅游信息化服务公司合作化经营，考虑与新兴旅游网站构建战略联盟。以向 E-commerce 中的一种 B2C(Business to Customers)模式发展为目标，实现 Internet 与旅游企业传统资源的整合，以达到优势互补；并以此为起点，为最终实现真正的 B2C 模式的在线预订、网上支付和物流配送的电子商务做铺垫，这样一来，旅游企业不但要利用网络进行电子营销，而且要依据自身的市场定位，考虑进行电子商务。选择一个实力强大、信用良好的或者发展潜力巨大的旅游网站合作，这是我国旅行社信息化建设的又一战略选择。

（四）OTA 与 OTS

目前的 OTA 均以简单标准化的单项服务产品为主(如订房、订票的携程、114)，再加上部分简单标准化的旅行社线路产品(如途牛、同程)。OTA 提供的简单、标准的单项服务使得旅游市场向散客化高速演进。

利用网络技术，完全脱离旅行社，沿着把单项标准服务做到极致化的道路演进，网络公司旅行社化，形成了 OTA。网络技术出现并催生出 OTA，OTA 经过多年残酷野蛮地侵占传统旅行社业务范围，已经破坏了旅游行业一直以来的业务加成报价体系(成本＋利润)和业务代理体系，迫使旅游业务透明化。OTA 的业务标准化程度高，可复制性极高，大量资本的涌入，催生了大量的 OTA，这些 OTA 为了生存和抢占市场，可利用的手段并不多，最直接有效的就是展开价格战，然后出现大量退出和兼并。同程网、去哪儿网、村游网、号码百事通、旅游百事通、驴妈妈旅游网、携程网、百酷网、8264、出游客旅游网、乐途旅游网、欣欣旅游网、芒果网、艺龙网、搜旅网、途牛旅游网和易游天下、快乐e行旅行网、驼羊旅游网等数十家较大型的OTA，如今已经开始了最后的兼并重组战役，携程网兼并艺龙网，同程网与途牛网的风投、股东高度重合，BAT等网络巨头身影时隐时现。

旅行者的旅游个性化需求被OTA极度地简化为标准的机票预订和酒店预订的差旅行为。阳光旅行网更是将旅游六要素完全拆分，由旅行者自行组合选择，旅游者组合的要素是否合理，行程编排是否符合实际情况和旅行者的真正需求，目前的无人化智能技术尚未能实现。

旅游服务是一种人体服务和体验服务，整合旅行社资源，利用网络技术，沿着旅行社业务网络化的道路演进，为旅行者提供全面极致的产品和服务，就形成了OTS。真正贴合旅游者旅游目的的，都是长期从事旅行社业务的大型旅行社，如广之旅、南湖、众信、凯撒、中旅总社、中国国旅、锦江旅游、中青旅、春秋等的OTS。所谓的OTS(在线旅游服务商)其实就是传统的旅行社对网络技术熟练掌握后，更好地利用网络技术来保证团队的运行、招徕客人，给消费者提供更好、更快、更低成本的旅游服务。旅游消费者的消费目的是旅游服务的体验，基于这个需求本质的判断，我们认为日后OTA、OTS的演进将会是相互融合的综合旅游服务商。

（五）中小旅行社信息化建设对策

网络技术的出现并催生出来的OTA，使得旅游行业的价格构成完全透明化和业务层级扁平化。在业务透明化和扁平化的进程中，逐步破坏了旅游行业一直以来的业务加成报价体系(成本＋利润)和业务代理佣金体系，使得传统的旅行社作为旅行中间商的生存空间被极度压缩。旅游消费者可以利用网络，直接跟旅游要素的实际提供者进行交易，从某种意义上说，在互联网条件下，业务代理型的旅行社已经没有继续存在的可能性了。

然而信息化和网络化下，旅游消费者回归到旅游是个人生活体验的本质(一种综合性的审美实践)上来。信息化和网络技术的高速发展、技术门槛的日渐降低，也使得人们对于网络的认识回归到网络的本质(网络就是一种技术工具和手段)上来。旅游类的网络营销和内部管理工具的普遍应用，使中小旅行社同样能够获得与大型OTA相同或相近的技术支持，使得旅游消费者的焦点真正回归到旅游服务体验上来，旅行社的另一套报价系统(成本＋服务费)将帮助旅行社走出困境。大型旅行社企业集团可以建立有自身独特价值的信息系统，包括批发、代理、零售分销等功能；有专业市场的中型旅行社可以建立业务专一的信息系统；中小旅行社可以借助第三方的技术平台来实现信息化，中小旅行社能够比较好地实现和满足消费者本地化、特色化、精细化、个性化的旅游需求，中小旅行社品牌、服务差异化的价值就能得到彰显。

传统旅行社要及时调整发展思路与方向，只有转向OTS才能突破当下的瓶颈。而这就要促使旅行社，注重企业内部管理系统、大数据应用、网络营销、旅途服务、客户关怀等一系列的信息化资源整合与建设。

建设企业信息化的过程中，旅行社企业应该：提高认识、加强领导，加大推进企业信息化进程的力度，编制旅行社信息化建设规划，明确建设目标和主要任务；建立信息主管制度，大力开展业务人员信息技术应用培训；加大旅行社信息化投资，有力推进信息化进程；切实提高旅行社信息化工程基础设施投资效益；加强信息网络安全管理，增强信息化安全意识。

五、中小型旅行社电子商务网站设计与建设

（一）网站的设计原则

网站应符合中小型旅行社电子商务系统适应业务发展的需求，系统设计遵循以下原则：①可扩展性，系统采用模块化设计，通过增加模块和调整硬件设备的性能即可满足旅行社业务发展的要求；②可靠性，电子商务系统的可靠性是提高旅行社运营效率的前提；③安全性，由于旅游电子商务网站向公众开放，安全性是企业和客户最为关注的问题之一，系统的设计应充分考虑用户和旅行社的信息安全要求。

（二）网站的功能设计

1. 总体风格

根据旅游业客户的广泛性及旅行社的具体要求，为方便海内外及港、澳、台用户，网站的主页提供简体中文、繁体中文及英文3个版本。

（1）网站LOGO，网站首页主题应表达准确，易理解与辨析；适量运用简洁精致的图片和动态元素以吸引用户注意力；内容明晰、分类清楚、重点突出、简明扼要。

（2）分栏目发布新闻信息，及时更新各种旅游信息，并将公司的特色服务栏信息放在首页。

（3）互动交流论坛，界面设计新颖活泼，激发用户参与，提升网站的人气指数。

（4）提供完善的后台支持，包括网站的维护、网站流量的统计。

2. 网站栏目及功能

（1）主要栏目有公司简介、新闻中心、营销网点、旅游线路、公司服务、友情链接、内部网入口等。

（2）网站栏目如下。

① 公司简介：该栏目包括公司简介、员工构成、公司理念等。让访问者对公司有个初步的了解。

② 新闻中心：该栏目分为多个种类的新闻栏，如行业新闻、热点新闻、公司动态等，所有的板块将在首页有控制条件地显示，管理员对栏目有全部的权限，可以进行修改、删除、添加等操作。

③ 营销网点：本网页上放置所在市地图，标出公司在所在市所有营销网点的位置及联系方式。

④ 天下美景：该栏目包括省内外的热门景点的介绍、行程介绍，旅游爱好者可以在网上浏览到精美的景点图片，挑选合适的行程。

⑤ 本地特产：该栏目介绍了本地的特色小吃和特产，以满足旅游爱好者品尝当地美食的需求。

⑥ 旅游线路：该栏目包括报名时间、报价、线路专集、图片专集，旅游者可以在网上挑选合适的线路并直接在网站上报名。

⑦ 公司服务：该栏目是公司为旅游者提供的一系列服务项目，主要内容有旅游地图、天气预报、列车时刻、航班信息、外汇查询、风土人情、票务预订、购物指南、会务预订等。

⑧ 友情链接：链接和公司业务相关的网址，方便网友访问相关网站。

⑨ 信息反馈：该栏目提供客户和旅行社交流的途径，分为客户投诉和客户建议两部分。

⑩ 在线服务：用户可以直接和公司接待人员进行谈话，为消费者提供个性服务。

⑪ 旅游动态：该栏目介绍了公司的最新旅游项目开发和推广的旅游景点。

⑫ 内部网入口：在网页上提供一个内部网入口，员工可以通过相应的用户名和密码进入公司内部网，有利于员工通过互联网更新网站信息。

(3) 网络结构及运行环境。中小型旅行社电子商务网站宜采用分布式网络(Distributed Network Architecture，DNA)结构，用户可以通过Internet访问旅行社网站主页，网站的功能由各个功能模块提供，访问产生的数据由后台数据库管理系统维护。采用DNA结构，网站具有良好的扩展能力，通过添加新的模块就可以适应旅行社业务发展的需要。中小型旅行社电子商务网站可以采用一般的小型服务器充当Web服务器和数据库服务器，系统运行环境为Windows 2000 XP，数据库采用一般的商用关系数据库，如SQLServer或Oracle。

(4) 网站推广。网站推广的目的是让客户知道并访问网站。可以通过中国企业网等知名网站进行推广，利用中国企业网的知名度和高访问率来推广公司网站。中小型旅行社网站的推广及业务的拓展要注意以下几点：①通过市场细分，辨析客户群来源和目的，以分清客户与潜在客户；②有效利用传统媒体；③注册搜索引擎；合理利用电子邮件进行宣传；④获得旅游业内权威的认可和好评；⑤与有相关业务的网站进行友情链接。

【思考与讨论】

1. 传统旅行社如何应对在线旅游服务商的挑战？
2. 中小型旅行社企业的旅游电子商务战略如何选择？

【训练任务】

请以实际旅行社网页为例，谈谈该旅行社网页应该具备的信息与功能，并提出自己的建议。

【案例分析】

加拿大旅游委员会日前发布网络营销分析报告，对全球旅游电子商务、网络平台功能等进行了分析，提出全球旅游电子商务连续5年高速增长，并一度占到全球电子商务总额的20%以上，在今后5年间，世界主要旅游客源地约1/4的旅游产品订购将通过互联网进行。针对这一趋势，加拿大旅游委员会将旅游网络营销作为加拿大旅游业宣传推广的一项战略目标，力图以最少的投资换来加拿大旅游业的最大收益，并为此采取了一系列具体措施。

1. 树立网站旗帜，统筹官方业务网和市场营销网

加拿大旅游委员会在原有政府旅游门户网站(www.canadatourism.com)的基础上，采用了新的网络扩展名(www.canada.travel)，并以此为旗帜，统筹官方业务网和市场营销网，同时将目前海外办事处所有的网站集合到一个域名和模板上。加拿大直接采用英文全称，"canadatourism"和"canada.travel"以及统一域名和模板的做法使潜在的需求者可以方便地记忆和查询该网址，便于网络搜索，符合信息社会发展的趋势，欧洲很多旅游业发达国家也采取了类似的做法。

2. 实现网络宣传、信息提供、即时预订一体化服务

加拿大的旅游网是一个四通八达的网络系统，既有各种介绍旅游目的地、景区的文章、故事、风景图片、宣传片，还给旅游企业做各种配套宣传。而且除了简洁明了的分类介绍外，大量采用联结方式，能够满足各种信息搜索的需求。如游客希望了解加拿大某省的旅游产品，就可以单击进入这个省旅游局的网站，想了解一个国家公园的信息，就可以进入这个公园管理的官方网站。而且在网站上，游客可以找到集音效和动画于一体的电子宣传册(如视频短片、360度全景图片等)，网站的浏览者、潜在旅游者、海外旅行商都能够在网上直接下载。尤其是与酒店、餐馆、铁路公司、长途客运公司和航空公司的网站链接，给游客提供了一个强大的即时预订系统，游客完全可以通过自助的形式，了解、选择和实施旅游的行程安排。

3. 聘请专业网络制作公司进行策划管理

为建立新型的网络营销平台，加拿大旅游委员会投入资金聘请专业的网络制作公司，利用国内现有的网络系统和语言通用性的优势，对www.canada.travel进行整体构建，取得了良好效果。

4. 将市场推广活动重心逐步转移到网络

加拿大旅游委员会正逐渐将市场推广活动的重心转移到网络上，在争取将网上促销占总体推广活动的比例从15%提高到50%的同时，积极扩大对旅游网络的投资，计划投资专项经费760万加元，专门用于市场调查、广告宣传、网页更新维护、开展公关促销活动等。网络已经走进千家万户，走进我们每一个普通人的日常生活，越来越多人的工作生活越来越离不开网络。

资料来源：http://www.chla.com.cn/html/c96/2007-09/3377.html.

问题：从加拿大旅游网络营销，谈谈我国旅游网络建设应从哪几方面改进。

任务二　天港成旅行社管理软件操作

【任务引入】

深圳市天港成计算机软件有限公司(以下简称天港成软件公司)是一家以软件开发和技术服务为核心的高科技企业。多年来,天港成软件公司一直致力于成为中国最优秀的软件和行业解决方案的供应商。天港成软件公司自1996年4月30日成立以来,已开发出了多个拥有自主版权的软件产品,并拥有较高的市场占有率。天港成软件公司开发的软件产品涉及的领域有旅游业、服装分销业、生产制造业。主要的软件产品有旅行社管理软件、酒店预订系统、服装购销链管理系统、制造资源计划、人力资源管理、财务软件。

天港成旅行社信息管理系统是专为旅行开发的、包含出境游、国内游、港澳游、入境游、国内地接、省内短线、单项委托业务、计调、前台门市销售、商务中心、财务结算、客户关系管理、短信营销、网络营销等多项内容的全方位的信息管理系统,可以帮助旅行社在信息管理、直客销售、计调操作、同业分销、财务结算等各方面进行综合的管理。它是一套为旅行社量身定做的企业资源计划(ERP)、客户关系管理系统(CRM)。天港成旅行社信息管理系统的设置体现3个中心的思想:销售中心、计调中心和财务中心。销售中心将旅游产品通过庞大的网络平台实现跨地域的销售;计调中心对网络平台销售来的资料进行加工处理,进行采购作业,并及时通过网络平台将操作的结果反馈给销售中心;财务中心对销售和操作过程中的收入、成本支出等进行全程监控,实时反映营业情况、对现金流进行监控。

使用天港成旅行社信息管理系统可以实现旅游操作中心和财务结算中心的建立与全部业务计算机化,实现业务操作流程顺畅、效率提高、管理加强。针对本地的旅游资源优势,充分整合,建立大规模的采购信息库。实现总部、各部门间产品资料共享及联网销售,通过建立网络业务总控系统完成总部对旅游业务的管理。通过网站建立营销平台与旅游散客、代理商、同业的连接,自动完成客户在网站上"查询—销售—收款账单—售后服务"操作,提高公司在国内市场的竞争优势。可以实现通过电子商务网站进行在线销售的解决方案(B2C);实现加盟店、业务代理点、品牌专卖店的计算机化及与总公司的联网运行(B2B)。对客源市场的客户和合作伙伴进行管理,并可随时查询业绩情况。可以实现旅行社客户关系管理(CRM)、办公自动化管理(OA)。

天港成旅行社信息管理系统由以下4个部分构成:旅行社管理软件(集成版、国内版、国际版、普及版、托管版)、前台收客系统、电子商务网站中间件、短信平台。其中旅行社管理软件是所有系统的核心和枢纽,其他各个系统是旅行社管理软件功能的延续和扩展。

【任务分析】

天港成旅行社信息管理系统几乎涵盖旅行社的所有业务，提供出境游、港澳游、国内长线、省内短线、入境地接、单项委托自助游等旅游产品的销售。提供订房、订餐、订车、订票、导游管理、签证、套打各类名单表、出入境卡、保险、外段地接安排、拼团、门票管理等计调操作。

任务：分析该天港成旅行社管理软件的设计理念及技术特色。

【知识储备】

一、旅游信息的定义

旅游信息是旅游企业在业务运营以及旅游管理部门在旅游业务管理过程中采集到的、经过加工处理后对管理决策产生影响的各种数据的总称，是对旅游资源、旅游活动和旅游经济现象等客观事物的运动、变化、发展的状况、特征、本质与规律的反映。简单地说，旅游信息就是旅游活动的再现。

二、旅游信息的内容与类型

（一）旅游信息的内容

旅游业是一个综合性极强的产业，涉及的信息综合而复杂，范围很广。概括地说，旅游信息的内容包括旅游目的地信息、旅游企业服务信息、旅游政府监管信息、旅游者个人信息和旅游产品信息五大方面。

旅游目的地信息是目的地旅游部门用来进行旅游宣传和促销的旅游地形象、地方文化等方面的信息；旅游企业服务信息是旅游企业为旅游活动提供的行、宿、食、游、购、娱等方面以及旅游相关服务性的信息；旅游政府监管信息是旅游管理机构用来监督和管理旅游行业，使其顺利发展所必须掌握的基本信息；旅游者个人信息就是参与旅游活动的个人，在旅游服务机构中进行身份登记时留下的个人基本信息以及反馈的旅游信息等；旅游产品信息包括旅游线路、旅游项目、旅游活动以及旅游商品等方面的信息。

旅游信息的内容，在表现形式上，除了传统的文字形式、表格形式、图表形式外，还有音频、视频、网络等表现形式。

（二）旅游信息的类型

旅游信息内容广泛，种类繁多，从不同的角度与标准进行划分，可以分为不同的类型。

1. 按旅游信息的内容分，有直接旅游信息与间接旅游信息

（1）直接旅游信息。它是指对旅游活动进行直接描述的信息，它包括旅游目的地信

息、旅游企业服务信息、旅游者个人信息和旅游产品信息等多方面的旅游信息。

(2) 间接旅游信息。它是指那些与旅游活动有密切联系的相关描述信息,如旅游政府监管信息、政治环境信息、经济环境信息、文化环境信息、法律环境信息、科技环境信息等。

2. 按旅游信息的时态分,有过去旅游信息、现在旅游信息与未来旅游信息

(1) 过去旅游信息。它是指表征已经发生的旅游活动的状况与过程的信息。它经过分析、开发、评价后,常以资料库的形式进行存储,形成旅游档案信息,如统计资料、调查报告等。此类旅游信息对于经济决策的经验总结、未来发展的预测具有重要的借鉴意义。

(2) 现在旅游信息。它是指表征正在发生的旅游活动的状况与过程的信息,又称即时性旅游信息。此类信息的时效性、动态性特别强。

(3) 未来旅游信息。它是指揭示、预测未来旅游活动运动、变化、发展的趋向的信息,又称预测性旅游信息。此类旅游信息具有预测性、前瞻性特征。如对假日旅游的客流量、宾馆入住率、旅游交通的需求量等的预测信息。

3. 按旅游信息组织管理分,有经常性旅游信息与偶发性旅游信息

(1) 经常性旅游信息。它是指按照各项规定、制度、方向、传递间隔或期限、指定形式所产生和传递的旅游信息。这种信息不但数量大,时效性强,而且相对呈系统性。通过对这类系统化的旅游信息进行长期观察与分析,可以提示旅游活动的本质与规律,为经济决策提供参考。

(2) 偶发性旅游信息。它是指那些完全地或部分地按照上述规定或模式产生或传递的旅游信息。这类信息随机性和可变性较大。

4. 按旅游信息形式分,有有形旅游信息与无形旅游信息

(1) 有形旅游信息。它是指用文字图像记载与传递的旅游信息,又称文件式旅游信息。此类信息种类多、数量大,易于采集、整理、加工、存储、检索与传递。

(2) 无形旅游信息。它是指用口头语言进行传递的旅游信息,又称非文件式旅游信息。如交谈、口头汇报、电话传递等。此类信息传递快,反馈及时。

5. 按旅游信息加工的程度分,有一次旅游信息、二次旅游信息与三次旅游信息

(1) 一次旅游信息。一次旅游信息又称原始旅游信息,它是对旅游活动所作的最初的直接记载,是构成旅游信息系统最基本、最常见、最丰富的基础信息。原始旅游信息是零星、分散、无序的,因此,需要进行整理、加工、存储。

(2) 二次旅游信息。它是指在对原始旅游信息整理加工后所形成的信息。这种信息已经变成有序的信息。它易于存储、检索、传递与利用,有较高的使用价值。

(3) 三次旅游信息。三次旅游信息是在一次、二次旅游信息的基础上,经过分析研究、核算产生的新的旅游信息。这类信息对经济决策极具指导性与决策参考性。

6. 按旅游信息反映面分,有宏观旅游信息、微观旅游信息与中观旅游信息

(1) 宏观旅游信息。它是从全面的角度反映旅游活动的状况、特征、本质与规律的旅游信息。它具有全局性、综合性、战略性的特点,可以为宏观决策提供依据。

(2) 微观旅游信息。它是从局部的角度反映旅游活动的状况、特征、本质与规律的旅游信息。它具有个别性、局都性的特点,可以为微观决策服务。

(3) 中观旅游信息。它是介于宏观旅游信息与微观旅游信息之间的一类旅游信息。

7. 按旅游信息的特征分，有定性旅游信息与定量旅游信息

(1) 定性旅游信息。它是以非计量的形式描述旅游活动的状况，分析旅游活动的过程与特征，揭示旅游活动的本质，总结旅游活动的规律的信息。

(2) 定量旅游信息。它是以计量的形式描述旅游活动的信息。它侧重于揭示旅游活动量的规定性。如入境旅游人数、外汇收入等。

定性旅游信息与定量旅游信息是相辅相成的关系。定性旅游信息是定量旅游信息分析的基础，对定量旅游信息具有指导作用；定量旅游信息是某些定性旅游信息的表达方式。

三、旅游信息的特征

旅游信息是信息的一种，不但具有信息的一般特征，而且具有其自身的特征。

(一) 客观性

一方面，旅游信息是对旅游活动的运动、变化、发展的状况、特征、本质与规律的反映。由于旅游活动及其状况、特征和规律是不以人们的意志为转移的客观存在，所以反映这种客观存在的旅游信息同样具有客观性。另一方面，旅游信息不但其内容具有客观性，而且旅游信息一旦生成，其本身也就成为一种客观存在，具有客观性。

(二) 系统性

旅游信息工作者通过一定的渠道，按照一定的程序，采用科学的方法，对真实有价值的原始旅游信息进行有组织、有计划、有目的的收集，然后根据用户的旅游信息需求将采集到的原始信息进行有序整合并以一定的方式加以有效控制，再以一定的方式加以传递以利于信息用户对旅游信息的利用。这是一个旅游信息采集、整理、加工的工作过程，这个过程是一个系统过程，从而使旅游信息也具有系统性特征。

(三) 动态性

旅游活动的各要素都处在不断变化、发展之中，因而反映旅游活动运动、变化、发展的状况、特征、本质与规律的旅游信息也是动态的。另外，旅游活动的异地性也在很大程度上影响着旅游信息，使旅游信息超越了时间、空间、内容的三维限制，随着空间的移动与内容的变化而不同。

(四) 广泛性

现代旅游业是一项综合性强的产业，横向联系面广，涉及行、宿、食、游、购、娱等众多行业和部门，具有多层性、全方位、网络状的特点，因此，旅游活动的构成极为广泛，对旅游活动再现的旅游信息也具有广泛性。同时，旅游者是来自各方面的人士，旅游信息工作者作为信息的发起者，分布面广，联系面也宽，他们输出的信息往往与本身所处的环境、地位

和从事的职业关系密切，在不同程度上反映了各个不同方面的意愿、要求和呼声，既有某国某地某个人利益方面的要求，也有关注中国建设的意见和建议，具有普遍的广泛性，能为经济决策提供有价值的信息。

（五）时效性

旅游信息的时效性，一方面是由信息“生命周期”决定的；另一方面是由旅游活动的暂时性决定的。“生命周期”决定了旅游信息同其他信息一样，使用价值的大小受到时间的限制。时间延长，旅游信息可能因为受到各种因素的影响而出现失真的情况，形成信息的不对称现象，并影响对旅游信息的开发利用。旅游信息的时效性，要求处理过程的时间间隔短，传递速度快，使用及时。同时，由于旅游活动的暂时性特点，旅游信息对于信息用户来说，具有很强的时效性。

（六）依附性

旅游信息必须依附于某种载体而存在。没有载体的旅游信息是不存在的。旅游信息的依附性表现在两个方面：①旅游信息要借助于某种符号表现出来，如文字、声音、图像、声波、电波、光波等；②这种信息符号又要依附在纸张或别的物质上，如胶片、磁带、磁盘、光盘等物质形式的载体。因此，从某种意义上说，没有载体就没有旅游信息，旅游信息化的发展，在很大程度上依赖于旅游信息载体的进步。

（七）层次性

旅游信息的结构是有层次的。这种层次性有语法信息、语义信息、语用信息。语法信息是用以表征旅游活动运动、变化、发展的状况的，是表面信息，属于第一层次；语义信息是用以表征旅游活动运动、变化、发展的特征、本质与规律的，属于第二层次；语用信息是透过语义信息提供的用意信息，属于第三层次。认识旅游信息的层次性，对于开发与利用旅游信息具有十分重要的意义。

旅游信息的定义揭示了其内在实质；旅游信息的内容和类型确定了旅游信息的范畴；旅游信息的特征正是旅游信息的价值所在，在经济决策中，只有在理论上把握这些特征，并在实际工作中注意这些特征，才能不断充实旅游信息内容，提高旅游信息质量，使旅游信息得到最好的开发利用，辅助经济决策。

四、旅游信息处理在旅行社管理软件中的应用

随着旅行社业务的不断扩展，旅行社业务操作中涉及的各种收支情况、客户情况以及旅游线路情况越来越复杂，业务操作人员需要处理更多的内容，遗漏信息的现象更容易发生，同时也带来出错率的增长。另外，业务部门之间、业务部门和财务部门之间的信息交流也越来越繁杂。随着业务的增长，旅行社远程代办点的增多，部门领导和公司领导也难以清晰、实时地了解团队和部门的运营状况，不利于及时发现问题、改善管理、准确决策。

旅行社管理者深刻认识到旅行社信息管理系统的职能是对旅行社生产服务过程的管

理实现信息化，从而提高旅行社的生产率和管理效率，同时提高旅行社的市场竞争能力，满足现代人的个性化服务要求。设计旅行社管理系统的目的是提高旅行社管理效率，增加效益。简单定义的旅行社信息管理系统是利用计算机技术和通信技术，对旅行社经营的所有信息进行综合管理和控制的以人为主体的人机综合系统。

旅行社信息管理系统可以很好地解决上述的问题以及可能遇到的其他困难，通过计算机网络达到业务部门之间、操作人员和管理人员之间、业务部门和财务部门之间的信息共享，减少错误，提高工作效率。旅行社信息管理系统分为团队操作、财务操作、票务操作、客户档案系统、旅游产品维护和系统管理六大部分。支持旅游团队的日常操作，机票销售情况的记录，组团部和财务部的信息共享，以及其他的信息记录和统计工作，并通过灵活、完善的系统权限管理进行控制。

（一）团队操作

团队操作部分针对旅行社的各项团队操作进行了划分，可完成国内游、出境游、入境游、单项委托、地接和散客报名 6 大类业务的记录与跟踪。可生成团队报价，建立团队，生成客户名单，输出团队计划，输出团队核算单，输出订房、订车等一系列附加计划，足以完成日常工作的内容。

报价数据库可记录业务人员的报价情况，随时备查，当报价被确认后，可根据报价数据建立团队，提高从报价到成团的工作效率，减少差错。

建立团队时，系统可生成团号、团队计划。团队计划可灵活调整题头模板，文本模板，并可建立若干附加计划（如发保险公司名单、订房联络单、订车联络单等），使整支团队的操作能够被完整记录，提高管理水平。附加计划中的人数、行程等数据可以与主计划保持同步，防止差错。

散客报名系统特别适合联网报名，各代办点可同时操作同一支团队，系统自动限定名额防止冲突，同时记录代办点收客情况。

团队核算单可对单团收付情况进行核算，并估算利润。

团队操作的统计查询功能可按时间段查询业务员、部门和全公司的团队运营情况，获取应收款、应付款、实收款、实付款统计，在团队统计查询中，可以清晰地看到单团盈利情况以及统计盈利情况，也很容易发现出现赤字的团队，以便于分析原因，追查账款。按往来单位进行统计查询时，可以很快查询到与其他单位之间的收付款总额和涉及的所有团队的情况，对账速度快，数据精确，大大提高旅行社之间对账的工作效率。业务运行情况随时跟踪，了如指掌。统计查询的数据对于管理人员来说具有很高的参考价值，既可以及时了解业务部门的运行情况，也有利于进行决策分析。

（二）客户档案系统

客户档案系统可跟踪往来单位和报名客户的重要信息。

对于参团的客户，在进行报名的同时自动纳入客户档案管理，在客户档案中可详细记录该客人的姓名、性别、出生年月、联系地址、联系电话等内容，形成完整的客户档案，便于今后随时进行查询。

对于往来单位，也可在客户档案中进行记录，包括其联系人、联系地址、电话、传真、银行账号等内容，便于单位之间的业务操作，并可以随时查询单位之间的账款流动情况。

（三）旅游产品维护

通过维护旅游产品，可以大幅提高团队计划的制订效率，特别是常规线路，在制订团队计划的时候无须输入行程，只需选择旅游产品即可自动生成相关的内容。此外，旅游产品的变化有利于及时更新旅行社的互联网站，使最新的信息迅速发布在 Internet 上，为旅行社进入旅游电子商务领域创造条件。

（四）财务操作

在财务操作方面，信息管理系统包含一个独立的出纳子系统，具备财务软件出纳部分的基本功能，并且可以和旅行社业务紧密结合，集成了团款收支，使得同一个操作既进行出纳操作记录也进行团队操作记录，令操作更为方便快捷，提高工作效率，提高操作的准确性和实时性。同时，财务操作系统支持现金/银行账的全面查询功能，可按时间段，凭证号，经办人，对方单位和摘要进行组合查询，其中对方单位和摘要支持模糊查询，使用更为方便。查询输出的表格可转贴到 Excel 等电子表格文件中任意排版，也可直接打印输出。

（五）票务操作

票务操作系统提供了电子化的日报表功能，分为国内手动、国内电子、国际手动、国际电子、退票、其他票 6 类报表，足以适应目前航空售票记录的需要。票务部门可以在开票时或者当日结算时进行填写提交，提交的数据供财务部核实。票务操作系统提供一段时间内的销售情况的统计查询，按票号排序并自动进行结算，极大地提高结算效率。

（六）权限管理

作为一个管理系统，权限控制是非常重要的。本系统具备完善和灵活的权限控制功能，系统管理员通过系统管理功能可设置账号、部门、用户密码和用户权限，对系统中每一个操作的权限均可以进行设定。通过权限的设置，使信息管理系统在使用方便性和系统安全性上得以高度的统一。

五、旅行社管理软件操作

以天港成旅行社管理软件普及版为例，此软件是天港成软件公司针对国内中小型旅行社的需求研制的旅行社业务管理软件。

（1）公告板。在系统内部和网站上发布公告信息。

（2）内部邮件。内部电子邮件，具有自动提醒、转发、回复等功能。

（3）日程管理。协助员工做好日程管理工作。

（4）系统维护。操作员管理、权限分配、参数设定等。

（5）组团业务。新编一支团队、修改团队计划、游客报名/修改、打印操作结果、成批编团、成批删除团队、取消团队、清理预留位。

(6) 入境地接。新编团队计划 、团队计划一览表、打印收款账单明细表、入境游线路、用餐类型、门票资料。

(7) 单项委托。新编一张单项委托单、修改单项委托订单、打印确认单。

(8) 报价单。新编一张报价单、修改报价单、转为团队计划、打印报价单。

(9) 会员管理。已报名游客资料、会员管理、会员查询、会员积分管理。

(10) 财务管理。①收款：按团号收款登记、散客收款登记、单项委托收款登记、收款流水账查询、打印收据、改发票号。②付款：按团号付款、付款流水账查询。③账户管理：现金银行账户设定、科目收支三栏表。④购物：购物情况输入、特约商店档案、购物收入结算、商场购物统计表。⑤往来账：应收账款明细表、应收款监控表、应付款明细表。⑥利润分析：单团毛利表、毛利统计表。

(11) 统计分析。①团队统计：出团计划表、团队跟踪表、收客统计表。②排行榜：线路排行榜、客人来源排行榜、客户排行榜、部门排行榜、业务员排行榜、旅游目的地人数排行榜。③月份统计表：线路—人数统计表、线路—营业额统计表、毛利统计表、客人来源—人数统计表、客人来源—营业额统计表、客户—人数统计表、客户—营业额统计表、部门—人数统计表、部门—营业额统计表。④毛利统计：毛利统计表、单团毛利表、总经理查询。

(12) 档案管理。①业务档案：客户及联系人管理、客户一览表、查询客户、业务员资料、特约商店档案。②采购信息：供应商档案、供应商一览表、查询供应商、签证类型、保险种类、车型设置。③旅游产品：旅游线路和报价、查询标准线路、景点及图片。④基础资料：地区省份、出入境口岸、常用集合地点、常用备注及服务标准、常用接团旗号、文本信息、证件类型、职业、常用收付款项目、币种、航班信息、用餐类型。⑤酒店资料：酒店信息、酒店报价、酒店房型、审批酒店报价、打印酒店报价表。

【思考与讨论】

1. 旅行社信息管理系统的设置体现 3 个中心的思想是什么？
2. 旅行社使用旅行社信息管理系统可以实现哪些便利？

【训练任务】

请各小组对旅行社管理软件网络版进行分组训练，并分析前台收客、档案管理等功能的特点。

【案例分析】

如果只是想编一些类似档案管理的小程序，自主开发的做法是可行的。但如果期望的是一个集销售、计调操作、档案管理、产品管理、客户资源管理和财务管理为一体的旅行社管理系统，这样做风险很大。它体现在以下几方面。

1. 缺乏总体设计，集成度差

一个大型软件系统的开发过程须经过以下 6 个环节：需求分析、总体设计、模块设计、程序编写、功能测试、系统测试。这样才能保证系统结构合理、数据共享性高、无程序运行错误。而自行开发的软件往往缺乏总体设计的环节，编制的软件通常只是满足某个部门的实际需要，如计调操作软件、客户档案管理软件等。软件和软件之间数据无法通信，各个部门之间数据要重复输入。这类软件大多为特定部门设计，针对性强，无法实现资源共享和集中管理使用。

2. 实施时间长，程序改动多，稳定性差

一个大型的软件系统往往要经历较长的设计、开发和测试时间。例如，天港成软件的设计开发经历了将近 8 年时间，并有一套完整的实施和培训办法。这也保证了该软件有较短的实施时间，通常一个月内即可步入正轨。

自行开发软件往往从头开始，边开发边实施。由于没有足够的设计和测试时间，设计的程序通用性不强，程序员需要经常地修改程序，以应对业务部门不断提出的改进要求和修正出现的程序运行错误。这样的修修补补往往导致劳而无功和久不见效的情形出现。

3. 很难找到既精通计算机，又精通业务和管理的人才

计算机管理不是简单地将表单和数据搬到计算机上，而是应将科学的管理方法和思想融合到软件中去。一个成功的应用系统，要求其设计人员不仅要有深厚的计算机技术背景，还要求他们懂业务、懂财务、懂管理、精通旅游行业营销原理，这类复合型的人才是非常少有的，而且他们大都在计算机公司或大型企业的信息管理部门担任高级设计人员和顾问的角色，薪金报酬非常高。

而与一般软件公司程序员进行的沟通也非常困难，由于没有接触过旅游业务或很少接触，对软件功能的开发设想往往只有 50％能被开发人员理解，由于开发水平的差异，开发人员往往将自己理解的部分又只有 50％～80％写进系统，这样最终得到的系统和期望值差距甚大，这时往往会进入漫长的程序修改期，所耗费的时间成本和其他成本都是巨大的。随着系统修改时间的延长，会产生草草收场、劳而无功的不良影响，员工和企业对软件管理的兴趣与期望都会受到很大冲击。

4. 开发人员的流失，往往造成其开发的软件无法使用

由于是自行开发的软件，所以程序文档等资料往往不全或没有，加上程序的不稳定，使得程序离开了开发人员就没法使用。如果开发人员离职，而接手的人又无法读懂原来开发者的程序，整个系统就有瘫痪的危险，将给企业造成巨大的损失。

5. 公司所有资料都掌握在程序员手中，不利于公司管理

公司的数据对于编程序的人来说是没有秘密的。如果程序员也是公司的员工，可以说他也和老板一样掌握了公司的所有机密，这对于公司管理是不利的。

资料来源：天港成软件，http://www.tgc.cn.

问题：旅行社软件是自己设计开发好还是购买好？

参考文献

[1] 马勇，毕斗斗.旅游市场营销[M].汕头：汕头大学出版社，2003.

[2] 谷慧敏.旅游市场营销[M].2版.北京：旅游教育出版社，2003.

[3] 魏敏.旅游市场营销[M].长沙：中南大学出版社，2005.

[4] 刘玉洁，马蔚然.市场调研与预测实训[M].大连：大连理工大学出版社，2007.

[5] 梁智.旅行社运行与管理[M].大连：东北财经大学出版社，2002.

[6] 国家旅游局人事劳动教育司.旅行社经营管理[M].北京：旅游教育出版社，2006.

[7] 倪慧丽.旅行社经营管理实务[M].北京：人民邮电出版社，2006.

[8] 杜江，戴斌.旅行社管理比较研究[M].北京：旅游教育出版社，2006.

[9] 王坚.旅行社企业管理[M].北京：北京大学出版社，2006.

[10] 蔡家成.中国旅行社业研究[M].北京：中国旅游出版社，2005.

[11] 张道顺.现代旅行社管理手册[M].北京：旅游教育出版社，2006.

[12] 陈永发.旅行社经营管理[M].北京：高等教育出版社，2003.

[13] 李晓标，解程姬.旅行社经营与管理[M].北京：北京理工大学出版社，2015.

[14] 刘小红.旅行社经营与管理[M].天津：天津大学出版社，2011.

[15] 叶娅丽，王瑗琳.旅行社经营与管理[M].北京：北京理工大学出版社，2010.

[16] 杨振之，胡海霞，等.中国旅游电子商务市场分析[J].四川师范大学学报(哲社版)，2002，29(2)：50-55.

[17] 姚延波，马锐娟，李嘉丽.近十年国外旅行社信息化研究述评[J].旅游科学，2014(2)：83-94.

[18] 徐敏.网络时代旅行社信息化发展浅议[J].黑龙江科技信息，2004(10)：47.

[19] 孙睦优，窦清.关于旅行社信息化建设的思考[J].企业经济，2004(7)：82-83.

[20] 郭鲁芳.关于我国旅行社信息化建设的思考[J].旅游科学，2003(3)：13-16.